实用汉英语篇笔译教程

A Practical Coursebook on Chinese-English Text Translation

谭万文　编著

北京大学出版社
PEKING UNIVERSITY PRESS

图书在版编目(CIP)数据

实用汉英语篇笔译教程/谭万文编著. —北京：北京大学出版社，2013.8
(21世纪英语专业系列教材)

ISBN 978-7-301-23076-3

Ⅰ.①实… Ⅱ.①谭… Ⅲ.①英语－翻译－高等学校－教材 Ⅳ.①H315.9

中国版本图书馆CIP数据核字(2013)第196668号

书　　　名：实用汉英语篇笔译教程
著作责任者：谭万文　编著
责 任 编 辑：叶　丹　刘　爽
标 准 书 号：ISBN 978-7-301-23076-3/H·3374
出 版 发 行：北京大学出版社
地　　　址：北京市海淀区成府路205号　100871
网　　　址：http://www.pup.cn　　新浪官方微博：@北京大学出版
电　　　话：邮购部 62752015　发行部 62750672　编辑部 62759634　出版部 62754962
电 子 信 箱：nkliushuang@hotmail.com
印　刷　者：涿州市星河印刷有限公司
经　销　者：新华书店
787毫米×1092毫米　16开本　18印张　380千字
2013年8月第1版　2019年11月第2次印刷
定　　　价：36.00元

前言

新时代的中华儿女,正在以空前的热情和自信努力实现着宏伟而美丽的“中国梦”。在这追逐和实现宏愿美梦的征途上,国际间的相互交流和学习愈发显得不可或缺,而翻译工作也就愈发起到了不可替代的作用。于是,如何为欣欣向荣的中国的各条战线输送大量优秀的翻译人才成为了我国各大外语院校(或系部)责无旁贷的一个重大使命。

虽说翻译人才的造就并非一朝一夕之事,个人翻译素养的培养并非能在有限的大学生涯里一气呵成,翻译技能的练就也并非仅靠学习一两本教材就能大功告成,但一本指导性强、启发性大、知识面广、实用性强、趣味性浓的教科书,定能让莘莘学子学有所获、学有所乐、学有所成。

《实用汉英语篇笔译教程》就是这样一部教科书。

第一,它的编排体例比较科学、内容覆盖面较广、知识面较宽、趣味性较浓、启发性较大。全书共有二十二课,每课又分双语阅读、译注、专题讲座、译家译言、练习(分专项练习、特色练习、一般练习和语篇练习等四部分)等五大部分,书后附有所有练习的参考答案,并且带有10个附录(主要涉及一些与文化、工作、生活等息息相关的重要领域的汉英词汇翻译)。所选内容应用性和文学性兼顾(以应用性为主、文学性为辅),实用与审美相结合,很多内容都与生产生活、时代背景、社会现状等紧密相关。

第二,它突显了学以致用的核心理念。书中每一课的设计都是围绕语篇翻译这一中心和重点展开的,这是因为翻译学习和研究的根本目的是为了更好地服务于翻译实践活动,而最终的、真实的翻译实践活动又多以语篇翻译为主。另外,在突出语篇翻译核心地位的同时,本书也在每一课的专题讲座里对一些特别重要的翻译技巧、方法、策略、重大注意事项等译者所必须具备的基础知识做了系统、详尽的讲解。

第三，它高度体现了选材的实用性和丰富性。本书自始至终秉承了翻译是服务社会、服务人民、服务生产、服务生活的理念。选材大多贴近现实、贴近生活、贴近时代，一改过去很多汉英翻译教材在选材上偏重名家名篇、文学作品的倾向，从而弥补了翻译学习不怎么接地气、不能很好地应付生产生活实践的遗憾。所选篇目题材丰富，体裁多样。既有房价、环境等关系国计民生的热点问题，也有观光旅游、风土人情等人文话题；既有国家、地区的发展动态、大政方针，也有婚姻家庭等人生百态；既有实用性和时效性较强的新闻、广告、简介等，也有艺术性、美学性较强的经典文学选段。还需指出的是，部分篇目(包括练习部分)模拟了专业英语八级考试汉译英的题量、难度，对读者备考有较强的补益作用。

第四，译注详实深刻，讲解细致入微，大到文体特征、语篇结构、文化背景，小到标点符号、大小写等。译者译思娓娓道来，与读者交流译者思想和处理技巧等有一种促膝谈心的亲切感，真情实感跃然纸上，相信定会让读者感到茅塞顿开、产生强烈的感情共鸣，并能很好地激发读者投身翻译事业的强烈热情、敏捷他们的才思文情。

第五，每课里的专题讲座基本上都与课文的某一突出特点紧密相关，具有较强的针对性和实用性。讲座类型丰富，个个切实有用，所选译例生动、典型，解析深刻入微、准确精当，定会让读者心领神会、有法可依、大有进步。

第六，译家译言精彩纷呈，让读者更好地学习前辈、效法大家，了解翻译、认识翻译，在实用理论的指引下更加积极地面对翻译工作，敏捷翻译才思，提高翻译技能。

第七，练习形式多样、变换有趣、难易结合，既与章节知识紧密相关，又涉猎其他重要领域，兼具知识性、趣味性、实用性和挑战性。

《实用汉英语篇笔译教程》最大的特色和贡献在于：全书的每一处解析都十分看重如何启发读者的翻译思维，为读者武装必备的翻译理论知识和翻译技能，激发读者的求知欲和翻译热情，培养读者勤于思考、善于思考的良好习惯，从而达到大大地提升读者的翻译素养和本领的效果。

本教材主要适合我国高等院校英语专业高年级的汉英翻译教学使用，也可作为各大高校、外语培训机构、翻译组织等培训专业的汉英翻译人才使用。另外，对参加英语专业自学考试的本科生、广大基础较好的英语爱好者（尤其是翻译爱好者）都有十分重要的学习和参考价值。

为了丰富本教材的内容和博采众长，本编著也借鉴、学习或援引了一些其他优秀著作里的宝贵材料。在此，谨向各位前辈、专家、学者致以衷心的感谢和崇高的敬意！要特别说明的是，本编著里所有的双语阅读部分的译文和译注以及大部分课后语篇练习的英译都出自笔者之心智，敬请品评和赐教！

笔者深信，本教程的最终问世必将为每一位忠实、奋进的读者带来全新的翻译体验，必将更加激发读者热爱翻译的浓厚兴趣、充分挖掘读者的翻译潜能、大大提升读者的翻译技能，并为读者的应试、求职、工作等助一臂之力。

亲爱的读者朋友们，就请放心地让我做各位的向导，带领大家开始一段难忘而开心的汉英翻译之旅吧！让我们一路动心留意、一路采精拾趣，在你心悦诚服之时，请为我拍手称快，在你蹙额不解之时，请与我直言不讳！恳请广大同仁、专家、读者在使用过程中，为我明察秋毫，提出宝贵的批评和修正意见，吾将悉心听取，不胜感激！欢迎各位通过邮箱tww_023_02@163.com与我切磋共勉！谢谢！

谭万文

2013年4月

于四川外语大学

目 录

第十四课

第十五课

第十六课

第十七课

第十八课

第一课

山城夜景

重庆美，最美是什么？夜景！

入夜，繁华的山城万灯闪烁，恰似“火树银花不夜天”。

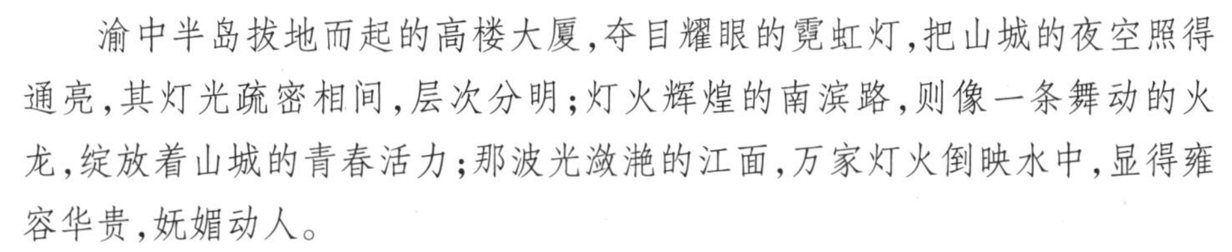

渝中半岛拔地而起的高楼大厦，夺目耀眼的霓虹灯，把山城的夜空照得通亮，其灯光疏密相间，层次分明；灯火辉煌的南滨路，则像一条舞动的火龙，绽放着山城的青春活力；那波光潋滟的江面，万家灯火倒映水中，显得雍容华贵，妩媚动人。

一名游客在《美哉！重庆夜景》中写道：“这就是山城么？这就是江城么？不，不是！这是灿烂的星河，霓虹的杰作，七彩的乐章，人间的仙境，这简直就是摄人心魄的‘不夜城’！”

今年6月，壮观的音乐灯光工程——“朝天扬帆”正式点亮。62盏多彩灯、50盏“空中大炮”灯、9盏频闪灯、4盏空中玫瑰灯、3盏激光灯，在音乐的一波波浪潮中更是将重庆绚烂的夜景推向顶点。

Reference Version:

The Night View of Chongqing

What is the most beautiful attraction of Chongqing? Undoubtedly, night view!

Every evening before the night curtain is fully down, the prosperous Mountain City will turn into a sea of glittering lights, which is a vivid expression of the meaning of "Fiery trees and silver flowers make a bright and sleepless night."

Over the Yuzhong Peninsula the night sky is blazingly illuminated by the dazzling neon lights on the skyscrapers. All the lights there are in good harmony in terms of spacing and grading. The brightly-lit Nanbin Road along the southern bank of the Yangtze River is very much like a dancing fiery dragon, sending out the pulsating vigor and youth of Chongqing. The billowing river, plus the reflections of the numerous lights in it, looks so dignified and charming.

Here is a quotation from *Ode to the Night View of Chongqing* by a tourist, "Is this a mountain city? Is this a riverside city? No, no! This is the Milky Way! A masterpiece of neon lights, a colorful musical movement, a fairyland on the earth! This is really a thrilling sleepless city! "

In June this year, the grand musical light show project "Set Sail" at Chaotianmen wharf was officially put into operation. The 62 colorful lights, 50 skyward cannon lights, 9 stroboscope lights, 4 skyward rose lights, and 3 laser lights, at the company of consecutive beautiful musical movements, all enhance the splendid night view of Chongqing to its utmost charm.

译注：

1. 标题里的"山城"二字最好还是还原成"重庆"，毕竟"山城"不是重庆的专享别称，译语读者也不一定知道这一别称。
2. 请思考译文第一段中"attraction; undoubtedly"这样的增词是否必要与合理。
3. "重庆美"在这里是不宜单独处理成一个分句的，结合上下文，这节完全可以省译。
4. "入夜"二字如果简单地翻译成"in the evening"，恐怕没有这里的处理生动、准确。
5. 请注意"繁华的山城万灯闪烁"这节译文的主语选择以及"万灯闪烁"的词性转换思维。另外，请注意译文中"a sea of"的修辞效果。
6. 请注意"which is a vivid expression of..."这个定语从句在译文中起到的连贯作用。另请体会译文是否对"恰似"二字的意味传达贴切。
7. 粗看起来，"渝中半岛拔地而起的高楼大厦，夺目耀眼的霓虹灯，把山城的夜空照得通亮，"这节的主语好像有"高楼大厦"、"霓虹灯"两个。但仔细分析，前者根本不可能作主语。由此可见，汉语是意合的语言，各部分的语法功能全靠分析、意会，不能简单地看其在句中的位置、形式等。值得一提的是，即便按道理说，此句的主语应为“霓虹灯”，但在译文里，也不宜用“neon lights”来作主语。毕竟，这是一个典型的汉语的“把”字句，通常较好的处理方式是翻译成英语的被动句。

8. 高楼大厦当然是“拔地而起”的，所以“拔地而起”在译文中是无需赘言，完全可以省译的。
9. “其灯光疏密相间，层次分明”这节翻译起来看似难度较大，好像主语分别是“疏密”、“层次”。倘若果真如此理解表达，恐怕与前面的“霓虹灯”衔接不好。因此，此句译文的主语在这里选择了“All the lights there”，而原文中的“疏密相间，层次分明”因为有了“are in good harmony in terms of spacing and grading”而显得意义饱满、表达凝练。
10. “南滨路”的得名是因其濒临长江之南，因此在译文中有必要增添“along the southern bank of the Yangtze River”。
11. 请注意译文中“pulsating”这一增词的修辞效果。
12. 翻译“那波光潋滟的江面，万家灯火倒映水中，显得雍容华贵，妩媚动人”这节时，要注意恰当选择译文句子的主语。另外，“万家灯火倒映水中”不要不假思索地翻译成句子形式。
13. 翻译“一名游客在《美哉！重庆夜景》中写道”这节时，最好不要用“游客”来作主语，因为这里重在传达游客的赞美之词，所以译文用“Here is a quotation from *Ode to the Night View of Chongqing* by a tourist,”这样的具有引出下文功能的倒装句是比较合理的。
14. 请注意“朝天扬帆”在这里的翻译。
15. “壮观的音乐灯光工程——‘朝天扬帆’正式点亮。”这样的汉语对中国人来说，毫无怪异难懂的感觉。但在英语中说“The project is officially illuminated”，就显得不怎么正常、自然了。因此，译文中把“点亮”译成了“put into operation”。
16. “空中大炮灯、空中玫瑰灯”中的“空中”不能想当然地翻译成“in the sky”，而应译成“skyward”。
17. “在音乐的一波波浪潮中”切不可翻译成“in the middle of...”。其实，这里说的是“在音乐的伴奏下”的意思，因此，译文中用了“at the company of...”这样的表达形式。
18. “一波波”是典型的汉语叠词现象，一般情况下，这样的修辞效果是无法直译或在译文中再现的。翻译时，只需取其本质意义即可，在这里的意思是“一曲又一曲”的意思，因此译文中选用了“consecutive”一词。

地名翻译的注意事项

地名是历史的产物，是国家领土主权的象征，是日常生活的向导，是社会交往的媒介。在信息化社会中，地名在国际政治、经济、外交、外贸、科技、文化交流、新闻出版以及社会生活方面都起着非常重要的作用。下面谈谈中国地名英译的几点注意事项：

一、专有名词是单音节的英译法：专有名词[①]是单音节，通用名词[②]也是单音节，这时通名应视作专名的组成部分，先音译并与专名连写，后重复意译，分写，例如：

1. 恒山 Hengshan Mountain
2. 淮河 the Huaihe River
3. 巢湖 the Chaohu Lake
4. 渤海 the Bohai Sea

二、通名专名化的英译法：通名专名化主要指单音节的通名，如山、河、江、湖、海、港、峡、关、岛等，按专名处理，与专名连写，构成专名整体。例如：

1. 都江堰市 Dujiangyan City（比较：the Dujiang Weir）
2. 白水江自然保护区 Baishuijiang Nature Reserve（比较：the Baishui River）
3. 青铜峡水利枢纽 Qingtongxia Water Control Project（比较：the Qingtong Gorge）
4. 武夷山自然保护区 Wuyishan Nature Reserve（比较：Wuyi Mountain）
5. 西湖风景名胜区 Scenic Spots and Historic Sites of Xihu（比较：the West Lake）

三、通名是同一个汉字的多种英译法：通名是单音节的同一个汉字，根据意义有多种不同英译法，在大多数情况下，这些英译词不能互相替换。例如：

1. 山 1)mount：峨眉山 Mount Emei，2)mountain：五台山 Wutai Mountain，3)hill：象鼻山 the Elephant Hill，4)island：大屿山 Lantau Island（香港），5)range：念青唐古拉山 the Nyainqentanglha Range（西藏），6)peak：拉旗山 Victoria Peak（香港），7)rock：狮子山 Lion Rock（香港）
2. 海 1)sea：东海 the East China Sea，2)lake：邛海 the Qionghai Lake（四川西昌），3)harbor：大滩海 Long Harbor（香港），4)port：牛尾海 Port Shelter（香港），5)forest：蜀南竹海 the Bamboo Forest in Southern Sichuan(四川长岭)

在某些情况下，根据通名意义，不同的汉字可英译为同一个单词。例如：

① 以下简称“专名”。
② 以下简称“通名”。

“江、河、川、水、溪”英译为“river”。

1. 嘉陵江 the Jialing River
2. 永定河 the Yongding River
3. 螳螂川 the Tanglang River(云南)
4. 汉水 the Hanshui River
5. 古田溪 the Gutian River(福建)

四、专名是同一个汉字的不同英译法：专名中同一个汉字有不同的读音和拼写，每个字在地名中的读音和拼写是固定的，英译者不能一见汉字就按语言词典的读音和拼写翻译，而只能按中国地名词典的读音和拼写进行翻译。例如：

1. 陕西省 Shaanxi Province　陕县 Shanxian County(河南)
2. 洞庭湖 the Dongting Lake(湖南)　洪洞县 Hongtong County(山西)
3. 六合县 Luhe County(江苏)　六盘水市 Liupanshui City(贵州)
4. 荥阳市 Xingyang City(河南)　荥经县 Yingjing County(四川雅安地区)
5. 林甸县 Lindian County(黑龙江大庆市)　林芝地区 Lingchi Prefecture(西藏)

五、专名是同样汉字的多种英译法：专名中的汉字是相同的，但表示不同的地点，每个地点的读音和拼写是固定的，应按“名从主人”的原则译写，不能按普通语言词典，而必须按中国地名词典英译。例如：

1. 浍河　1) the Huihe River (河南、安徽)　2) the Kuaihe River(山西)
2. 单城镇　1) Dancheng Town(黑龙江双城县)　2) Shancheng Town(山东单县)
3. 柏城镇　1) Bocheng Town(山东高密市)　2) Baicheng Town(河南西平县)

六、中国各民族名称的罗马字母拼写法：1991年8月30日，国家技术监督局批准了《中国各民族名称的罗马字母拼法和代码》(GB33041)，该标准适用于文献工作、拼音电报、国际通讯、出版、新闻报道、信息处理和交换等方面，当然也适用于英译。特别值得一提的是，虽然汉字书写的民族名称有“族”字，但罗马字母拼写法无“zu”字的拼写，英译照抄，首字母大写。例如：

1. 双江拉祜族佤族布朗族傣族自治县 Lahu-Va-Blang-Dai Autonomous County of Shuangjiang(云南临沧地区)
2. 湘西土家族苗族自治州 Tujia-Miao Autonomous Prefecture of Xiangxi (湖南)
3. 金秀瑶族自治县 Yao Autonomous County of Jinxiu (广西柳州地区)

此外，朝鲜族和藏族的罗马字母拼写法，对外分别使用Korean和Tibetan, 例如：

4. 延边朝鲜族自治州 Korean Autonomous Prefecture of Yanbian(吉林)
5. 甘孜藏族自治州 Tibetan Autonomous Prefecture of Garze(四川)

需要指出的是，如果专指“XX族”通常就要译出“族”字。例如：

回族 the Hui nationality(或 the Huis)，彝族 the Yi nationality(或 the Yis)，藏族 the Zang (Tibetan) nationality(或 the Zangs, the Tibetans)。

但是，如果作形容词修饰名词，则又可省略“族”字。例如：

维吾尔族医学 Uygur medicine，彝族人 the Yi people。

七、以人名命名的地名英译法：以人名命名的地名英译，人名的姓和名连写，人名必须前置，通名后置，不加定冠词。例如：

1. 张广才岭 Zhangguangcai Mountain
2. 郑和群礁 Zhenghe Reefs
3. 李准滩 Lizhun Bank

如果以人名命名的非自然地理实体地名，姓和名分写，人名前置或后置按习惯用法，大致有以下三种译法：

1. 人名+通名：黄继光纪念馆 Huang Jiguang Memorial(四川中江县)
2. 人名's+通名：中山陵墓 Sun Yat-sen's Mausoleum(江苏南京市)
3. the+通名+of+人名：昭君墓 the Tomb of Wang Zhaojun(内蒙古呼和浩特市)

八、a，o，e开头的音节连接在其他音节后面的时候，如果音节的界限易生混淆，用隔音符号，地名中的隔音符号不能省略。例如：

1) 西安市 Xi'an City
   (如果省略隔音符号，就成为 Xian，可以读成仙、先、现、限、鲜、险、县等)
2) 兴安县 Xing'an County
   (如果省略隔音符号，就成为 Xingan County 新干县，在江西吉安地区)
3) 建瓯市 Jian'ou City(福建)
4) 第二松花江 the Di'er Songhua River(吉林)
5) 天峨县 Tian'e County(广西河池地区)

林　纾

林纾(1852—1924)，福建闽县(今福州)人，我国近代著名的文学家、翻译家。他是我国译界的一个传奇人物，在中国近代翻译史上，他是与严复齐名的大译家。严长于理论，主要翻译社会科学著作，而林长于叙事，主要翻译小说。康有为曾称赞说“译才并世数严林”，可见一斑。

林纾不懂外语，无法阅读外文原著，但一生著译甚丰，翻译小说达两百余种。这源于他所用的举世罕见的翻译方式：先由若干精通外文者口述，他再凭借其深厚的文学功底笔译，先后将英、美、法、俄、日等十几个国家的1700余部名著翻译成中文，开创了中国翻译外国文学著作的先河。他与别人合作翻译的第一部外国长篇小说就是法国小仲马的名著《茶花女》。

作为我国近代翻译西方小说的第一人，林纾最大而不可磨灭的贡献，是最多、最集中地介绍了西方文学作品。他用文言文翻译欧美小说184种，其中不少是外国名作，如《巴黎茶花女遗事》、《鲁宾逊漂流记》、《块肉余生述》、《黑奴吁天录》等。他有关译学思想的论述都是集中在翻译的目的与功能的问题上，他的有关译论，一以贯之的就是爱国与救世。他在《译林叙》中也谈到“译书之难”，但与严复所说的“译事三难”略有不同，主要是说译者学识水平之难能。由于他自己不懂外语，因而更强调学习外语之重要性，他还认为外文与中文应该并重。他强调在翻译时译者应该投入自己的主观感情，译者须与原作者或作品中人物的心灵相交流。他指出翻译者的原则是“存其文不至踵其事”，对国外那些坏的东西或不适应中国国情的东西要保持警惕。他尤其强调，我们要翻译，要学习西方，但不能学西方的强盗行为。他提出的“学盗之所学，不为盗而但备盗”的原则，是对林则徐等人提出的“师夷长技以制夷”思想的重要补充。

练　习

一、请运用本节介绍的专题知识，翻译下列地名。

1. 牡丹江
2. 牡丹江市
3. 中山市
4. 孔庙
5. 黄帝陵
6. 王府井(水井名)
7. 王府井步行街
8. 上海外滩
9. 少云镇
10. 单县

二、请翻译下列含有地名的成语。

1. 邯郸学步
2. 得陇望蜀
3. 泾渭分明
4. 洛阳纸贵

5. 夜郎自大	6. 寿比南山
7. 福如东海	8. 乐不思蜀
9. 围魏救赵	10. 重于泰山

三、在译文的空白处填上所给动词的恰当形式，然后简单地说说译文的特征。

围棋是中国一种重要的体育竞技形式，初现于四千多年前，并在一千多年前先后传到朝鲜半岛和日本，为东北亚人们普遍喜爱。至今在这个地区还有大量的围棋爱好者，每年中、日、韩之间有多种围棋比赛，围棋成为文化交流的工具。

……

Go ____1____ (be) an important board game with origins in China from more than 4,000 years ago. It ____2____ (introduce) to the Korean Peninsula and Japan over 1,000 years ago, and since ____3____ (become) a favorite pastime of many people there. Today, go still ____4____ (serve) as a means of cultural exchange between the peoples of China, Japan, and Korea, as they ____5____ (engage) in numerous tournaments every year.

...

围棋追求的最高境界是和谐，围棋是你中有我，我中有你，双方不是对手，不是敌人，两人共成一盘棋。争强好胜，最终并不一定会获得胜利。下棋的人，要有一颗平常心。

在围棋中，真正的竞赛是对输赢的超越。北宋天才诗人苏轼也是一位围棋高手，他谈下围棋的感受时说："胜固欣然，败亦可喜。"

The highest goal of go ____6____ (be, seek) harmony. The players ____7____ (unite) with each other on the board. Instead of ____8____ (fight) as enemies, they ____9____ (cooperate, play) a good game. Thus, go players should always ____10____ (keep) their minds free from intention of confrontation. The real test for a good go player ____11____ (be, transcend) the idea of ____12____ (win) or ____13____ (lose). Su Dongpo (1037—1101), a poetic talent of the Northern Song Dynasty (960—1127), ____14____ (be) also a great go player. He ____15____ (have) this thought to share with fellow players: "It is a pleasure to win. It is a pleasure to lose, too."

四、请将下列短文译成英语，注意灵活运用所学知识。

中国三峡博物馆

三峡，是中国的瑰宝。国家级博物馆——三峡博物馆，则是重庆城市文化的象征。2005年6月18日，这座全国最大的专题性博物馆正式开馆，它收藏着城市的历史文化，展示着城市的精神与梦想。

三峡博物馆主体建筑气势宏伟，内涵深邃，外观由弧形外墙和玻璃穹顶构成，分别代表三峡工程大坝和三峡渊源的历史文化。建筑正面与人民广场、人民大礼堂三位一体，其余部分均顺地势地貌而建，并与山体融为一体，结合地势高差与建筑的围合与半围合，呈现出山水主题的园林景观。

展厅面积为23,225平方米，包括反映三峡历史文化精神的“壮丽三峡”、反映地方历史源流的“远古巴渝”、反映重庆城市变迁的“城市之路”和反映重庆抗战文化的“抗战岁月”四个主要展厅，以及“历代书画”、“历代瓷器”、“历代钱币”、“汉代雕塑艺术”等六个专题陈列厅。

第二课

开元寺

开元寺是驰名中外的名胜古迹，也是福建省最大的佛教建筑之一，位于泉州市西街。全寺占地面积约7万平方米，殿宇构筑雄伟壮观，流金溢彩，四周刺桐掩映，古榕垂荫，双塔耸立，景色极其优美。

开元寺始建于唐武则天垂拱二年(686年)，是一座千年古刹，原名"莲花寺"，相传这里原是财主黄守恭的大桑园。某天，黄梦见一个和尚要他献园建寺，于心不甘，就与和尚相约：佛法无边，三天内园中满园桑树若能开出白莲花，就献出桑园。不料，三天后，满园桑树果然竟吐白色莲花，黄守恭只得献园。寺成后乃名"莲花寺"。今寺内西畔还有一株老态龙钟的桑树，相传它当年就曾开过白莲花。唐开元二十六年(738年)，唐玄宗下诏以年号为此寺命名，此后称开元寺。

***Reference Version*:**

Kaiyuan Temple

Kaiyuan Temple, located on the West Street of the city of Quanzhou, is a world-famous place of interest as well as one of the largest Buddha temples of Fujian Province, China. Covering a total space of 70,000m^2, the magnificent and glittering temple is set off by the surrounding India coral trees, the shade of the old banyans and the twin towers in the yard. The natural view around the temple is exceptionally beautiful.

Initially built in 686, the second year of Chuigong Period (685—688) during the reign (684—704) of Wu Zetian, Empress of the Tang Dynasty (618—907), the temple was originally called "Lotus Temple." Tradition has it that the temple was formerly the mulberry field of the rich man Huang Shougong. One day, Huang had a dream that he, not resigned to a monk's idea of sacrificing his mulberry field for a temple, promised that the sacrifice would only be made on the condition that any Buddha power is immense enough to make all the mulberry trees in his field bloom with white lotuses in three days. Unexpectedly, white lotuses came out on every tree three days later, and Huang had to fulfill his promise. Hence, the temple was called "Lotus Temple." Even today, in the west of the temple yard still stands an old mulberry tree, which is said to have produced white lotuses then. In 738, the 26th year of Kaiyuan Period (713—741) of the Tang Dynasty, Tang Xuanzong issued a decree that the temple should be named after the reign title. Ever since, Kaiyuan Temple is known to the world.

译注：

1. 在翻译原文第一句时，考虑到"是……也是……"这种并列结构，最好将"位于泉州市西街"处理成非谓语结构。
2. "佛教建筑"不要机械地翻译成"Buddha/Buddhism structures"，而要具体化地处理成"Buddha temples"。
3. 一般说来，大多数情况下译者会把"殿宇构筑雄伟壮观，流金溢彩"这样的结构翻译成英语的短句，但这节信息似乎并不与"全寺占地面积约7万平方米"这节信息存在紧密的逻辑联系，所以，宜将"雄伟壮观，流金溢彩"译成定语修饰"the temple"。
4. India coral tree 刺桐；banyan 榕树。
5. 注意译文第一段倒数第二句里使用了"is set off"这一谓语动词。"set off sth"的含义是"make sth appear more attractive by contrast"，也就是汉语的"衬托、掩映"等词语所表达的意思。在这里，由它来作谓语，有利于引出后面的并列成分。
6. 很显然，"四周刺桐掩映，古榕垂荫，双塔耸立"这节前后之间是一种并列关系，而后面的"景色优美"是前面所有描述之后的点评之笔。就内在关系而言，"景色极其优美"与前面所描述的内容存在一种隐含的因果关系。为了不使语气显得生硬和避免过于直白，有必要将"景色极其优美"单独成句而置于段末。

7. 翻译“开元寺始建于唐武则天垂拱二年”这节时，有个对“垂拱二年”的理解问题，理解的质量关系到译者对中国历史文化的知晓或敏感程度。要知道，“垂拱”指的是对“武(则天)皇帝”执政时的其中一段时期(公元685—688年)的称谓，即我们熟知的“年号(the title of an emperor's reign; reign title)”。至于这里所涉及年代的具体起止时间，在翻译时，有必要在查找历史文献确认后在括号里标出。
8. “是一座千年古刹”这节在译文中完全可以省去不译，因为原文和译文里的历史年代已经豁然纸上了，今天的任何游客，一看便知。
9. 同样，下文的“开元”也是唐玄宗时期的一个年号。封建皇帝为纪念在位之年，往往会建立年号，借此炫耀“德政”，以达到巩固封建统治的目的。年号起于汉武帝。公元前112年，汉武帝得一角兽，群臣认为是一个值得纪念的“符瑞”，建议纪年，为此立年号为“元狩”。以后，新君即位改换年号称“改元”。同一皇帝在位时，也可以改元，如汉武帝后来又改为“元封”、“太初”、“天汉”等年号，唐高宗也使用了“永徽”、“显庆”年号。到明代以后才规定一帝一元，因此才有可能用年号来称呼皇帝。例如，明世宗年号嘉靖，称为嘉靖帝；清圣祖年号康熙，被称为康熙帝。所以从某种意义来说，年号也是皇帝的名称和别名。
10. 不难看出，“某天，黄梦见一个和尚要他献园建寺……就献出桑园”这节中“梦见”二字后的所有信息都是梦见的具体内容，因此，在翻译时，不宜断句处理。由此，英语句子结构的驾驭就得认真动动脑筋，既要力争做到译文完整地忠实原义，又要让译文句子层次分明、简洁轻盈。
11. 复观原文和译文，本次翻译还是具有相当的难度，主要体现在理解难点较多、所涉及的历史知识较深，以及对译文措辞、句式的恰当选择和层次感的把握等诸多方面。

旅游资料的英译

旅游资料是一种对外宣传资料，其主导功能在于吸引游客，激发他们对旅游名胜的兴趣，兼具信息性和诱导性的双重特点。

旅游资料中往往存在大量的文化因素，这也对翻译造成了不少的麻烦。汉语旅游资料中的文化因素，往往会给外国游客的阅读和理解造成某种障碍。因此，译者应特别重视采取适当的翻译策略，把必要的文化信息巧妙地传译给外国游客。下面就专门谈谈汉语旅游资料英译的注意事项和常用方法。

首先,我们应明白汉语旅游资料中常见的文化因素有以下几种情况:

A. 历史典故:翻译中不能忽视文本中提到的古代年号、历史名人、轶文趣事等文化信息的传达,否则译文难以满足外国游客的旅游需求。

B. 宗教信仰:中国的名山大川大都有寺院宝塔的点缀,它们的存在往往给游客带来独特的审美体验。这些地方不仅有丰富的宗教知识,还有许多神话传说等,游客们从中可以窥探到中国人宗教信仰的印迹,挖掘到中国宗教文化的积淀。但翻译时,也会给译者带来一些负担。

C. 园林艺术:中国人建造园林时总是力求把人工美与自然美巧妙地结合起来,达到“虽由人作,宛自天开”的艺术境界,带有浓厚的抒情性。因而这类汉语旅游文本的语言风格、修辞手段等,往往有别于英语的旅游文本。对翻译来说,也是一个不小的挑战。

D. 民族风情:中国的每个民族都有自己独特的风俗习惯和民族文化,甚至有各自的图腾和禁忌,这些也往往是旅游者们特别感兴趣的重要内容。

E. 风味饮食:中国许多菜肴的名字都会给人带来丰富的想象和美好的感受。中国菜谱英译时如何进行文化处理,也就成了一个重要而棘手的问题。

接着,我们来谈谈如何英译汉语旅游资料的问题。

必须指出的是,汉语旅游资料是集“信息、表达、呼唤”三种功能于一体的文本。翻译时,必须从跨文化的角度进行信息交流和语际转换,必须准确传达原文中的文化信息,让外国游客了解中国旅游景观的文化底蕴,从而更好地创造中国的旅游品牌,吸引更多的游客前来观光览胜。

对于外国游客来说,汉语旅游资料往往存在着“信息量不足”或“信息量过大”两方面的问题。下面分别说明在翻译中如何较好地解决这两个问题。

所谓“信息量不足”,指的是汉语中涉及的人名、地名、朝代、诗词和典故等,一般都没有额外提供相关的背景知识。翻译时,如果直接将其照实译成英语,就会让外国游客因缺乏相关知识而很难理解。针对这种情况,可以在翻译时将相关内容采用直译(音译)加注、增译或类比的翻译方法补充到译文中去。如:

1. 鹿回头 Luhuitou (turning-round deer) Scenic Spot(音译加注)
2. 天涯海角 Tianya-Haijiao (the end of the earth and the edge of the sea)(音译加注)
3. 古商业街内店铺林立,古迹众多,有建于唐代的明教寺,建于清代的魁星阁,有闻名天下的“八大祥”等商业老字号。Here, there are not only a great number of shops and stores, but also many historical sites. Among them are the Temple of Manichaeism built in the Tang Dynasty, the Pavilion of <u>Kuixing (the god that governs lit-</u>

erature and writing) built in the Qing Dynasty, and the old reputable shop "Ba Da Xiang" (Eight Great Lucks).（划线部分为音译加注）

4. 文人墨客常以古代美女西施来比喻西湖的娇美，因此它又有"西子湖"和"西施湖"的美称。Many men of letters like to compare the West Lake in Hangzhou, whose Chinese name is Xi Hu, to the famous ancient beauty Xi Shi of the State of Yue, calling it "Xi Zi Hu" or "Xi Shi Hu," where "zi," in Chinese, is used to refer to a female person.（划线部分为增译）
5. 济公劫富济贫，深受穷苦人民爱戴。Jigong, Robin Hood in China, robbed the rich and helped the poor.（划线部分为类比，外国读者一看便会有一种熟悉和亲切感，也隐含地传达了济公深受穷苦人民爱戴的意思。）

所谓"信息量过大"，指的是汉语的旅游文本中详尽地引用了一些诗词或典故，或者表达过于铺陈夸张、婉转迂回，如果照实将这些内容译成英文，也会给读者带来阅读的麻烦和理解的困难。遇上这种情况，最好采用省译、释义或编译等方法，删减原文中那些冗长的信息，但要保留原文的主要信息和风貌。如：

6. 黄河奔腾不息，勇往直前，忽而惊涛裂岸，势不可挡，使群山动容；忽而安如处子，风平浪静，波光潋滟，气象万千。The Yellow River tears and boils along turbulently through the mountains and, at some place, flows quietly with a sedate appearance and glistening ripples.（不难看出，译文抓住了直观物象，原文中的华丽辞藻在译文中大都可以省略不译，取而代之的是直观可感、明快流畅的英文，达到了"化虚为实"的效果。）
7. 水映山容，使山容益添秀媚，山清水秀，使水能更显柔情。有诗云：岸上湖中各自奇，山觞水酌两相宜。只言游舫浑如画，身在画中原不知。The hills overshadow the lake, and the lake reflects the hills. Being in perfect harmony, they are more beautiful than a picture.（译文用浅显易懂、明白畅达的英语句子概括性地释义了原文，特别是原诗的本质含意。）
8. 满树金花，芳香四溢的金桂；花白如雪，香气扑鼻的银桂；红里透黄，花多味浓的紫砂桂；花色似银，季季有花的四季桂；竞相开放，争艳媲美。进入桂林公园，阵阵桂花香扑鼻而来。The Park of Sweet-Scented Osmanthus is noted for its profusion of osmanthus. Flowers from these trees in different colors pervade the whole park with their fragrance.（典型的编译，化繁为简，道出了原文的本质意义，满足了英语在遣词造句上显得客观朴实、干净利落的总体要求，也能达到与原文一样的宣传功能。）

最后要指出的是，为了实现汉语旅游资料的信息性和诱导性的双重功能，译者应当遵循“以中国文化为基准，以译文读者为导向”的翻译原则，根据实际情况对原文作适当调整，采用不同而有效的翻译方法来弥补因文化差异而造成的理解障碍，从而顺利地达到宣传旅游景点、实现跨文化交流的根本目的。

卡特琳娜·赖斯

德国翻译理论家卡特琳娜·赖斯（也称“莱斯”）（Katharina Reiss）指出，大多数文本可以根据他们的功能分为三大类型，它们的译文也因此有不同的评判标准：

1. 描述性文本(descriptive text), 也可称为“注重内容的文本”, 主要包括新闻报道、商业信函、商品目录、产品使用手册、官方文件、法律文书、论文、报告等。对此类文本译文的评判标准: (1) 是否准确地传达了原文的内容或信息；(2) 是否符合地道的译入语的习惯用法和表达方式。在翻译方法上应侧重于意译(free/semantic translation)。
2. 表达性文本(expressive text), 也可称为“注重形式的文本”, 主要包括文学性散文、传记、回忆录、小说、戏剧和诗歌等。评判这类文本译文的主要标准不是看它们是否说了相同的内容，而是看他们是否用相应的手段表达了这些内容。也就是说，译者应该让读者充分领略到原文中的文学和美学特点，而不是仅仅提供一篇内容一致、文笔规范的译文。
3. 祈使性文本(vocative text), 也可称为“注重感染(劝说效果)的文本”，主要包括广告、宣传品、宗教说教、政治宣传以及辩论性文本。衡量这类文本译文应主要看它们是否达到了与原文相同的效果。这意味着译者可能不得不抛开原文的形式甚至某些语句的具体内容，以求得相同或类似的效果, 如: 1) The world’s local bank 环球金融 地方智慧[香港汇丰银行(HSBC)的广告]；2) Discover the world with Citizen 放眼世界，星辰相伴(日本 Citizen 牌手表的广告，内地译名为“西铁城”, 香港译名为“星辰”)。不难看出，上述两个例子中的译文在语言表达形式上有了明显的变化。尽管译文的表达形式和原文有很大的出入，但译文完全表达了原文广告中所要传达的信息，起到了同样的宣传效果。

总而言之，不同的文本应有不同的衡量标准。描写性文本注重“说什么”, 即内容和信息的传达，强调译入语的规范性；表达性文本注重"怎么说"，即原文的表达形式及其文学和美学功能，强调源语的"非常规"表达方式是怎样在译入语中得到体现的；而祈使性文本则注重译文是否产生了和原文相同的实际效果，为了达到这一效果，语言的形式，甚至某些内容都可以做一定的调整。

需要说明的是，这三种文本类型有时也被分别称为"信息型文本(informative text)、表情型文本(expressive text)、操作型文本(operative text)"等。

练　习

一、请将下列常用旅游词汇译成英语，并请加强此类词汇的储备。

1. 旅行指南
2. 出境游
3. 背包旅行者
4. 环程旅行
5. 往返旅行
6. 单程旅行
7. 套餐游
8. 旅游散客
9. 游览列车
10. 护照
11. 签证
12. 证件
13. 备用机场
14. 航站楼
15. 国际航班候机楼
16. 商务客舱
17. 头等舱
18. 经济舱
19. 海关申报处
20. 货币申报
21. 免税商品
22. 需课税商品
23. 托运的行李
24. 随身行李
25. 登机牌
26. 候机室
27. 国内抵达处
28. 行李票
29. 汽车旅馆
30. 提供一夜住宿和早餐的旅馆
31. 青年招待所
32. 套房
33. 登记
34. 结账
35. 地陪
36. 全陪
37. 淡季
38. 旺季
39. 平季
40. 国家级历史文化名城
41. 民间工艺品
42. 中国国家旅游局
43. 旅行社
44. 蜜月旅行

45. 一日游

46. 持证导游

47. 人文景观

48. 旅游景点

49. 山水风光

50. 避暑胜地

二、试将下列从旅游文本中摘录的汉语译成英语，注意灵活运用本节所介绍的专题知识。

1. 刘备章武三年病故白帝城，五月归葬于成都。
2. 奇特秀丽的海景、山景和石景，海山相连，相得益彰，蔚为奇观。
3. 听说苏东坡曾在冰泉上“书扇判案”。
4. 相传汝南县就是梁山伯与祝英台的家乡。
5. 杨贵妃名叫杨玉环，唐开元年间人，是蜀州司户杨玄炎的后代，相传她出生时，左臂上隐有“太真”二字，故名“玉环”。天生丽质姿容绝艳，涕泪好似红冰，沁汗尤如香玉，容貌之美到了“回眸一笑百媚生，六宫粉黛无颜色”的程度。

三、请翻译下列著名风景名胜，并请记住它们的英文译名。

1. 故宫博物馆

2. 颐和园

3. 大观园

4. 卢沟桥

5. 十三陵

6. 大雁塔

7. 秦始皇兵马俑博物馆

8. 黄帝陵

9. 布达拉宫

10. 长江三峡

11. 大足石刻

12. 四面山

13. 云冈石窟

14. 武侯祠

15. 杜甫草堂

16. 都江堰

17. 青城山

18. 乐山大佛

19. 曲阜孔庙，孔府，孔林

20. 泰山

21. 黄鹤楼

22. 滕王阁

23. 岳阳楼

24. 武汉龙王庙

25. 东方明珠电视塔

26. 上海城隍庙

27. 路南石林

28. 毛泽东故居

29. 玉龙雪山

30. 珠穆朗玛峰

四、请将下列短文译成英语，注意灵活运用所学知识。

北海公园的“游客须知”

北海公园是我国历史悠久的古典皇家园林，是国家重点文物保护单位，在公园游览时，请您自觉遵守各项规定。

一、为了您的安全，请您不要在湖里游泳，不要攀登山石，不要在非开放的冰面滑冰或穿行。

二、爱护公共设施和花草树木，请您不要跨越栏杆，践踏草坪，不要拓刻碑文，抚摸文物展品。未经批准禁止在园内搞摄像培训，进行随团摄像、拍摄电影和电视。禁止在建筑、树木等设施上粘贴、涂写、刻画。

三、维护公共秩序，不准进行破坏公园的公共设施或危及游人安全的活动，不得大声喧哗，严禁携带各种枪支弹药、凶器、爆炸物、动物和较大球类进园。禁止在园内捕猎、钓鱼、燃放鞭炮、赌博、聚众闹事、打架斗殴。

四、任何单位和个人不准在园内兜售商品，散发或粘贴各种宣传品，禁止各种集会活动。

五、注意防火，禁止在禁烟区及易于起火的地方吸烟。

六、遵守静园时间，静园后不准在园内逗留，严禁翻越围墙，毁坏园门。

第三课

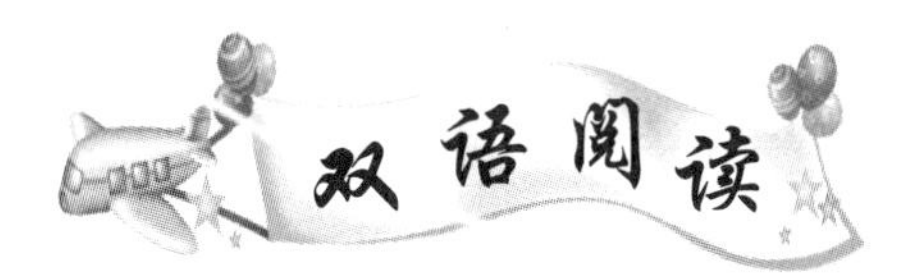

孔庙

孔庙，是纪念祭祀我国伟大思想家、教育家孔子的祠庙建筑。由于孔子创立的儒家思想对于维护社会统治安定所起到的重要作用，历代封建王朝对孔子尊崇备至，从而把修庙祀孔作为国家大事来办，到了明、清时期，每一州、府、县治所所在都有孔庙。

孔庙可以分为三种类型，一是孔氏家庙，二是国庙，三是学庙。

历史上中国有两座孔氏家庙。最早的孔氏家庙，就是现在称之为"国庙"的曲阜孔庙。第二座孔氏家庙就是宋室南渡后，在浙江衢州建立的孔氏南宗家庙。

作为国庙性质的孔庙，全国只有曲阜孔庙和北京孔庙，它们与"学校"没有关系，是专为封建帝王、地方官员祭祀孔子的专用庙宇。曲阜孔庙是中国面积最大、等级最高的孔庙，北京孔庙是专为清代帝王祭孔的专用庙宇。

学庙在古代中国就是以办学为宗旨的将学习儒家经典的学校与祭祀孔子的礼制性"庙"宇相结合的国家行政教育场所和祭孔场所。它由政府教育行政主管部门直接管理。学庙重在"学"字，它是一座古代儒学教育的殿堂。

每一座孔庙就是一座博物馆，其建筑、碑刻、礼器、乐器以及祭祀礼仪、音乐、舞蹈等等都是十分珍贵的文化遗产。随着中国经济的迅猛发展和国际地位的日趋重要性，文化大国的形象也越来越重要，孔庙的功能也远远超出了纪念性建筑的本身含义，成为中华民族文化的象征。孔庙的存在，体现了儒学在中国传统文化中的主流地位。在未来的发展中，孔庙将承担着文化传承与教化、促进中华民族融合与统一的双重功能。

Reference Version:

Confucian Temple

Confucian temple is a divine venue for the Chinese to commemorate and offer sacrifices to Confucius, a great thinker and educator in Chinese history. Due to the great contribution of Confucianism to the maintenance of ruling order and social stability, all the rulers of Chinese feudal dynasties paid high respect to Confucius, the establisher of Confucianism, and took the worship of Confucius as well as the construction and maintenance of Confucian temples as one of the state affairs. During the Ming and Qing Dynasties, Confucian temples could be found in the locality of governments at all levels.

Confucian temples fall into three types — home temple of Confucius, state temple of Confucius, and temple of Confucianism.

There are two home temples of Confucius in China. The earliest one is Qufu Confucian Temple, also referred to as the state temple of Confucius now. The other one is Quzhou Confucian Temple, which was built in Quzhou, Zhejiang Province after the Southern Song Dynasty settled its capital in Hangzhou, Zhejiang Province.

As for the state temple of Confucius, there are also only two in China, namely, Qufu Confucian Temple and Beijing Confucian Temple. They did not play the role of school at all. They were just built for emperors and local officials to worship and offer sacrifices to Confucius. Among all the Confucian temples of China, Qufu Confucian Temple is the biggest one and enjoys the highest status, and Beijing Confucian Temple was specialized for emperors of the Qing Dynasty to offer sacrifices to Confucius.

Temple of Confucianism played a dual role of school and temple in ancient China. On the one hand, it was an administrative and educational venue for teaching Confucian classics; on the other hand, it was a ceremonial venue for commemorating and offering sacrifices to Confucius. It was under the direct administration of the government's education department. With a main function of teaching and learning, temple of Confucianism was a palace of Confucianism education in ancient China.

Every Confucian temple is indeed a museum. Its buildings, inscriptions, sacrificial vessels and rites, music and instruments, and dance are all precious cultural heritages. With the rapid and vigorous growth of national economy and the increasing lift of China's international status, it is more and more important for China to promote its image of "Country of Culture." Therefore, Confucian temple means far more than a commemorative architecture and it has become the cultural symbol of the Chinese nation. The existence of Confucian temple manifests the dominant position of Confucianism in Chinese traditional culture. In the future development of China, Confucian temple will undertake the role of cultural inheritance and enlightenment and promote the integration and unity of the Chinese nation.

译注：

1. 翻译“孔庙，是纪念祭祀我国……孔子的祠庙建筑”这节时，“祠庙建筑”不宜照着字面翻译，因为前面主语里已出现了“temple”一词。正是出于这样的考虑，这里的译文中才出现了“a divine venue”。另外，“我国”不要简单地翻译成“of our country”或“of China”，否则，译文读起来就有“好像孔子还活在人世”的感觉。因此，这里应有适当的增译，处理成“in Chinese history”是比较恰当的。当然，译文里的“for the Chinese”的增译也是很有必要的。
2. 英语中“social rule”或“society rule”是“社会法则、社会规则”的意思，因此，原文中的“社会统治安定”不宜翻译成“social rule and stability”。这里将其译成“ruling order and social stability”是准确而恰当的。
3. 英语中“All the Chinese feudal dynasties paid high respect to...”这样的主谓结构，一般会被视为搭配不合逻辑。因此，这里增译了“rulers of”。应该说，这样的处理更符合英语的思维和表达习惯，更显严谨、准确。
4. 原文中“孔子创立的儒家思想”如果完整地按字面翻译成“Confucianism established by Confucius”放在本节译文的前半部分，总感觉有点拖沓、冗长，甚至喧宾夺主的感觉，因此，建议将“孔子创立的”这节信息剥离出来，单独翻译成“the establisher of Confucianism”放在“Confucius”的后边作同位语，要显得自然些。
5. 在翻译“从而把修庙祀孔作为国家大事来办”这节文字里的“修庙”时，可不要简单地译成“construction of...”，而应在“construction”之后再加一个“maintenance”。表面上看，这是一个“增译”，但严格意义上说来，那可是对“修”的透彻理解所致，因为在汉语中“修”不仅有“修建、兴修”的意思，还有“修缮、修葺”的意思。不管怎么说，生活常识告诉我们，这里的译文不能丢掉“maintenance”一词。

6. 很显然，“国家大事”在这里要翻译成“one of the state affairs”。
7. 这里用“Confucian temple”来作主语更合适些，毕竟整个语篇的话题对象就是“孔庙”。
8. 考虑到中国古代的行政区划与当代中国、英语国家的行政区划在概念上存在诸多差异，这里的“州、府”都不好在现代英语中找到一个完全对应的词，因此，这里就笼统翻译成“governments at all levels”。毕竟，此译文是给现代人看的，重点不是为了向英语读者讲解中国古代的行政区划的种类及其特点。
9. “历史上中国有两座孔氏家庙。”尽管在原文中有“历史上”这三个字，译者可不要不假思索地译成“in history”之类的，因为那样的译法的弦外之音就是现在中国已不存在这样的孔庙了。这与事实不符。由此可见，翻译要时时小心留神才是。
10. 1127年，金军攻破汴京(今河南开封)，北宋灭亡。赵佶于商丘即位，成为宋朝第十位皇帝，史称宋高宗。宋高宗即位后，先将都城迁于扬州，后迁于南京，最后定都杭州。宋高宗成为南宋的开国之君，苟安于江南，史称“宋室南渡”。如果译者有了这样的历史知识，或者说是去网上查阅了相关信息，就可以简单而准确地将原文中的“宋室南渡后”翻译成“after the Southern Song Dynasty settled its capital in Hangzhou, Zhejiang Province”。
11. “As for the state temple of Confucius”这样的短语，在译文中能起到较好的衔接过渡作用。
12. 若将“它们与‘学校’没有关系”直接字面译成“They had nothing to do with school”，总会让读者感到意义模糊、含混，因此，这里将其译成了“They did not play the role of school at all”。
13. 既然说“最”，总得有个比较的对象或范围，因此，有必要增译“Among all the Confucian temples of China”这样的短语。
14. 请注意有关“国庙”这段译文在时态上的不同之处。
15. “学庙在古代中国就是……的国家行政教育场所和祭孔场所。”这节信息在原文里显得很长，很复杂，翻译成英语时应当合理考虑理清脉络、挑出主干。这里的译文就是先出现了“Temple of Confucianism played a dual role of school and temple in ancient China”这样一个引领下文的总说性的句子。而后，再用“On the one hand...; on the other hand...”这样的句型来进一步陈述。可以说，这样的处理很大程度上起到了化繁为简、层次分明、表达自然的作用。

16. 原文中提到了“礼器、礼仪”和“乐器、音乐”，为了让译文读起来表达更连贯和避免重复用词，这里用到了“换序”和“合译”两种方法。
17. 翻译“孔庙的功能也远远超出了纪念性建筑的本身含义”时，不宜将“The function of Confucian temple”用来作主语，这样的译文总让人感到有点“隔靴搔痒”，没有“一语中的”或“说到点子上”的效果。最重要的原因是，“孔庙”是本文的话题对象，用“function”来作主语，难免就有中文思维的痕迹，或者说是受到了原文表达形式的束缚。
18. “在未来的发展中”不宜简单地翻译成“In future development”，译文中的增词是必要而准确的，也是为了满足英语表达比较看重语义明晰度的要求。
19. 有了“undertake... and promote...”，原文中的“双重功能”是不言自明而根本用不着翻译的。

增词法

增词法是指根据英汉两种语言不同的思维方式、语言习惯和表达方式，在翻译时增添一些词、短句或句子，以便更准确地表达出原文所包含的意义。这种方式多半用在汉译英里。汉语无主句较多，而英语句子一般都要有主语，所以在翻译汉语无主句的时候，除了少数可用英语无主句、被动语态或“There be...”结构来翻译以外，一般都要根据语境补出主语，使句子完整。英汉两种语言在名词、代词、连词、介词和冠词的使用方法上也存在很大差别。英语中代词使用频率较高，凡说到人的器官和归某人所有的或与某人有关的事物时，必须在前面加上物主代词。因此，在汉译英时需要增补物主代词。英语词与词、词组与词组以及句子与句子的逻辑关系一般用连词来表示，而汉语则往往通过上下文和语序来表示这种关系。因此，在汉译英时常常需要增补连词。英语句子离不开介词和冠词。另外，在汉译英时还要注意增补一些原文中暗含而没有明言的词语和一些概括性、注释性的词语，以确保译文意思的完整。归纳起来，汉译英的增词法往往用于以下几种情况：

1. 增添必要的代词
2. 增添必要的冠词
3. 增添必要的连接词语（包括连词、衔接过渡型的副词及短语等）

4. 增添必要的介词

5. 增添原文暗含的概念性的范畴词

6. 增添必要的背景解释性词语

总之，通过增译，一是保证译文语法结构的完整，二是保证译文意思的明确。如：

1. 开元寺始建于唐武则天垂拱二年(686年)，是一座千年古刹，原名“莲花寺”。Initially built in 686, the second year of Chuigong Period (685—688) during the reign (684—704) of Wu Zetian, Empress of the Tang Dynasty (618—907), the temple was originally called “Lotus Temple.”(增译附注性的历史年代)
2. 更因有海陆风影响，(北戴河海滨)冬无严寒，夏无酷暑。Furthermore, under the combined influence of the wind from both the land and the sea, the Seashore has no idea of bitter winter and sweltering summer.(增译隐含的形容词)
3. 就是法西斯国家本国的人民也被剥夺了人权。Even the people in the fascist countries were stripped of their human rights.(增译物主代词)
4. 只许州官放火，不许百姓点灯。 While the magistrates were free to burn down houses, the common people were forbidden to light lamps. (增译连词)
5. 这是我们两国人民的又一个共同点。This is yet another common point between the people of our two countries.(增译介词)
6. 在人权领域，中国反对以大欺小、以强凌弱。 In the field of human rights, China opposes the practice of the big oppressing the small and the strong bullying the weak. (增译暗含的范畴词)
7. 三个臭皮匠顶个诸葛亮。Three cobblers with their wits combined equal Zhuge Liang, the master mind. (增译解释性词语)
8. 虚心使人进步，骄傲使人落后。Modesty helps one to go forward, whereas conceit makes one lag behind. (增译连词)
9. 要提倡顾全大局。We should advocate the spirit of taking the whole situation into consideration. (增译暗含的范畴词)
10. 结婚大办酒席，实在可以免去了。The practice of giving lavish feasts at weddings can well be dispensed with. (增译暗含的范畴词)
11. 留得青山在，不怕没柴烧。So long as green hills remain, there will never be a shortage of firewood. (While there’s life there is hope.) (增译连词)
12. 送君千里，终有一别。You may escort a friend/guest miles and miles away to see him off, but the parting must come at last. (增译连词)
13. 他霎时心里感到热乎乎的，仿佛有一团火在燃烧。All of a sudden, he felt an in-

tense warmth in his heart, as if a cheerful fire was burning within.（增译隐含的形容词和副词）

14. 我们是多年的好朋友，一旦分开，难免会依依不舍。Since we are close friends for years, surely we cannot tear away from each other, once we have to part company.（增译连词）

15. 天色已相当晚了，我们决定在那座庙里过夜。As it was getting quite dark, we decided to stop at that temple for the night.（增译连词）

贾文波

贾文波先生在其发表于《英汉语比较与翻译》(2000)一书上题名为“从汉、英景物描写看民族审美差异”一文中指出，汉语旅游名胜的介绍多呈文学语言风格，文辞讲究，语言凝练；在对景物的描写中，重写意，“虚”、“实”结合。“这种虚像的本质带有很大的模糊性，因而使得汉语的景物描写多少增加了一些‘虚’的夸张成分并使描绘的实景有些变形，产生一种意象模糊的朦胧之美，……”英语的相应文本则不然。“英语的景物描写大多是实景写实，不重写意而在绘景，力求忠实地再现自然。……因而在遣词构句上常常显得客观朴实、干净利落。”与虚实结合的写法相关联，汉语描写景物的另一个显著特点是诗情画意、带有强烈主观审美色彩。“一般而言，汉语的景物描写大多文笔优美，用词凝练含蓄、音韵和美，语言近乎诗化，景物刻画不求明细，讲究‘情景交融’、‘意与境混’的‘诗情画意’艺术境界，追求一种意象的朦胧之美。英语则不然，英语在描写景物时，其表达总是那么客观具体，精细深刻，描绘直观可感，没有汉语那么多的意象思维和情感色彩，没有那么多的委婉和浓缩，写景手法上多诉诸具象的景物罗列而使之形象鲜明可感，具有一种真实自然地理性之美，与汉语的写景手法形成鲜明对比。”不难看出，贾先生是在告诫我们，汉语旅游名胜介绍性文本英译时，译者往往需要考虑英汉民族的文化差异、英文读者的审美习惯和对译本的接受能力等，在妥善处理原文主要信息的基础之上，依照英语民族的思维方式和表达习惯，化虚为实，对写意和虚空的文字做适当的删减或调整，对朦胧、借景抒情的描写进行直观具体的改造。

一、请将下列句子译成英语,注意适当运用"增词法"。

1. 努力实现和平统一。
2. 法律是上层建筑。
3. 这个小男孩饭前都洗手,然后用餐巾纸擦干。
4. 海外侨胞说:"我们的心永远向着祖国。"
5. 我们看问题不要主观片面,对问题应作全面分析。
6. 吃饭防噎,走路防跌。
7. 前途是光明的,道路是曲折的。
8. 天气寒冷,河水都结冰了。
9. 谁都知道朝鲜战场是很艰苦的。
10. 中国总是要前进的。
11. 钱先生周岁时"抓周",抓了一本书,因此得名"钟书"。
12. 你原来是银样镴枪头。
13. 庆父不死,鲁难未已。
14. 我属鸡,我从来不吃鸡。
15. 一夫当关,万夫莫开。

二、请为下列各句选择最佳译文。

1. 提到赤壁,人们自然会想到"赤壁之战",想象那场著名战役的情景。

A. The name Chibi or Red Cliff would remind one of the Battle of Chibi, of the fierce fighting in this well-known battle.

B. The name Chibi or Red Cliff would remind one of the fierce fighting in the Battle of Chibi which is well-known.

C. The name Chibi or Red Cliff would remind one of what in Chinese history is known as the Battle of Chibi fought in A. D. 208 between the army of Cao Cao of Wei ant the joint forces of Sun Quan of Wu and Liu Bei of Shuhan in the period of Three Kingdoms (220—280).

2. 大碗喝茶解渴,却说不上茶是怎样的好。

A. One can get rid of thirst by drinking tea with a bowl but he cannot tell how wonderful the tea is.

B. To drink at a gulp is a quick way to quench thirst, but it gives no taste of the high grade tea.

C. To drink a bowl of tea can soon dampen the thirst; however, the fragrance of the tea can hardly be tasted.

3. 一心想得到的东西终于得到了，却失去了很多很多，而失去的原来比得到的可能还要好。

A. One can get what he dreams to get but he loses a lot which may be better than what he has got.

B. When a person has gained the thing that he has been eagerly longing for, he has also lost many things that might be better than he gained.

C. One may eventually win what he has set in his mind to, only to find that he has lost quite a lot. Perhaps what he loses is even better than what he gains.

4. 人在旅途上，有人背负着名利急急奔走，有人回归自然，飘逸而行。

A. On the road of life, some run hurriedly with the burden of fame and interests on their shoulder, while others come back to the nature and lead an easy and free life.

B. In their journey through life, some people hurry on with a heavy heart in pursuit of fame and gain, while others go with an easy grace, enjoying themselves in harmony with nature.

C. On the road of life, some one is burdened with fame and interests and goes in a hurry; some one returns to the nature and walks elegantly.

5. 汽车的方向盘异常灵敏。

A. The wheel of the car is unusually sensitive.

B. The car has an unusual sensitive wheel.

C. The wheel of the car obeys the slightest touch.

三、请在下列译文的空白处填上一个适当的单词，确保译文忠实通顺地传达原文的意思。

北海公园原是辽、元、明、清历代封建帝王的“御花园”。总面积共有68.2公顷。公园的中心——琼岛，周长1913米，高32.8米，是1179年(金代)用挖海的泥土堆成的。岛上白塔建于1651年，塔高35.9米。

Beihai (North ____1____) Park, covering an area of 68.2 hectares, was the ____2____ garden in the Liao, Jin, Yuan, Ming and Qing ____3____. The center of the park is Qiong Island, 32.8 meters in ____4____ and 1,913 meters in ____5____. It was made in 1179 (during the Jin Dynasty) with the earth that came from the digging of the ___6___. The White Pagoda built on it in 1651 is as high ___7___ 35.9 meters.

琼岛东北部有"琼岛春阴"碑,为1751年所建,附近风光秀丽,过去是燕京八景之一。海北岸有"五龙亭",建于1602年,是封建皇帝钓鱼和看焰火的地方;"九龙壁"建于1756年,全壁用五彩琉璃瓦砌成,两面各有蟠龙九条,姿态生动,反映了我国劳动人民的创造才能;"铁影壁",是元代文物。

In the northeast of Qiong Island, there is stone tablet, erected in 1751, with "Qiong Dao Chun Yin" (Spring Shade on the Qiong Island) ___8___ on it. It is ___9___ that the ___10___ was written by Emperor Qian Long (1736—1796). This area, noted for its beautiful scenery, was counted as one of the eight outstanding ___11___ of Beijing.

On the north shore of the lake is the Five-Dragon Pavilion, built in 1602, ___12___ the emperors enjoyed fishing and watched fireworks. Not far to the northeast stands the Nine-Dragon Screen, put up in 1756, ___13___ is made of colorful glazed tiles. With nine lively dragons on both sides, it is a ___14___ of the creativeness of the ancient Chinese people. Near there is the Iron Screen, which is a ___15___ of the Yuan Dynasty.

四、请将下列短文译成英语,注意灵活运用所学知识。

桂 林

在1985年和1991年中国十大风景名胜及中国旅游胜地四十佳评选活动中,桂林山水均排名第二。1998年,国家旅游局授予桂林"中国优秀旅游城市"称号。

桂林在发展旅游业中,着力于风景建设,漓江的综合治理,改善和提高旅游接待能力等方面。近二十多年来,桂林旅游业有了长足的发展,基本形成了具有多功能、多层次的旅游产业结构和全方位、高质量的旅游接待服务体系,成为中外瞩目的旅游热点城市。近些年来,桂林接待入境游客数始终排在全国旅游城市的前十名之内。1998年即使受到了东南亚金融危机的影响,桂林接待入境游客仍达41万人次,国内游客为600万人次。

第四课

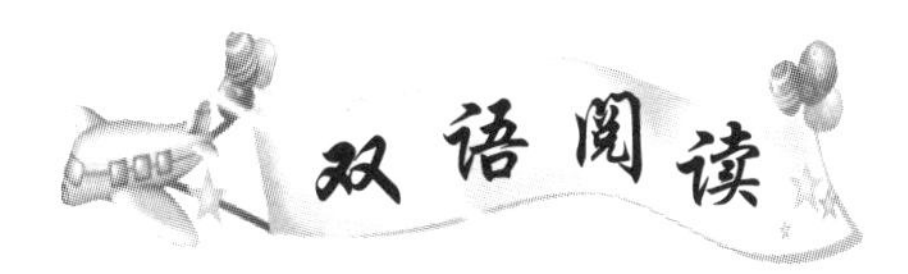

北戴河海滨

北戴河海滨位于秦皇岛西南15公里处，是中国著名的避暑游览胜地。

北戴河海滨南临渤海，北依联峰山，海岸漫长曲折，滩面平缓，沙软潮平，海水清澈，是一处天然海水浴场。更因有海陆风影响，冬无严寒，夏无酷暑，盛夏时日平均气温仅23℃，白天风从海面吹来，清凉湿润；入夜陆风渐强，凉爽宜人，实为中外游人的避暑胜地。

北戴河海滨的秀丽风景更是引人入胜。其中的东西联峰山，岗岭连绵，松柏蓊翳，奇石异峰，千姿百态。山前大海横陈，极目无际，山中一幢幢别墅楼阁，掩映在万绿丛中。东联峰山有莲花石，巨石为蕊，四面山石若瓣，恰似一朵莲花；西联峰山上有双石峭立，状如二人私语，称对语石。

Reference Version:

The Beidaihe Seashore

The Beidaihe Seashore, 15 km southwest away from the downtown of Qinhuangdao, is a famous summer resort of China.

Neighboring on the Bo Sea on the south and the Lianfeng Mountain on the north, the Seashore is characterized by a long and circuitous shoreline, a gently rolling beach, soft sand, limpid tides, and crystalline seawater, forming a natural bathing beach. Furthermore, under the combined influence of the wind from both the land and the sea, the Seashore has no idea of bitter winter and sweltering summer. Even in midsummer, the daily average temperature is no more than 23℃. In the daytime, the blow from the sea is refreshing and humid; at night, the intensifying land wind is cool and pleasing. It is really a good summer resort for both Chinese and foreign visitors.

The picturesque view of the shore is even more enchanting. Both the East and West Sections of the Lianfeng Mountain consist of a long range of hillocks and ridges, luxuriant green pine and cypress trees, and grotesque rocks and peaks of different looks and postures. In front of the Mountain stretches a limitless expanse of sea. In the Mountain, rows of villas and pavilions are under the shelter of tens of thousands of green trees. *The Lotus Rock* of the East Section looks amazingly like a lotus for its stamen—like rock in the middle and petal-like lesser rocks around, and the West Section boasts *The Whispering Rocks*, a name for two steeply-rising rocks which look very much like a whispering couple.

译注：

1. 翻译第一段时，将处所译成短语放在中间，句式显得活泼而别致，而且重心突出。翻译这种处所时，要注意表达过关，不然，“北戴河海滨”就不在秦皇岛市了。
2. 第二段第一句尽管分句很多、很复杂，但在英译时，不宜断句处理，因为，前后分句之间有一定的内在联系。这里的处理就是基于这种考虑。另外，主语选择一定要恰当，不要以原文后面的一连串名词来作主语，因为，本文的话题始终是“北戴河海滨”。当然，确定好主语之后，谓语的选择也要适当动动脑筋，这里的谓语选择比较符合英语的表达习惯，更主要的是突出了“特色”的概念。
3. 顺便要提及的是，上句译文的主语是“the Seashore”，而非“the Beidaihe Seashore”。这样的处理方式顺应了英语表达不宜重复的要求，也是语篇翻译不同于单句翻译的一个有力例证。也就是说，语篇翻译中，译者一定要有前后参照的语境意识。
4. 译文第二段第二句的“have no idea”这一谓语动词让整个句子有了修辞效果，既提高了语言的表现力，也因灵活措辞而让译文与众不同。
5. 翻译“白天……入夜……”这节时，要顾及语言形式的前后一致性，从而达到平衡美。
6. 海滨浴场：bathing beach，日光浴：sunbathe。
7. 鉴于文章开头提到的“联峰山”是个单数、整体概念，在翻译后面的“东西联峰山”时，可适当增添"Section"一词,既可以做到前后参照,又达到了行文简洁的目的。

8. 原文最后一段描写说明成分较多、较复杂,处理起来较难。在英译时要尽量做到文字简洁、结构匀称。

省词法

这是与增译法相对应的一种翻译方法,即省去不符合目标语思维习惯、语言习惯和表达方式的词或词组等信息,以避免译文累赘或不地道的现象发生。有时候,译者绝不能只字不漏地生搬硬套过来,否则会引起译文文理不通、意思含糊等弊病。当然,省略词语绝不意味着可以随意省却原文的词句,而必须遵守一些原则,即省去的词语必须是:(1)在译文中看来是可有可无或多于的;(2)其意思已经包含在上下文里;(3)其含义在译文中是不言而喻的。

汉译英中所省略的词语一般可以分为以下几种情况:

(1) 原文中重复出现的词语或并置的含义相同、结构类似的词语,如"铜墙铁壁"(bastion of iron)、"能说会道"(have the gift of the gab)、"分析问题和解决问题"(analyze and solve problems)、"忠于党,忠于人民,忠于祖国"(be loyal to our Party, to our people, and to our motherland)等。

(2) 原文中表示概念范畴(conceptual category)的词语,如"任务"、"活动"、"工作"、"情况"、"状况"、"问题"、"事业"、"神情"、局面、"态度"等。比如,"人民内部矛盾问题"中的"问题"是一个范畴词,大可省译,而只需将整个短语译成"contradictions among the people"就足够了。

(3) 可能影响译文修辞效果的词语,即省去原文中过于堆砌、铺陈和细致的内容等而加以简化或笼统性地表达。

请注意下列各个译文中对原文划线部分的省略:

1. 中国政府历来重视环境保护<u>工作</u>。The Chinese government has always attached great importance to environmental protection.
2. 他在我不知道的<u>情况</u>下私自拿走了那东西。He took it away without my knowledge.
3. 此新产品耐寒、耐旱、适合在北方<u>生长</u>。Cold resistant and drought tolerant, the

new variety is adaptable to north China.

4. 大家都必须杜绝在工作中的浪费现象。We must put an end to waste in our work.
5. 台湾海峡两岸的中国人都是骨肉同胞,手足兄弟。The Chinese on both sides of the Taiwan Strait are of the same flesh and blood.
6. 多年来那个国家一直有严重的失业现象。For many years there has been serious unemployment in that country.
7. 我们党结束了那个时期物价混乱的局面。Our Party has put an end to the disorder of prices of that time.
8. 这台电视机真是价廉物美。This television set is really cheap and fine.
9. 中国足球的落后状态必须改变。The backwardness of the Chinese football must be changed.
10. 无数先烈为中国的革命事业献出了生命。Countless martyrs have laid down their lives for the Chinese revolution.
11. 花园里面是人间的乐园,有的是吃不了的大米白面,穿不完的绫罗绸缎,花不完的金银财宝。The garden was a paradise on earth, with more food and clothes than could be consumed and more money than could be spent.
12. 发达国家有四大优势:一、先进的技术;二、先进的管理经验;三、资金雄厚;四、人才丰富。Developed countries have the edge in four areas: technology, managerial expertise, capital and experienced professional.
13. 冬天来了,我想买件羊毛大衣来穿。I want to buy me a woolen overcoat for the winter.
14. 停止的论点、悲观的论点、无所作为和骄傲自满的论点,都是错误的。Ideas of stagnation, pessimism, inertia and complacency are all wrong.
15. 他们忘记了少数服从多数,下级服从上级,局部服从全体,全党服从中央的民主集中制。They forget the principle of democratic centralism which subordinates the minority to the majority, the lower level to the higher, the part to the whole, and the whole Party to the Central Committee.

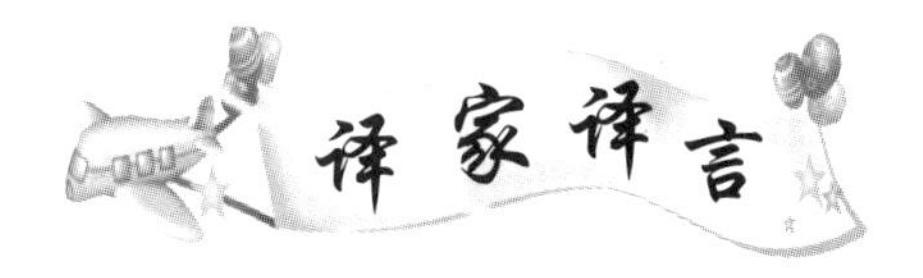

严　复

严复(1854—1921),中国近代资产阶级启蒙思想家、近代中国翻译八大家之一。[1]甲午战争后,深感国势日危,先后发表《论世变之亟》、《原强》、《辟韩》、《救亡决论》等文,抨击封建专制,主张向西方学习。

甲午战败后,严复感于时事弥艰,开始致力译著。从1895到1898年,他翻译了赫胥黎的《天演论》,以"物竞天择,适者生存"的进化论观点唤起国人救亡图存,"自强保种",对近代思想界影响极大。至1909年,先后又译出亚当·斯密的《原富》,斯宾塞的《群学肄言》,约翰·穆勒的《群己权界论》、《穆勒名学》,孟德斯鸠的《法意》等西方名著,达160多万字。他是近代中国系统介绍西方资产阶级学术思想的第一人。

在翻译《天演论》时,严复在其卷首的《译例言》的第一段中,便指出:"译事三难:信、达、雅。""信"是指准确地传达原文的内容,"达"指译文使用标准汉语即语言应通俗明白,"雅"指译文的美学价值,它体现在修辞、文体、韵律、诗意和心理等五个方面。

其实,"信、达、雅"这三字早在三国时支谦的《法句经序》中,即已全都出现。但将其按译事的内在规律和关系排列组合,明确而自觉地将它们作为"译事楷模"(即标准)而提出,则始自严复。另外,德国汉学家乌利希·瓦尔蒂(Ulich Valtier)则认为,"信、达、雅"近似赫伯特·罗森斯坦(Herbert Rothenstein)所提出的"Triness", 即 faithfulness、expressiveness、gracefulness。

一、请将下列句子译成英语,注意适当运用"省词法"。

1. 我上这个班是为了提高英语水平。
2. 他们是亲密无间的朋友。
3. 我们必须认真帮助他们解决工作问题和学习问题。
4. 他把事情一五一十地都讲给父母听了。

---

1 近代中国翻译八大家是指:严复、鲁迅、林语堂、郭沫若、朱光潜、傅雷、钱钟书及许渊冲。

5. 事发二十个小时以内，他都处于昏迷状态。
6. 那位世界小姐真有沉鱼落雁之容、闭月羞花之貌。
7. 她毕业后一直从事科研活动。
8. 等他回国再说。
9. 每条河流都有上游、中游、下游。
10. 这种新型汽车速度快，效率高，行动灵活。

二、请认真改进下列各句译文中存在的问题。

1. 那座教堂的大门向所有人开放。The gate of that church is open to all the people.
2. 他爱好广泛，从下棋到集邮，什么都喜欢。His interest is wide. From chess to stamp collecting, he likes everything.
3. 我批评了她，但我的话她左耳进，右耳出。I criticized her, but it went in the left ear and out of the right one.
4. 毛泽东思想是党的宝贵精神财富。Mao Zedong Thought is a valuable ideological treasure of the Party.
5. 至于他喜不喜欢这个，我并不在乎。I don't care as to whether he likes it or not.

三、请翻译下列常用城市生活词汇，注意加强此类词语的积累和记忆。

1. 市区的
2. 近郊区
3. 郊区
4. 贫民窟，贫民区
5. 唐人街
6. 旧货店
7. 报摊
8. 商品交易所
9. 股票交易所
10. 动物园
11. 游乐园
12. 美术馆
13. 植物园
14. 公共厕所
15. 人行横道
16. 景观节点
17. 护城河
18. 城市边缘
19. 交通瓶颈地段
20. 交通岛(转盘)
21. (铁路)编组站
22. 旧城改造
23. 城市结构
24. 特大城市
25. 城市化
26. 郊区化
27. 拆除危旧房屋
28. 统一规划
29. 卫星城
30. 立交桥

31. 配套的公共设施
32. 建立住房公积金
33. 集资合作建房
34. 枢纽工程
35. 变电站
36. 装机容量
37. 城市绿化覆盖率
38. 密闭式垃圾桶
39. 水厂
40. 污水处理厂

四、请将下列短文译成英语，注意灵活运用所学知识。

书　院

唐末至五代期间，战乱频繁，官学衰败，许多读书人避居山林，遂模仿佛教禅林讲经制度创立书院，形成了中国封建社会特有的教育组织形式。书院制度萌芽于唐，完备于宋，废止于清，前后千余年的历史，对中国封建社会教育与文化的发展产生了重要的影响。

书院大多是自筹经费，建造校舍。教学采取自学、共同讲习和教师指导相结合的形式进行，以自学为主。它的特点就是为了教育、培养人的学问和德性，而不是为了应试获取功名。

藏书、供祭和讲学是构成书院的“三大事业”。由于藏书是古代书院的重要内容和特征，书院藏书也因此成为中国古代藏书中的一种重要类型，与官府藏书、私人藏书、寺院藏书一起，并称为中国古代藏书事业的四大支柱。总结起来，书院藏书的来源一般有皇帝赐书、官吏赠书、私人赠书、书院自己购置和刊刻图书等。

第五课

今日西藏

由于西藏地处“世界屋脊”，自然条件恶劣，也由于几百年落后的封建农奴制社会形成的各种社会历史条件的限制，西藏在全国还属于不发达地区。但是，50年的发展已经极大地改变了其昔日贫穷落后的面貌，西藏人民生活质量大大提高。社会经济的发展极大地丰富了人民的物质文化生活。2000年，西藏全区各族人民已基本摆脱贫困，实现温饱。部分群众生活达到了小康水平。随着人民生活逐步富裕，冰箱、彩电、洗衣机、摩托车、手表等消费品进入了越来越多寻常百姓家。不少富裕起来的农牧民盖起了新房，有的还购买了汽车。西藏目前的人均居住面积处于全国首位。广播、电视、通信、互联网等现代信息传递手段已深入到人民群众的日常生活。绝大多数地区的百姓能够通过收听收看广播、电视，了解全国和全世界各地的新闻。当地百姓能够通过电话、电报、传真或互联网等手段获取信息资料，并与全国和全世界各地取得联系。由于缺医少药状况得到根本改变，人民群众的健康水平大幅度提高。西藏人均预期寿命由20世纪50年代的35.5岁增加到现在的67岁。

***Reference Version*:**

Tibet Today

Located on “the roof of the world,” provided with an awful natural condition, and restricted by all the social and historical conditions resulting from the backward feudal serfdom over the centuries, Tibet Autonomous Region remains to be underdeveloped in comparison with other parts of China. Nevertheless, the developing efforts over the past fifty years have greatly mitigated its poverty and backwardness and considerably enhanced Tibetans' life quality. Social and economic development has substantially enriched Tibetans' material and cultural life. By 2000, all the nationalities of Tibet have by and large shaken off poverty and attained a life of sufficient food and clothing. Some of them can even afford a comparatively well-off life. As they get richer day by day, refrigerators, color TVs, washing machines, motorcycles, watches and many other consumer goods are finding their way into more and more households of ordinary people. Quite a number of richer farming herdsmen have moved into new houses and some have even bought private cars. Now Tibet tops the national list in terms of the living space per capita. Modern media of information such as radio, TV, telecommunication and internet have stepped into the daily life of the Tibetans. People of most regions can keep informed of domestic and international news by listening to the radio or watching TV. By means of telephone, telegraph, fax, or internet, the local people can have easy access to their needed information or data and establish a contact with anybody home and abroad. Thanks to the radical solution to the lack of medical staff and medicine, the people's health has improved by a large margin: the life expectancy of Tibetans has risen from 35.5 years in the 1950s to today's 67 years.

译注：

1. 原文第一句有两个“由于”，但反复思考后，译者认为还是把“自然条件恶劣”单独处理成一个原因合适些。这样一来，译文就得考虑三个原因的平行表达技巧，于是，译文中添加了“provided with”与其前后两个过去分词短语并置。需要进一步指出的是，用原因状语从句不及用短语表暗含的原因好，一来不简洁，二来不书面。另外，将“provided with”改为“endowed with”于此也不妥，因为后者带褒义。
2. 英语文章中，第一次提到国家名、地区名、单位名、人名等一般都要用全称，因此，“西藏”在译文第一句里被处理成了“Tibet Autonomous Region”。

3. 很多译者习惯于把“属于”、“属”不分青红皂白地翻译成“belong to”，殊不知，这样的处理有时会“貌合神离”，甚至贻笑大方。试想，西藏作为我国一个单独的省级行政单元，它除了属于中华人民共和国，还能属于别的什么地方吗？还有，难道可以把“我属猪”译成“I belong to pig”吗？可以肯定的是，译者在这里将“属于”翻译成“remains to be”，绝对不是凭记忆和查字典的结果。
4. 一个地区发达不发达，不是一个绝对的、静态的概念，而是一种相对的说法。所以，译者将“西藏在全国还属于不发达地区”译成了“Tibet Autonomous Region remains to be underdeveloped in comparison with other parts of China”。
5. 将原文第二句的“发展”翻译成“developing efforts”要比“development”更能体现人们的主观努力。
6. “改变了其昔日贫穷落后的面貌”中的“面貌”是概念性的范畴词(category word)，英译时，宜省略，而“昔日”的含义也是不言自明的，多余的。另外，“changed its poverty and backwardness”这样的英语是不怎么符合逻辑和搭配习惯的。其实，结合上下文，“改变”在这里的本质含义是“减轻、缓解”的意思，故译文中用了“mitigated”一词。
7. 原文中多次出现“极大地”、“大大(地)”、“大幅度(地)”等词，翻译时应注意确切选词和避免单一、重复。
8. 人们摆脱贫困、实现温饱是一个逐步的过程、分批次的过程，不可能所有的西藏人民都是在2000年里摆脱贫困和实现温饱的。因此，“2000年”不能翻译成“In 2000”，而要说“By 2000”。
9. 汉语中，“部分群众生活达到了小康水平”这句话的主语是“生活”，译文为了与上句衔接，达到连贯的效果，用了“some of them”来作主语。
10. 翻译“冰箱、彩电、洗衣机、摩托车、手表等消费品进入了越来越多寻常百姓家”这节时，首先要确定用现在进行时态，以表示这样的事情经常发生、随时发生。另外，把“进入”翻译成“walking into”、“stepping into”、“entering”从修辞的角度来说，似乎也不错。但笔者认为，用“finding their way into”似乎更能突显“人们变富了，中高档商品自然就成其不速之客”的意蕴，再说也照样有“拟人”的修辞效果。
11. 盖新房、买汽车的人想必要比买冰箱、彩电的人更富有，所以译者在翻译“不少富裕起来的农牧民”这节时，用上了“richer”一词。
12. 好多人有钱了，都要盖新房，这是人之常情。但这里的问题是：“盖新房”怎么翻呢？难道就翻译成“build new houses”？那岂不是意味着“牧民们一定要自己亲手盖房子”？有鉴于此，译者将其翻译成“have moved into new houses”，毕竟，盖房子的最终目的是为了入住新房。
13. 试想，如果将译文“have easy access to their needed information or data”里的“easy”、

"needed"两个词删掉，是不是要逊色些？另外，把"获取"译成"have access to"要比"get"高级、地道，而将其译成"obtain"就更不好了，因为它的意思是"经过努力争取后而获得"，放在这里有点前后矛盾的感觉。

14. 把"由于缺医少药状况得到根本改变"中的"由于"翻译成"Thanks to"，在这里是最贴切的译法。另外，"缺医少药"不只是指"缺乏医生和药品"，所以译文是"the lack of medical staff and medicine"，同时还产生了押头韵的修辞效果。"改变"常被译为"change"，但在这里，其实是"解决"的意思，并且"change of the lack..."是不符合英语的搭配习惯的，所以译文用的是"solution"。
15. 请注意体会原文最后两句合译成一句的必要性。毕竟，原文最后一句是"人民群众的健康水平大幅度提高"的一个重要体现。另外，也请注意最后一句译文中冒号的作用。

语态转换

英、汉两种语言都有主动语态和被动语态的表达方式，而且总体来说，主动句的使用频率都比被动句高。但就两种语言的比较而言，汉语的被动句式要远远少于英语的被动句。汉语叙述一种行为的时候，常用主动式，突出动作的发出者，从习惯上讲，汉语中的"被"、"遭"、"受"、"挨"等字眼总给人以不舒服的感觉，而英语在不必说出施动者、不愿说出施动者、无从说出施动者或出于诸如连贯上下文的需要等情况下，往往会使用被动语态，于是，英语的被动语态使用要比汉语广泛得多，尤其以科技文体为甚。由此可见，在汉英翻译过程中，译者必须顾及汉英语言在语态使用方面的异同，从而有意识地考虑是否需要语态转换和如何转换。

首先，除了极个别的情况之外，汉语原文中本来含有"被、受、遭、给、挨、让、叫、为所、加以、予以"等表被动含义的字眼的句子，在翻译成英语时，一般就对应地处理成被动句式。如：

1. 他深受大家的尊敬。He is greatly respected by everyone.
2. 社会主义思想体系已为全国人民所接受。Socialist ideology has been accepted by the people of the whole country.

3. 该计划将由一个特别委员会加以审查。The plan will be examined by a special committee.

4. 这个问题终会以适当的方式予以解决的。This issue will be eventually treated by appropriate means.

但也有极个别例外的情况,比如,不宜将下面汉语的被动形式对译成英语的被动句:老太太被风吹病了。The old lady fell ill because of the draught.

接下来,重点谈谈汉语的主动句有必要转换成英语的被动句的情况:这类句子在形式上都是主动句型,但在翻译时,一般仍需处理成英语的被动语态,理由是:

1. 原文是形式上的主动句,但含义是被动的

1) 困难克服了,工作完成了,问题也解决了。The difficulties have been overcome, the work has been finished, and the problem solved.

2) 这座大桥将在今年年底建成。 The construction of the bridge will be completed by the end of this year.

3) 这项工程已经如期竣工。This project has been accomplished as scheduled.

4) 知识有待于深化,认识的感性阶段有待于发展到理性阶段。Cognition remains to be deepened. The perceptual stage of cognition has yet to be developed to the rational stage.

5) 有些问题还需要澄清。Certain questions have yet to be clarified.

2. 汉语原文没有主语

1) 为什么总要把这些麻烦事推给我呢? Why should all the unpleasant jobs be pushed on to me?

2) 三天之内必须完成这个任务。This task must be finished within three days.

3) 大街上看不见一个人。Not a single soul was seen on the street.

3. 汉语虽有主语但不是动作的执行者

1) 重庆正在修轻轨。A monorail is being built in Chongqing.

2) 今年夏天,北京涨了大水。Beijing was ravaged by a big flood this summer.

4. 为了强调接受动作的人或事物的重要性

1) 我国各族人民每年都要热烈庆祝国庆节。National Day is enthusiastically celebrated on October 1st by the Chinese people of all nationalities every year.

2) 中美已经建立了外交关系。Diplomatic relations have been established between China and the United States of America.

5. 为了加强上下文的连贯性

1) 口试时，问了她十个问题，她全都答对了。She was asked ten questions in the oral examination and answered every one of them correctly.
2) 她出现在舞台上，观众给予热烈的掌声。She appeared on the stage and was warmly applauded by the audience.
3) 爱说谎的人，甚至在他讲真话的时候，也没人相信他。Liars are not believed even when they tell the truth.
4) 理论的基础是实践，又转过来为实践服务。Theory is based on practice and in turn serves practice.
5) 人的思想形成了语言，而语言又影响了人的思想。Language is shaped by, and shapes, human thought.

6. 不便说出动作的发出者

1) 今晚有人请我在外面吃饭。I am invited to dine out tonight.
2) 天哪！居然有人在这种场合说如此不中听的话！Gosh! Disgusting words are heard on such an occasion!

7. 为了使措词得当、语气委婉

来宾请出示入场券。Visitors are requested to show their tickets.

8. 汉语习惯用语的习惯处理

1) 据谣传，那场事故是由于玩忽职守造成的。It is rumored that the accident was due to negligence.
2) 据报告，敌人当时离那里只有五公里。It is reported that the enemy were only five kilometers away.
3) 人们(有人、大家)认为…… It is considered/thought that...
4) 普遍(一般、通常)认为…… It is generally/usually accepted/agreed/recognized that...
5) 有人(人们、大家)相信…… It is believed that...
6) 大家知道(众所周知)…… It is well-known that...
7) 据悉…… It is learned that...
8) 必须(应该)承认…… It must/should be admitted that...
9) 必须指出…… It must be pointed out that...
10) 据估计(预计)…… It is estimated/predicted/calculated that...
11) 无可否认…… It cannot be denied that...

12) 可以肯定…… It may be confirmed that...

13) 可以有把握地说…… It may be safely said that...

14) 人们希望…… It is expected/hoped that...

15) 不用说(谁都知道)…… It is understood that...

16) 已经证明…… It has been proved/demonstrated that...

当然,有些有被动含义的汉语主动句也不一定总是要译成英语的被动句,比如把“重庆正在修轻轨”这句处理成“A monorail is under construction in Chongqing”反倒更自然、地道。类似的还有:“那个问题还在讨论中。”(That question is still under discussion.)另外,类似于下面的句子一般也处理成主动句:

1) 富有特殊民族风格的中国艺术品畅销国外。The Chinese works of art characteristic of national flavor sell well abroad.

2) 这种牛仔裤不耐穿。This sort of jeans wears badly.

3) 春色满园关不住。A garden of vernal charms doesn't lock.

4) 洗衣机需要修理了。The washing machine needs repairing.

费道罗夫

前苏联翻译学家费道罗夫在其所著的《翻译理论概要》中对确切翻译的原则作了较为详尽的论述,他指出:“翻译的确切性就是表达原文思想内容的完全准确和在修辞作用上与原文的完全一致。翻译的确切性就是通过复制原文形式的特点(如果语言条件)许可的话,或创造在作用上与原文特点相符的东西来表达原文所特有的内容与形式间的相互关系。……确切性在整个翻译的过程中并不要求在字面上同样程度地接近原文。……在细节上准确地表达了每一个单独的要素,还不能算确切地表达了整体,因为整体并不是这些单独要素的简单的总和,而是特定的系统。重新创造某一著作的总的内容和面貌而忽视它的单独的特点,就会使原著失掉它的作者的个人风格,并且就其引起的印象来说,会使这样的译作变成另外一种著作,也许与原著相近,但终究不与原著完全一致。无论从思想内容上或从形式上来看,只有作品的整体与它的单独部分或它的部分特点之间的相互关系,才能说明原作所独有的特点。”

一、请将下列句子译成英语，注意适当运用“语态转换法”。

1. 敌人后方空虚。
2. 英语语法课时，我们上了冠词的用法，然后做了一些练习。
3. 小王，接电话！
4. 他得意忘形。
5. 病人正在手术中。
6. 热可以转换为能，能也可以转换为热。
7. 那个男孩受了重伤，医院立即把他收下了。
8. 很抱歉，因为雨太大，参观博物馆得推迟到明天了。
9. 旅客请在此填写报关表。
10. 他准备给我一份工作，这使我大吃一惊。
11. 必须克服技术资料不足的现象。
12. 这种微波的传播原理要用方程来解释。
13. 在物体上作用另一个力，可以改变物体的运动方向。
14. 利用发动机，能够将机械能再转变成电能。
15. 我们知道，卡路里是指食物供给身体的热量的单位。

二、请认真改进下列各句译文中存在的问题。

1. 办公室不准抽烟。The office allows nobody to smoke.
2. 这本书已经翻译成中文了。This book has translated into Chinese.
3. 这项工程搬迁了很多工厂和学校。This project has moved many factories and schools.
4. 在学校里，他得到大多数学生的尊敬。At school, he received most students' respect.
5. 那个孩子在街上玩，一辆摩托车把他撞伤了。That child was playing in the street, and a motorcycle knocked him injured.

三、请翻译下列词语，并请熟记它们的译文。

1. 直辖市
2. 自治区
3. 特别行政区
4. 经济特区
5. 计划单列市
6. 副省级城市
7. 省会城市
8. 沿海城市
9. 内陆城市
10. 中心城市
11. 一线城市
12. 国际大都市
13. 县级市
14. 内地
15. 边疆
16. 高原
17. 平原
18. 盆地
19. 长江三角洲
20. 珠江三角洲

四、请将下列短文译成英语，注意灵活运用所学知识。

哈尔滨冰雕节

可能没有其他地方会比1月份的哈尔滨更寒冷彻骨，但这并不意味着人们会因此只待在家里不出门。相反，届时会有许多来自世界各地的人们相聚在冰天雪地的哈尔滨，庆祝一年一度的冰雕节。冰雕节于每年的1月5日至2月25日举行，来自世界各地的参赛选手参加角逐，竞争最佳冰雪艺术奖。入夜，当千万盏闪烁的彩灯照亮冰雕时，五彩缤纷的冰雕显得更加迷人了。

第六课

十三陵

明十三陵是中国明朝皇帝的墓葬群，坐落在北京西北郊昌平区境内的燕山山麓的天寿山。这里自永乐七年(1409)五月始作长陵，到明朝最后一帝崇祯葬入思陵止，其间230多年，先后修建了十三座皇帝陵墓、七座妃子墓、一座太监墓。共埋葬了十三位皇帝、二十三位皇后、二位太子、三十余名妃嫔、一位太监。陵区占地面积达40平方公里，是中国乃至世界现存规模最大、帝后陵寝最多的一处皇陵建筑群。

明十三陵，既是一个统一的整体，各陵又自成一个独立的单位，陵墓规格大同小异。每座陵墓分别建于一座山前。陵与陵之间少至半公里，多至八公里。除思陵偏在西南一隅外，其余均成扇面形分列于长陵左右。

在中国传统风水学说的指导下，十三陵从选址到规划设计，都十分注重陵寝建筑与大自然山川、水流和植被的和谐统一，追求形同“天造地设”的完美境界，用以体现“天人合一”的哲学观点。

这种依山建陵的布局也曾受到外国专家的赞赏，如英国著名史学家李约瑟说：皇陵在中国建筑形制上是一个重大的成就，它整个图案的内容也许就是整个建筑部分与风景艺术相结合的最伟大的例子。他评价十三陵是“最大的杰作”。他的体验是“在门楼上可以欣赏到整个山谷的景色，在有机的平面上沉思其庄严的景象，其间所有的建筑，都和风景融汇在一起，一种人民的智慧由建筑师和建筑者的技巧很好地表达出来。”

***Reference Version*:**

The Ming Tombs

The Ming Tombs, located on Tianshou Mountain of Yanshan Mountains, Changping District in northwest Beijing Municipality, is a conglomerate of mausoleums built mainly for the Chinese emperors of the Ming Dynasty. From May 1409 when the construction of Changling Mausoleum (Mausoleum of Emperor Yongle and His Empress) was started to 1644 when Emperor Chongzhen was buried in Siling Mausoleum, altogether 13 emperor mausoleums, 7 imperial concubine mausoleums, and 1 eunuch mausoleum were built on Tianshou Mountain. In these mausoleums sleep altogether 13 emperors, 23 empresses, 2 princes, more than 30 imperial concubines, and 1 eunuch. The Ming Tombs, covering a land of 40km2, is China's or the world's biggest existing resting place for emperors and empresses.

Well unified as a whole, each of the Ming tombs lies separate from each other and differs little in specifications. Each of the mausoleums is situated at the foot of a hill and the distance between one another is at least half a kilometer and even up to 8 kilometers. Except that Siling Mausoleum lies in the southwest corner, all the other mausoleums sit on either side of Changling Mausoleum in a fan-shaped form.

Under the guidance of Chinese traditional geomancy, the site selection, planning and design of the Ming Tombs all reflect the pursuit of "natural creation" effect and the philosophy of "perfect integration of man and nature" by emphasizing the harmony and unity between mausoleums and mountains, rivers, and vegetations.

Such mausoleum construction concept has also won the praises of foreign experts. As Joseph Needham, a famous British historian, remarked, the imperial mausoleums stand for a significant Chinese architectural achievement, and the contents of the overall design are probably the greatest example of emphasis on the integration of structures and landscape. He praised the Ming Tombs as "The Greatest Architectural Masterpiece." He described his field experience like this, "Overlooking from the gate tower, you can enjoy the scenery of the whole valley and ponder over the solemnity on an organic plain. You can feel that all structures blend well with natural scenery and the wisdom of Chinese people has been vividly expressed by skillful architects and builders."

译注：

1. 汉语"十三陵"里面有个明白无误的数字"十三"，可不可以在译文中将"十三陵"这个表示整体概念的陵园名称对译成"The Thirteen Tombs/Mausoleums"呢？答案是：不能！因为，下文明确提到，在"十三陵"这个大陵园里，远不止"十三"座陵墓。汉语之所以说"十三陵"，那是因为陵园里面长眠着"十三位明代皇帝"。在古代中国，皇帝有"天子"之称，独尊天下，举国上下以"皇帝"为中心，所以整个陵园以"皇帝陵"的数量来命名，也就不足为奇了。但若是字面译成英文，就难免让译文读者觉得前后矛盾。
2. 原文第一句同时出现了"天寿山"和"燕山"，不难看出，前者是后者的一小部分，因此，燕山应译成"Yanshan Mountains"，表示"燕山山脉"。
3. 值得一提的是，英语中用大写的"The Ming Tombs"作主语时，谓语动词要用单数，因为它表示的是整个陵园的名称。
4. 如果将"明十三陵是中国明朝皇帝的墓葬群……"译成"The Ming Tombs ... are the mausoleums of the Chinese emperors of the Ming Dynasty"或"The Ming Tombs ... is a conglomerate of mausoleums of the Chinese emperors of the Ming Dynasty"恐怕真算得上"落笔生非"了。理由如前所述，"十三陵"并非仅是皇帝的陵园。再次说明，译者须有前后参照、语篇思维的好习惯，切不可"一叶障目"。
5. 因为原文中有了"1409"，"永乐七年"也就不要费力不讨好地去字面翻译，弄出一长串注释性的话语来。再说，即便原文没有"1409"这个提示，聪明的译者也应自己去弄清楚"永乐七年"究竟是公历的哪一年。毕竟，英语读者一般都不会在这里去关心中国古代的年号是怎么回事！也就是说，翻译的根本目的是为了方便不懂源语的读者轻松愉快地读懂原文，而不是给他们造成一些不必要的阅读负担。
6. 在翻译"这里自永乐七年(1409)五月始作长陵"这节时，可不要想当然地认为"永乐皇帝是在1409年葬入长陵的"。这里又涉及一个历史知识。事实上，1409年只是开始修长陵，而永乐皇帝驾崩的日子是1424年8月12日。遇上此类情况，就是检验译者的杂学知识多寡的时候，也是检验译者治学精神、工作态度的时候。没知识不可怕，网络可帮得上大忙！关键是要有刨根究底、不畏繁琐、孜孜以求的精神，简单点说，就是要有“译德”！

7. 为了达到表达紧凑、层次清楚、语义连贯的效果，在翻译“这里自永乐七年……，一座太监墓”这节文字时，用到了“from... to...”这样一个时间状语，从而也省译了“其间230多年”这样的文字。当然，这样的处理方式同样要求译者有一定的历史知识，或者说要认真负责地去查证崇祯皇帝是何年葬入思陵的。
8. 在翻译“共埋葬了十三位皇帝……，一位太监”这节时，首先有必要在译文前面增译“In these mausoleums”这样的指示性的信息，另外，“埋葬”二字译成“sleep”更具修辞色彩，也更体现对逝者的尊重，更何况逝者是皇帝及其亲信。
9. 请注意“Well unified as a whole, each of the Ming tombs lies separate from each other and differs little in specifications.”这节译文里“tombs”的首字母是小写的，因为这里表示的是各个陵墓本身，而非指“陵园”。
10. 翻译“既是一个统一的整体，各陵又自成一个独立的单位”时，若老是想到用“not only...but also...”这样的句型去翻，恐怕老套、费力，而这里的处理似乎更为简便，也更好地突出了“各陵又自成一个独立的单位”这层意思，毕竟原文下文主要是围绕“独立”二字展开的。
11. 翻译“每座陵墓分别建于一座山前”这节时，有必要考虑一下“山前”该如何翻译?“In front of a hill”?那请问，山的哪一面才算是“山前”呢？不觉得“山前、山后”的说法完全取决于“观察者的处所”吗？其实，说到底，都是“山脚”的意思，因此译文里有了“at the foot of a hill”。顺便提及的是，这里的山要译成“hill”。
12. 有了“天造地设的效果”，当然就算得上是“完美境界”了，因此“完美境界”是可以巧译、省译的。
13. 请注意原文倒数第二段的句式结构和涉及的翻译技巧，并请体会如何恰当、准确地翻译汉语长句。
14. 有了上下文的提示和参照作用，原文中“这种依山建陵的布局”这节文字是完全没必要照着字面刻板翻译的。
15. 请体会“the contents of the overall design are probably the greatest example of emphasis on the integration of structures and landscape.”这节译文中“emphasis”这一增词的意义与作用。
16. 很多时候，在汉英笔译的过程中，往往提倡将原文的短句译成英语的某个词组或短语，从而达到一种更加书面、上乘的效果，但这里为了引出下文，倒是把“他的体验”译成了一个分句了。

专有名词的翻译

专有名词包括地名、人名、书刊名、机构团体名等。翻译时一般有其习惯的处理方法，应做到译法和格式的统一。

I. 音译的专有名词

国名、地名、人名等一般采用音译，并且遵循以下两个原则:

1. 名从主人

某一专有名词的音译应以该名词所在国家的语言的发音为准。汉语专有名词以汉语拼音音译，人名姓前名后，名姓分开，大写各部分的第一个字母，双名复姓都要求各自拼写在一起，不分开，不用连字符号，如邓小平（Deng Xiaoping）、欧阳修（Ouyang Xiu）、诸葛亮（Zhuge Liang）、司马相如（Sima Xiangru）。地名拼写成一个词，如：重庆(Chongqing)、黑龙江(Heilongjiang)、连云港(Lianyungang)等。如果地名的第一个字的拼音以元音结尾，第二个字的拼音又以元音开头，则在两个元音之间加apostrophe (’)，以免误读，如：西安(Xi’an)、泰安(Tai’an)等。

2. 约定俗成

有些专有名词的译法沿用多年，广泛流传，虽不合上述音译标准，也没有再次改动的必要。如：孔子(Confucius)、孙中山(Sun Yat-sen)、毛泽东(Mao Tse-tung)、蒋介石(Chiang Kai-shek)、清华大学(Tsinghua University)、长江(the Yangtze River)、西藏(Tibet)、松花江(the Sungari River)、哈尔滨(Harbin)等。

II. 意译或音意兼译的专有名词

1. 地名、山名、河名

有些地名、山名、河名等已通用意译，特别是名胜古迹的名称，大多采用意译或音意兼译的方法，例如:

黄河 the Yellow River
珠江 the Pearl River
嘉峪关 Jiayu Pass

故宫 the Palace Museum; the Imperial Palace; the Forbidden City
颐和园 the Summer Palace
黄鹤楼 the Yellow Crane Tower
长三角 the Yangtze River Delta
珠三角 the Pearl River Delta
中原地区 the Central Plains Area of China
西南地区 the Southwest China
闽南语 the dialect of Southern Fujian Province
太和殿 the Hall of Supreme Harmony
保和殿 the Hall of Guaranteed Harmony
文华殿 the Hall of Literary Glory
大足石刻 the Dazu Rock Carvings
拉萨布达拉宫 the Potala Palace of Lhasa
上海外滩 the Bund of Shanghai, Shanghai Bund
泰山 Mount Tai
长城 the Great Wall
天坛 the Temple of Heaven

2. 书报刊、党政机关团体、影视戏剧等的名称

《红楼梦》*A Dream of Red Mansions*
《中国日报》*China Daily*
《北京周报》*Beijing Review*
政协 Chinese People's Political Consultative Conference
民盟 China Democratic League
中华全国总工会 All-China Federation of Trade Union

III. 音译但非音译字面的专有名词

在汉英翻译中，遇上类似“京广线、成渝高速、沪蓉高速、武广高铁、京津城际、青藏高原、青藏铁路、云贵高原”之类的专有名词，切不可简单地音译成“Jingguang Railway, Chengyu Expressway, Wuguang High-Speed Railway”等等。正确的译法是将原本涉及的各个地名的全名用音译的方法完整地体现在译文中，否则会让人不知所云！因此，上述专有名词应该译成“Beijing-Guangzhou Railway; Chengdu-Chongqing Exrpressway; Shanghai-Chengdu Expressway; Wuhan-Guangzhou High-Speed Railway; Beijing-Tianjin Intercity Railway; Qinghai-Tibetan Railway; Qinghai-Tibetan Plateau; Yunnan-Guizhou Plateau”等。说到底,这是一个关系到理解的问题。当然,要正确译出此类专有名词,还得要求译者对我国一些省份、城市、地区等的简称或别名有足够的了解和认知。

马建忠

马建忠,清朝语言学家、翻译评论家,精通英、法、拉丁和希腊语。他所著的《马氏文通》(1898)从经、史、子、集中精选例句,参考西方语法研究古代汉语的结构规律,是我国用近代语言学观点编写的第一部汉语语法著作,对中国语言学史做出了开创性的贡献。其中对比中西语言的论述不仅开中西比较语言学的先河,而且对我国翻译理论的建设也具有重大意义。他在甲午(1894)海战中国惨败的那年冬天写的《拟设翻译书院议》是我国近代译学史上的名篇。这本奏折开门见山地指出,翻译西书的首要目的在于知彼知己,以反抗外国的欺侮;他还提出了“善译”的标准,即力求与原文在意思上无一毫出入,并使译文读者与原文读者有相同的感受。要达到“善译”,就必须对译与所译的两种语言,甚至其各自的字源及异同有深入的研究;在翻译时要考虑原文的音调、文句的繁简、文体的变化,以及义理精微之所在等,反复斟酌,最后还要摹仿原文的神情与语气。这其实已经涉及风格学、文法学、修辞学,以致进入一般文化研究的领域了。他提出的“善译”标准,是力求与原文在思想上毫无出入,而且使读者读了译文后能达到与读原文者相同的感受。这一提法,已与现代等值翻译理论非常接近。

一、请将下列句子译成英语,注意适当处理句中的人名。

1. 他那是:司马昭之心,路人皆知。
2. 有时我们真需要毛遂自荐。
3. “还要吗?”“嗯,韩信点兵,多多益善!”
4. 三个臭皮匠,顶个诸葛亮。
5. 项庄舞剑,意在沛公。

6. 子曰:“学而不思则罔,思而不学则殆。”
7. 孟子曰:“体有贵贱……无以贱害贵。”
8. 解名尽处是孙山,贤郎更在孙山外。
9. 王小二过年,一年不如一年。
10. 王婆卖瓜,自卖自夸。

二、请试将下列著作名翻译成英语,并请牢记其常规译名。

1.《论语》
2.《孟子》
3.《大学》
4.《中庸》
5.《诗经》
6.《尚书》
7.《礼记》
8.《周易》
9.《春秋》
10.《战国策》
11.《离骚》
12.《九歌》
13.《道德经》
14.《山海经》
15.《史记》
16.《汉书》
17.《资治通鉴》
18.《孙子兵法》
19.《楚辞》
20.《三国演义》
21.《封神演义》
22.《红楼梦》
23.《水浒传》
24.《西游记》
25.《儒林外史》
26.《聊斋志异》
27.《文心雕龙》
28.《说文解字》
29.《西厢记》
30.《牡丹亭》
31.《长生殿》
32.《赵氏孤儿》
33.《雷雨》
34.《骆驼祥子》
35.《牛郎织女》
36.《阿Q正传》
37.《围城》
38.《金瓶梅》
39.《世说新语》
40.《本草纲目》

三、请为下列各句选择最佳译文。

1. 这个研究所有400名工作人员,其中研究员和副研究员20名。有7个研究室,1个图书室,1个附属工厂,有工人120名。

A. There is a staff of 400 in this research institute, of whom 20 are senior research scientists. There are 7 laboratories, 1 small library and 1 related factory where there are 120 workers.

B. The research institute has a staff of 400, of whom 20 are senior researchers. It has 7 laboratories, 1 small library and 1 related factory that has 120 workers.

C. The research institute, staffed with a personnel of 400, of whom 20 are senior research fellows, has 7 laboratories, 1 small library and 1 related factory with 120 workers.

2. 通过大量的飞行试验,证明运七飞机具有良好的操作性和可靠的安全性。

   A. Through an extensive flight test, it proves that Y-7 aircraft has good controllability and reliable safety.

   B. By an extensive flight test, it proves that Y-7 aircraft has good controllability and reliable safety.

   C. Repeated flight tests show that Y-7 aircraft is of good controllability and reliable safety.

3. 颐和园是我国劳动人民勤劳和智慧的产物。

   A. The Summer Palace is the result of China's workingmen's industry and wisdom.

   B. The Summer Palace is a monument to the industry and wisdom of the laboring people of China.

   C. The Summer Palace is the outcome of China's workingmen's industry and wisdom.

4. 在许多国家还存在着不应有的贫穷落后的现象,因为这些国家的人民从整体来说还不知道用什么方法能摆脱贫困落后。

   A. There are countries in which unnecessary poverty prevails because the people as a whole are unaware of methods whereby it can be relieved.

   B. There exist the phenomena of unnecessary poverty in many countries because the people in these countries as a whole do not know how to get rid of the poverty.

   C. There are unnecessary phenomena of poverty and backwardness in many countries whose people as a whole do not know how to cast off poverty.

5. 我希望你们的产品将进一步增强竞争力。

   A. I hope your product will further strengthen competitive force.

   B. I hope your product will become more competitive.

   C. I hope your product will intensify competition.

四、请将下列短文译成英语,注意灵活运用所学知识。

西　安

西安已有三千多年历史。在1100年的时间里,断断续续有11个朝代在这里建都。西安作为举世闻名的丝绸之路的起点,从汉朝起,就成了中国与外部世界经济、文化交流的中心。

到了西安,很多游客都会选择游览钟楼和大雁塔两大景点。

钟楼始建于1384年，于1582年移至西安城中心。整个建筑物高36米，是用砖和木头建造的。过去钟楼上悬挂着一口铁铸的大钟，每天报时，故名钟楼。

大雁塔坐落在西安市以南四公里的慈恩寺内。此塔是在唐朝著名的僧人玄奘建议下修建的，用来保存他从印度带回的佛经。于652年修建的最早的大雁塔仅有5层，现在的塔是7层，62米高，形状大致像个伸长了的方型金字塔。

第七课

珠穆朗玛:雪山女神

珠穆朗玛峰位于中国和尼泊尔两国边界,海拔8844.43米,是喜马拉雅山脉的主峰,也是世界第一高峰,被誉为“万山之尊”、“地球之巅”、“世界第三极”。

珠穆为藏语“女神”之意,朗玛是“第三”之意,形容其柔美、静穆,宛如云中仙子。峰顶终年积雪,在劲风的吹拂下,飘飘洒洒,好像女神的面纱,给人以美丽、肃穆、神圣的感觉。

珠穆朗玛整个山体呈金字塔状,威武雄壮,昂首天外,四周地形极其险峻,环境异常复杂。在它周围20公里的范围内,群峰林立,山峦叠障。海拔7000米以上的高峰就有40多座,较著名的有干城章嘉峰(世界第三高峰)、洛子峰(世界第四高峰)、马卡鲁峰(世界第五高峰)等,形成了群峰来朝,峰头汹涌的场面,壮观无比。

从18、19世纪开始,就陆续有一些国际探险家、登山队员前往珠峰探索奥秘。20世纪20年代至30年代,外国登山队曾7次想从北坡登顶,均以失败告终。1960年,中国登山队首次从北坡登上顶峰。时至今日,她仍是无数登山爱好者毕生追慕的女神。

1975年,中国科学院、中国国家测绘局和中国国家体委组成联合登山科学考察队,登上珠峰之巅。当时中国科学家测定珠峰高度为8848.13米。这一数据一直作为中国对珠峰高度的采用值沿用至2005年。2005年10月9日,中国国家测绘局公布了珠穆朗玛峰新的高度为8844.43米。

***Reference Version*:**

Mount Qomolangma—The Goddess of Snowberg

Mount Qomolangma, the highest peak of the Himalayas (with an altitude of 8844.43m), soars on the border of China and Nepal. As the highest peak in the world, it enjoys the fame of "The Father of Mountains," "The Peak of the Earth," and "The Third Pole of the Planet."

"Quomo" is a Tibetan word for "goddess" and "langma" for "the third." Thus, their combination is symbolic of the Mount's gentle elegance and solemn quietness, which is characteristic of a fairy in the cloud. The pinnacle is snow-clad all year round. On the way of the gust, there appears a drift of snowflakes, very much like the veil of the goddess, and a sense of beauty, solemnity and sacredness is born.

Shaped like a pyramid, Mount Qomolangma towers into the sky mightily and magnificently. The nearby topography is extremely precipitous and the geological conditions are unusually complex. Within a range of 20 km around Mount Qomolangma stand a forest of other mountains, with one rising above another. The mountains at an altitude of 7,000m or above number more than 40. Among them, Mount Ganchengzhangjia (the third highest peak in the world), Mount Luozi (the fourth highest peak in the world), and Mount Makalu (the fifth highest peak in the world) are more familiar to the world. The concentration of so many lofty and rolling mountains is really a view of incomparable magnificence.

Since the late 18th century, a succession of international explorers and mountaineers have headed for Mount Qomolangma to probe its mystery. In the 1920s—30s, the mountaineers from abroad made seven attempts to clamber onto the peak by starting from the northern foot of the Mount, but failed. In 1960, the mountaineers from China made a successful and unprecedented landing on the top of the Mount by starting from the north. Even today, Mount Qomolangma remains to be the goddess of the mountaineers, a goddess worthy of their lifelong pursuit and admiration.

In 1975, the scientific expedition combined by the scientists from Chinese Academy of Sciences, China State Bureau of Surveying and Mapping, and China State Physical Culture and Sports Commission reached the summit of Mount Qomolangma. After an elaborate gauging, the scientists released that the height of the Mount was 8848.13m, a figure generally adopted by the Chinese authorities till 2005. On October 9, 2005, a new height of 8844.43m was provided by China State Bureau of Surveying and Mapping.

译注：

1. Mount Qomolangma，也被西方人称作“Mount Everest”，由于下文要交代“珠穆朗玛”名称的由来，涉及该山峰对应的藏语发音，所以，这里采用了“音译”的方法。
2. 在翻译第一段时，译者在认真解读了前后分句的关系后发现，重新组合一下前后分句很有必要。所以，译文进行了换序和变通处理，这样的英语读来似乎更自然，前后的顺序安排似乎更妥当，句义也似乎更明晰。
3. 请体会将“世界第三极”译成“The Third Pole of the Planet”时，译者在选词上的用心。
4. 请注意译者在译文里对“在劲风的吹拂下，飘飘洒洒”的灵活而又生动的处理。
5. 根据上下文，将“环境异常复杂”中的“环境”理解为“地质状况”比较合理，所以在翻译时，不是将其简单地处理成“the environment”，而是翻译成了“the geological conditions”。
6. 翻译“形成了群峰来朝，峰头汹涌的场面，壮观无比”这节时，有一定的难度。译者大可抛开汉语四字词组的影响，抓住其本质意义即可，然后再发挥一下自己的直观思维能力，用较为简洁、明快的英语表达其所指意义即可。
7. 原文中的“从18、19世纪开始”最好不要翻译成“Since the 18th or 19th century”，因为那样会让英语读者感到全文信息的的可信度不大，所以建议将其翻译为“Since the late 18th century”。
8. 翻译“曾7次想”时，要发挥转换思维的能力。这里的“想”若翻译成了动词，那么整个结构和搭配就容易出问题了。而若是把“想”翻译成英语的名词“attempts”并在前面加上万能动词“made”，所谓的难题也就豁然开朗了。应该说，这样的表达才不至于有“翻译腔”。
9. “1960年，中国登山队首次从北坡登上顶峰。”这句里的“首次”二字的翻译也是需要译者认真动动脑筋的。
10. 请仔细品评一下“时至今日，她仍是无数登山爱好者毕生追慕的女神”的译文表达及其结构的安排。

11. 翻译“中国科学院、中国国家测绘局和中国国家体委组成联合登山科学考察队”时，必须要在理解上过关，那就是千万别以为“科学考察队是由三大单位合并而成的”。正确的理解应该是“科学考察队是由三大单位派出的部分科学家组成的”，所以译文里必须增添“the scientists from”这样的词语。
12. 翻译“当时中国科学家测定珠峰高度为8848.13米”这句时，为了更好地承接上文，使前后句义更为连贯，有必要把“(中国)科学家”拿来作主语。另外，“测定”包含“测量和确定”两层意思，两者之间有明显的先后顺序；为了体现“科学家科考的严谨和不妄下结论”，有必要在译文里把这先后关系明示出来。这里的译文处理就是基于此番考虑的。
13. 将“这一数据一直作为中国对珠峰高度的采用值沿用至2005年”这一节译成一个同位短语，紧随“8848.13m”之后，既让前后句子的关联更为紧密，又让结构大为简化，非常符合英语的表达习惯。另外，这里的“中国”最好理解为“中国的有关当局”，所以这里的译法是“the Chinese authorities”。
14. 同样，考虑到语义连贯的需要，原文的最后一句在翻译成英语时，最好用“新高度”来作主语。

反译法

多数情况下，人们在叙述同一事物或表达同一思想时，可以正说，也可以反说。汉语如此，英语亦然。但毕竟汉英民族的思维方式存在很大差异，他们看问题的出发点和着眼点有时是很不一样的。因此，有经验的译者会发现，在汉英两种语言的相互转换中，有时需要一种逆向思维，借助反向表达(Negation)来达到柳暗花明或殊途同归的效果。这就是我们常说的“反译法”。

“反译法”，亦称“正反式转换”、“同义反述法”、“逆向译法”、“反面着笔法”、“正说、反说表达法”、“反正、正反表达法”，即以“正”译“反”、以“反”译“正”、“肯定变否定”、“否定变肯定”的同义表达。

具体到汉译英，正说与反说相互转换的现象是很常见的，转换的理由主要有：

1. 语言的习惯用法不同

1) 油漆未干！ Wet paint!

2) 我有好几个未婚同事。I have quite a few single colleagues.

3) 金窝银窝，不如自己的狗窝。East or west, home is best.

4) 男儿有泪不轻弹，皆因未到伤心处。Men only weep when deeply hurt.

2. 为了加强语气或增强修辞效果

1) 他儿子非常喜欢那姑娘。His son doesn't half like the girl.

2) 赶快把这封信寄出去。Don't lose time in posting this letter.

3) 我们完全不知道他的计划。We are in complete ignorance of his plan.

4) 他一直希望自己能成为老板的助手。The idea that he should become an assistant to his boss has never deserted him.

5) 党的十二大充分表明我们党兴旺发达，后继有人。The 12th Party congress fully demonstrates that our Party is flourishing and has no lack of successors.

6) 她在告诉我这个故事前对我说，"请不要把这件事告诉别人。" "This is confidential," she said before she told me the story.

3. 为了更加确切地表达原文的含义

1) 法庭判处他无期徒刑。He was sentenced to imprisonment for life.

2) 正如没经历过大事的人一样，他是经不起成功也经不起失败的。Like those of little experience, he was easily elated by success and deflated by failure.

3) 他这几年一直是全勤的。He has never missed a day's work for years.

4) 到目前为止，该组织辜负了世界人民所寄予的希望。This organization has not, so far, justified the hopes which the people of the world place in it.

4. 为了满足语境需要

1) 别关门！ Keep the door open.（用于"门原本开着，但有人正要关上"时）

2) 别躺在地上哭！ Stop crying! Stand up!（用于"大人招呼撒泼的小孩不要再哭闹"时）

5. 不便顺译或无法顺译

1) 我要去找个师傅帮我通通厨房的下水道。I need a man to unblock the kitchen drain for me.

2) 在中国南方，小麦是大多数家庭的副食。Wheat is a non-staple food for most families in south China.

3) 这个学生家境不好，只能走读。Poverty forced him to be a non-boarding student.

4) 请为我们开一瓶葡萄酒。Please uncork a bottle of wine for us.

5) 这是一出不分国别、不分民族的好戏。The play has universal appeal.

玄 奘

玄奘(600—664),唐代僧人、旅行家、译经家。通称“三藏法师”,俗称“唐僧”。贞观19年(645),他携梵文经典六百五十余部,从印度回到长安。在其后的20年间译出经论75部、1335卷,占唐代新译佛经总卷数一半以上。他还将《老子》和《大乘起信论》等中国典籍译成梵文,传入印度,并著有《大唐西域记》,记述了他西去取经这段往返17年、行程5万里的经历。

玄奘精通梵文和汉语,佛学知识广博,译文出语成章,精确允当。罗什以前的译经为“古译”,罗什及其后的译经为“旧译”,而玄奘的译经则称为“新译”,是他把我国的佛经翻译推到了一个前所未有的高度。在译论方面,他提出了“五不翻”(Transliteration in the Five Cases)的原则。

玄奘认为, 在汉译梵文佛经时, 有5种情况不宜意译而宜音译: 1. 秘密故; 2. 多义故; 3. 无此故; 4. 顺古故; 5. 生善故。

秘密故: 佛经中有大量的秘密,如咒语。咒语具有神秘莫测的特点,主要是念出来的,通过声音的形式体现它的神秘之处。

顺古故: 指的是沿袭前人的译法,不另辟溪径。

生善故: 指的是梵文原语的某个词所表达的意义在汉语中也能找到意思大致接近的词,但又不是严格意义上的对等词,有许多内涵上的不同。

一、请将下列句子译成英语,注意适当运用“反译法”。

1. 无论如何,她算不上一位思维敏捷的学生。
2. 请暂时不要发这份文件。

3. 售出概不退货。
4. 通道禁止摆摊。
5. 勿踏草地!
6. 聪明人不为甜言蜜语所动。
7. 他不会蠢到把钱借给你。
8. 一分耕耘,一分收获。
9. 游客止步。
10. 规则皆有例外。
11. 法律面前人人平等。
12. 这个小孩现在完全能自己走路了。
13. 会议开得冷冷清清,有时甚至开不下去了。
14. 他只顾自己,不顾别人,使得大家都很生气。
15. 日子很快过去了,她做工却丝毫没有放松。

二、请在下列各句译文的空格处填上一个恰当的词语,并认真体会“逆向思维”在译文中的体现。

1. 他今天不能来上课,他还没有退烧。He is unable to attend class today, because he still ________ a fever.
2. 这本书不好归类。This book defies ________ classification.
3. 他们是不懂艺术的人。They have ________ taste for art.
4. 旧中国妇女没有选举权。In old China, the right to vote was ________ to women.
5. 老虎是不吃素的。Tigers are ________ animals.
6. 很多工厂都是昼夜不停地生产的。Many factories are in full operation ________ the clock.
7. 他的眼睛越来越看不清东西了。His eyesight is getting ________.
8. 人最不愿意去的地方就是医院。Hospital is the ________ place one wishes to visit.
9. 书山有路勤为径,学海无涯苦作舟。There is ________ royal road to learning.
10. 少壮不努力,老大徒伤悲。A young ________, an old beggar.

三、请翻译下列常用农业词汇,注意加强此类词语的积累和记忆。

1. 耕地　　2. 旱田　　3. 贫瘠土壤
4. 荒地　　5. 休闲　　6. 休闲地

7. 农业机械化　　8. 奶牛场　　9. 农学家
10. 牧场工人　　11. 果农　　12. 畜牧业
13. 园艺　　14. 乳制品　　15. 牲畜
16. 铁锹　　17. 铲　　18. 锄
19. 镰刀　　20. 连枷　　21. 播种机
22. 联合收割机　　23. 细筛　　24. 三高农业
25. 三农问题　　26. 立体农业　　27. 老少边穷地区
28. 三下乡　　29. 生态农业　　30. 温饱型农业
31. 退耕还林还牧　　32. 效益农业　　33. 鱼米之乡
34. 草根工业　　35. 农林间作　　36. 农垦
37. 农转非　　38. 土地酸化　　39. 土地沙化
40. 粮食仓库　　41. 过度开垦　　42. 技术下乡
43. 禁渔期　　44. 经济林　　45. 庄稼歉收

四、请将下列短文译成英语，注意灵活运用所学知识。

卢沟桥

卢沟桥始建于金大定29年(公元1189年)，于金明昌三年(公元1192年)建成。桥全长266.5米，宽7.5米，桥身共11孔，是一座连拱大石桥。大桥扶栏上雕刻的狮子大小不一，形态各异，北京民间就有“卢沟桥的狮子——数不清”的说法。1962年曾为此进行了清点，共有485只。1979年在河中又挖出了一只。这些石狮艺术价值极高，特别是桥东的南边栏杆上有一只石狮子，高竖起一只耳朵，好像在倾听桥下的流水声和过往行人的谈话。1937年7月7日，在卢沟桥响起了抗击日本帝国主义的第一声炮响，揭开了抗日战争的序幕。

第八课

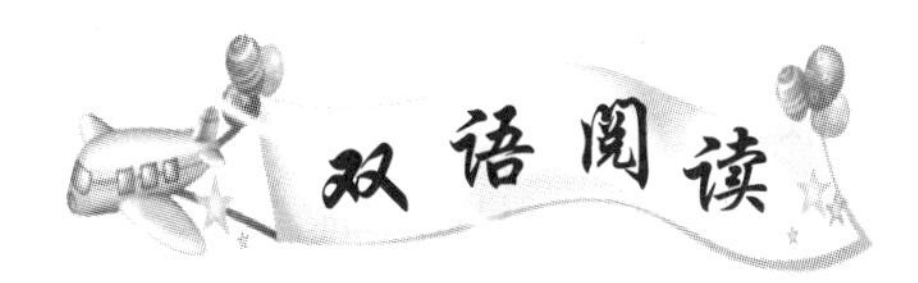

黄鹤楼

黄鹤楼，巍峨耸立于中国中部地区最大城市——武汉市武昌蛇山[1]之上，始建于三国时代吴黄武二年（公元223年），国家AAAAA级景点，素有“江南第一楼”之美誉。

关于黄鹤楼的得名，有“因山”、“因仙”两种说法。“因仙”一说曾有仙人驾鹤经此，遂以得名。一说是曾有道士在此地辛氏酒店的墙上画一只会跳舞的黄鹤，店家生意因此大为兴隆。十年后道士重来，用笛声招下黄鹤，乘鹤飞去，辛氏遂出资建楼。这些神话传说很有趣，也很动人，但都不是黄鹤楼楼名真正的由来。历代的考证都认为，黄鹤楼的名字是因为它建在黄鹄山上而取的。古代的“鹄”与“鹤”二字一音之转，互为通用，故名为“黄鹤楼”。因山得名的说法为黄鹤楼得名奠定了地理学基石，因仙得名的说法却令赏楼者插上了纵横八极的想象翅膀，满足了人们的求美情志和精神超越需求。

1957年建武汉长江大桥武昌引桥时，占用了黄鹤楼旧址，如今重建的黄鹤楼在距旧址约1千米左右的蛇山峰岭上。1981年10月，黄鹤楼重修工程破土开工，1985年6月落成，主楼以清同治楼为蓝本，但更高大雄伟。运用现代建筑技术施工，钢筋混凝土框架仿木结构。飞檐5层，攒尖楼顶，金色琉璃瓦屋面，通高51.4米，底层边宽30米，顶层边宽18米，全楼各层布置有大型壁画、楹联、文物等。楼外铸铜黄鹤造型、胜象宝塔、牌坊、轩廊、亭阁等一批辅助建筑，将主楼烘托得更加壮丽。登楼远眺，“极目楚天舒”，不尽长江滚滚来，三镇风光尽收眼底，雄伟壮观。

1 武昌“蛇山”又称“黄鹄山”、“黄鹤山”。据说，黄鹤楼的真正得名就源于此山。

Reference Version:

Yellow Crane Tower

Yellow Crane Tower("黄鹤楼"in Chinese) dominates Sheshan Mountain (also named "Huanghu Mountain"), Wuchang District, Wuhan, the largest city of middle China. It was orginally built in 223. Now it is a state-approved AAAAA scenic spot. It is traditionally referred to as the No. 1 Tower of the regions south of the Yangtze River.

There are two explanations for the name of the tower. For one explanation, the tower is named after the mountain it is located on; for the other, its name is attributable to a celestial being. As for the latter explanation, there are also two versions. One version is that the tower was so named just because one crane-riding celestial being had passed by the site where the tower was built. The other version goes like this: One day, a Taoist priest painted a yellow crane, able to dance if ordered, on the wall of a tavern run by a man surnamed Xin. Soon afterwards, the business of the tavern became increasingly prosperous. Ten years later, the Taoist priest returned and beckoned down the yellow crane by fluting, and flew away on its back. To show his gratitude to the priest and the crane, the tavern owner had the Yellow Crane Tower built at his own expense. Though these fairy tales sound interesting and touching, they are not the real story about the name of Yellow Crane Tower. Textual researches throughout the ages have proven that the tower has such a name simply because it is located on Huanghu Mountain("黄鹄山"in Chinese). In ancient Chinese, "鹄" and "鹤" ("crane" in English) were two Chinese characters different in form but same in pronunciation, and they were often interchangeably used. So to speak, the mountain tale lays a geographical basis for the name of the tower, and the fairy tale gives its visitors infinite space for random imagination and satisfies their pursuit of beauty and need of spiritual transcendence.

In 1957, for the construction of Wuhan Yangtze River Bridge, Yellow Crane Tower gave way to its approach bridge at the end of Wuchang District. The current tower is located at Fengling Peak of Sheshan Mountain, approximately 1,000 meters away from the old site. The reconstruction was started in October, 1981 and completed in June, 1985. The new tower was rebuilt according to the model of the Yellow Crane Tower during the reign of Emperor Tongzhi (1862—1874), but it is much higher and more magnificent. Thanks to the application of modern architectural technology, it looks like a real classical wooden tower, though an actual frame structure of reinforced concrete. The new tower has five layers of overhanging eaves and a cone-shaped roof of golden glazed tiles. It is 51.4 meters high in total, 30 meters wide for one bottom edge, and 18 meters wide for one top edge. On each floor of the tower, there is a display of large murals, couplets, cultural relics, and so on. Outside the tower there are a number of auxiliary structures such as the copper-cast Yellow Crane, Shengxiang Pagoda, Memorial Archway, Porch, and Pavilion, which all enhance the magnificence of Yellow Crane Tower. Climb up the tower and look afar, and you will feel amazed and delighted at the vastness and beautifulness of Wuhan. Overlooking from the tower, you will have a panoramic view of the ceaseless rapids of the Yangtze River and the urban area of Wuhan, so spectacular and so impressive.

译注：

1. 考虑到英语译文最终是给不懂汉语的英语读者看的，他们一般是不会进行双语阅读的，为了将“黄鹤楼”得名的来龙去脉述说清楚和让译文读者仅从译文本身就能更全面、更直观地理解篇内信息，有必要在译文一开始出现“Yellow Crane Tower”后加注“黄鹤楼”这样的汉字，这样做会大大方便后边的译文行文，也可以说是为后文的展开埋下了伏笔。下文的“黄鹄山”的处理也是出于同样的考虑。当然，如果译文仅仅是给懂英语的中国人看的，这样的加注或许并非必要。
2. 为了顾及下文提到的“黄鹤楼”的真正得名源于其建造在“黄鹄山”上，以及下文要重点介绍“黄鹤楼”得名的由来，有必要在“Sheshan Mountain”之后在括号里适当增译加注，有利于起到一定的铺垫作用和方便后半部分的译文行文。
3. 在“江南水乡”这一说法中，“江南”一般是指“长江下游以南的地区”，英语为“regions south of the lower reaches of the Yangtze River”或“south of the lower reaches of the

Yangtze River”,但这里的“江南”显然不能这样翻译,因为,武汉位于长江的中游。因此,这里的“江南”是泛指,表示“整个长江以南”的意思。

4. “会跳舞的黄鹤”如何译是好呢? 最初笔者是把它译成“a dancing yellow crane”的,哪知班上的一位学生的译文里出现了“a yellow crane which can dance on order”。笔者立马意识到,当初自己的考虑欠周。确实,一方面,“dancing”让人感觉是“一直在跳”,不太可能;另一方面,如果要体现“神奇、有趣”,会因此招徕顾客,恐怕理解成“应声而跳”更有意思。于是,笔者就在此基础上改译成了“able to dance if ordered”。再次说明,对翻译而言,缜密的思维和深透的理解是何等重要!
5. “店家生意因此大为兴隆”中的“因此”最好不要译成“so, therefore”等,因为它们往往都表示一种“必然的结果”,感觉语气太重了! 这里将其理解成“此后”,或许更合适些,所以译文中出现了“Soon afterwards”。
6. “辛氏遂出资建楼”里的“遂”字译成“therefore, hence”等也是不够恰当的。很明显,辛氏出资建楼是报恩之举,因此译文里出现“To show his gratitude to the priest and the crane”是比较合理的,重要的是,这一短语也就很好地起到了顺承上下文的作用。汉语表达比较意会,在译成英语时,有必要将原文蕴含的意思明确地表达出来,这样才能更好地确保译文语句前后语义连贯。因此,这里增译了这一目的状语。
7. “辛氏遂出资建楼”并不意味着“辛氏既出资又完全亲自动手建楼”,这里的语言重心是“出资”,至于说“建楼”,那肯定是要“请人”的,所以译文中出现了“had the Yellow Crane Tower built at his own expense”,而不是“he built the Yellow Crane Tower and paid all the cost”之类的表达。
8. 翻译“因山得名的说法……,满足了人们的求美情志和精神超越需求”这节时,在前面增译“So to speak”这样的短语,会让译文显得更顺畅、活泼。
9. “令赏楼者插上了纵横八极的想象翅膀”,这是“汉语表达比较具象、长于形象思维、好用夸张的修辞手段”的很好证明。但如果直译成英语,反倒会给译文读者增加一些理解上的负担,而且也与“英语表达用词比较抽象、善于理性思维、措辞直截了当”的总体特性不怎么相符。因此,译文里出现了“gives its visitors infinite space for random imagination”。应该说这样的表达简洁而不悖原义。
10. 在翻译“1957年建武汉长江大桥武昌引桥时,占用了黄鹤楼旧址”这节时,句型结构以及主语的选择,都是一个值得思考的问题。如果出现了时间状语从句,或者用“大桥引桥”作主语这种类似原文的表达方式在译文里都是不怎么上乘的。最合理的做法还是用“Yellow Crane Tower”来作主语,毕竟它才是话题中心! 类似于这样的处理方式才算是真正有了语篇翻译的思维习惯和能力。
11. 很明显,在处理“建武汉长江大桥武昌引桥”时,译者用到了“分译”(Splitting)的技巧。

12. 如果选好了句型和句子的主语,“黄鹤楼重修工程破土开工,1985年6月落成”这节信息里,有些词语是完全可以省译的。
13. “运用现代建筑技术施工,钢筋混凝土框架仿木结构”这节信息前后的语义关系是什么?它的语言重心在哪儿呢?这都是译者应该慎重思考的问题。这里的译文之所以这样处理,将“it looks like a real classical wooden tower”作为整个句子的主干,就是考虑到“黄鹤楼是历史文物”,哪怕是重修的,也要突出它“古色古香、原风原貌”的特色。
14. 就翻译技巧而言,在翻译“运用现代建筑技术施工,钢筋混凝土框架仿木结构”时,译者主要用到了“分译”的技巧。
15. 这里的“楚天”不宜译成“the sky of Chu Kingdom”之类的,毕竟译文是给现代读者看的,原文说的也是现代的情况。遇上此类问题,译者应结合自己的历史文化知识、顾及现代受众的需要,在翻译时灵活变通,尽量达到明快、顺畅、简洁的效果。
16. 在原文中,本来“极目楚天舒,不尽长江滚滚来,三镇风光尽收眼底,雄伟壮观”全是“登楼远眺”的景象,但在译文里做了断句处理,译成了两句,这主要是为了行文更加方便、顺畅。只是在译文的第二句前有必要增译“Overlooking from the tower”这节在语义上与“登楼远眺”一致的文字,让行文更加连贯、紧凑。
17. 由于被长江、汉江自然分割,历史上一直有武汉三镇之说,分别指的是武昌(今武昌区、青山区、洪山区)、汉口(今江汉、江岸、硚口)、汉阳(今汉阳区)等三个地方。很显然,以现代人的视角来看,“武汉三镇”其实指的就是当今的武汉市区,所以这里的译文就不必照着原文的字面翻译。否则,反倒会给现代读者一种错误认知。

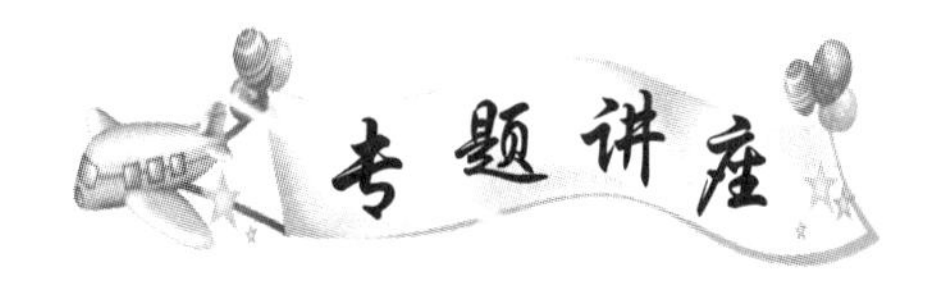

词性转换法

词性转换法指在翻译过程中,为了使译文符合目标语的表述方式、方法和习惯而对原句中某个或某些词的词性进行转换的方法。在汉英翻译实践中,由于汉英两种语言之间固有的诸多差异,要做到译文既忠实原文又符合译文语言规范,就不能机械地按原文词性“对号入座”,逐字硬译,而需要适当改变一些词类,从而使译文通顺流畅,符合英语的表达习惯。

说到这里,先请试着翻译下面几句话(摘自当代作家何建明为重庆直辖十周年献礼的著作《国色重庆》的卷首语）：

不去看重庆，你就不知道今日中国
不去读重庆，你就不懂得历史中国
不去游重庆，你就没欣赏锦绣中国
不去吃重庆，你就没感受味道中国
不去爱重庆，你就没体会美色中国

是不是觉得要把上面的内容翻译得比较满意，还是有一定难度呢？在翻译过程中，是否需要词性转换的思维呢？笔者认为，答案是肯定的。因为，比较而言，汉语重意，动态词使用较多，一个句子里面可以同时出现好几个动词；英语重形，静态词使用较多，英语句子对动词的时态、语态、及物性、延续性等要求很严，使用动词特别受限和不方便。因此，汉译英时，汉语的动词常常需要转换成英语的其他词性。除此之外，汉语的其他词性有时也有转换的必要。

归纳起来，汉译英时最常见的词性转换现象有：

1. 动词转换成名词
2. 动词转换成形容词
3. 动词转换成介词或介词词组
4. 动词转换成副词
5. 形容词转换成名词
6. 名词转换成动词
7. 名词转换成副词
8. 名词转换成形容词

请看例句：

1. 在重庆城市里逛街如同爬山。A street stroll in urban Chongqing is very much like a mountaineering trip.（动词转名词）
2. 到了重庆给人最直接的感觉是山城的气势。Right upon their arrival in Chongqing, visitors will immediately be impressed by the imposing grandness and loftiness of the Mountain City.（名词转动词）
3. 绝对不允许违反这个原则。No violation of this principle can be tolerated.（动词转名词）
4. 他们不满足于现有的成就。They are not content with their present achievements.（动词转形容词）
5. 我们学院受教委和市政府的双重领导。Our institute is co-administrated by the

States Education Commission and the municipal government.（名词转动词）

6. 由于我们实行了改革开放政策，我国的综合国力有了明显的增强。Thanks to the introduction of our reform and opening policy, our comprehensive national strength has greatly improved.（动词转名词）
7. 学生们都应该德、智、体全面发展。All the students should develop morally, intellectually and physically.（名词转副词）
8. 工人们坚持取消旧的规定，建立新的规章制度。The workers insisted on the abolishment of the old rules and the establishment of new regulations.（动词转名词）
9. 社会主义革命的目的是为了解放生产力。Socialist revolution aims at liberating the productive forces.（名词转动词）
10. 振兴科技和繁荣经济，必须坚持教育为本。The vitality of science and technology and the prosperity of economy must be based on education.（动词转名词）
11. 一方面问题正在讨论，另一方面写字楼正在建造。On the one hand the problem is under discussion, and on the other hand the office building is under construction.（动词转介词短语）
12. 太阳出来了，月亮下去了。The sun is up while the moon is down.（动词转副词）
13. 糖和盐都溶于水。Sugar and salt are soluble in water.（动词转形容词）
14. 本产品的特点是设计独特、质量高、容量大。The product is characterized by unique designs, high quality and great capacity.（名词转动词）
15. 服从是军人的义务。Obedience is obligatory to all soldiers.（名词转形容词）
16. 空气清香，使人感到分外凉爽、舒畅。The fresh and fragrant air gave people a feeling of exceptional coolness and comfort.（形容词转名词）
17. 他的演讲给听众的印象很深。His speech impressed the audience deeply.（名词转动词）
18. 很难把这部小说列入哪一类型中去。This novel defies easy classification.（动词转名词）
19. 我儿子拉洋车。My son is a rickshaw puller.（动词转名词）
20. 他们迫切地想弄到消息。They were news-hungry.（动词转形容词）

最后，在这里为大家提供一个笔者为上述选段所翻的译文，请体会一下词性转换思维在译文中的运用及其效果，看是不是可以同样拿来做英译本的卷首语呢？

No trip to Chongqing is no knowledge of China today;

No book knowledge about Chongqing is no understanding of China's history;

No tour around Chongqing is no appreciation of China's scenery;
No taste of Chongqing food is no enjoyment of China's delicacies;
No romance in Chongqing is no sense of Chinese beauties.

郁达夫

郁达夫(1896—1945),浙江富阳人,中国现代著名小说家、散文家、诗人。代表作《沉沦》、《故都的秋》、《春风沉醉的晚上》、《过去》、《迟桂花》等。郁达夫通日语、英语、德语、法语、马来西亚语五种外语。

郁达夫认为,"信、达、雅"这三字是翻译的外在条件,没有翻译之前,译者至少要对原文有精深的研究、致密的思索和完全的了解。所以在"信、达、雅"三字之外,更举出了"学、思、得"的三个字,作为翻译者的内在条件。

不难看出,严复说的"信、达、雅",是对翻译产品的要求,而郁达夫的"学、思、得",则是对翻译生产者的要求。

一、请将下列句子译成英语,注意适当运用"词性转换法"。

1. 要把控制人口、节约资源、保护环境放在重要的地位上。
2. 这些事没有引起什么恐惧。
3. 她在最后的一幕里占了很突出的地位。
4. 语言这个东西不是随便可以学好的,非下苦功不可。
5. 我们的方针是,一切民族、一切国家的长处都要学。
6. 他读书时不加选择。
7. 我对他们越来越憎恨。
8. 大部分学生对老师态度很恭敬。
9. 克林顿总统认识到当今的经济具有全球性质。

10. 美国人民也有得益于国际贸易的经历。
11. 他指挥着一个团。
12. 11点时,他已睡在被窝里。
13. 演出已经开始了。
14. 他妹妹老是说谎。
15. 他长期以来习惯于在最后一分钟做出决定。

二、请在下列各句译文的空格处填上一个恰当的单词,并认真体会"词性转换法"在译文中的巧妙运用。

1. 他踌躇了一会,终于决定还是自己送我去。After much _______, he finally decided to see me off himself.
2. 锅炉和车辆等排出的废气,污染了城市空气。Exhaust gases from boilers, vehicles, etc. cause air _______ in cities.
3. 这东西大蒜的味道太重。It _______ too much of garlic.
4. 她好像太不懂世道常情了。She seemed too _______ of the ways of the world.
5. 我们高度赞赏他为实现世界和平所做的努力。We are highly _______ of his efforts to bring peace to the world.
6. 他坐在那里看书,没有注意到附近的人们。He sat there reading the book, _______ of the people nearby.
7. 三天后,病人又起床活动了。Three days later, the patient up and _______ again.
8. 父亲不赞成地看着他。Father looked at him in _______.
9. 朱延年用热情的款待把他的窘态遮盖过去。Zhu Yannian covered up his embarrassment with the _______ of his hospitality.
10. 那个窃贼颤抖着交代了自己干的坏事。The thief made a _______ confession of his wrongdoings.

三、请将下列汉语翻译成英语,注意"区"的不同译法。

1. 内蒙古自治区
2. 海淀区
3. 重庆两江新区
4. 香港特别行政区
5. 深圳经济特区
6. 商业区
7. 中央商务区
8. 居住区
9. 街区
10. 高新区
11. 经济技术开发区
12. 工业园区
13. 保税港区
14. 保税区
15. 综合保税区
16. 自由贸易区
17. (时区)东八区
18. 信号盲区

19. 无人区　　20. 吸烟区　　21. 风景区
22. 深水区　　23. 光区　　24. 新校区
25. 软件园区　　26. 办公区　　27. 生活区
28. 学区　　29. 棉花产区

四、请将下列短文译成英语，注意灵活运用所学知识。

洪崖洞

“吊脚楼”是重庆最具特色的传统建筑。2006年，以“吊脚楼”风貌为主体的重庆洪崖洞街区正式开门迎客。这个依山就势、沿江而建的建筑群，已成为重庆最靓丽的城市名片之一。

洪崖洞民俗风貌区紧靠嘉陵江，有三横八纵十一条街道。吸纳了大量川东建筑元素，保留了原有街区风貌，是老重庆的真实写照。

洪崖洞分为纸盐河酒吧街、天成巷巴渝风情街、盛宴美食街及异域风情城市阳台四条大街。四条大街分别融汇了当下所有时尚元素，外来游客可观吊脚群楼，观洪崖滴翠，逛山城老街，赏巴渝文化，烫山城火锅，看两江汇流，品天下美食。

第九课

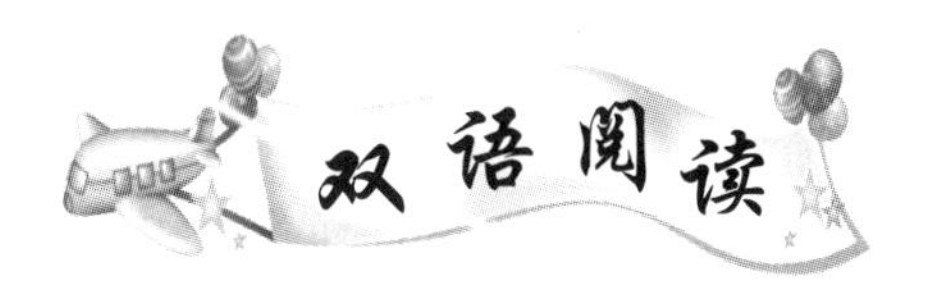

太湖

太湖，位于今江苏省南部，与浙江省相连。它是中国华东区域最大的湖泊，也是中国的第二大淡水湖（洞庭湖多年来随着湖面缩减已退为第三大湖），是中国著名的风景名胜区。

太湖流域气候温和，特产丰饶，自古以来就是闻名遐迩的鱼米之乡。太湖水产丰富，盛产鱼虾，素有“太湖八百里，鱼虾捉不尽”的说法。太湖“三白”，即银鱼、白鱼、白虾，为太湖的著名特产。银鱼无刺，鲜嫩爽口。白鱼肉质细腻，刺软。白虾壳薄，晶莹味鲜。

传说在很久很久以前，有一年，王母娘娘要做寿了，玉皇大帝叫四大金刚抬去了一份厚礼。王母娘娘看见后，高兴得连嘴都合不拢了。原来玉皇大帝送的是一个大银盆，里面有72颗特大的翡翠，而且还有千姿百态的各种五色玉石雕凿的飞禽走兽，简直是一个聚宝盆；远远望去，还活像一只精致的大盆景呢，各路神仙都赞不绝口。大家看过《西游记》都知道，王母娘娘设蟠桃会，没请弼马温，结果齐天大圣孙悟空发了脾气，大闹天宫。他见一样打一样，当他看见玉帝送的这只大银盆，也不管三七二十一，一棒打了下去，银盆便从天上落了下来，跌到地上砸了个大洞，银子便化作白花花的水，形成了三万六千顷的湖，因此湖是从天上掉下来的，“天”字上面的一横落在下面就为一点，也就是“太”字，所以此湖就叫“太湖”。72颗翡翠就成了72座山峰，分布在太湖中间。玉石雕刻的鱼，就是现在太湖里肌白如银、肉嫩味鲜的银鱼。玉石雕刻的飞禽，变成了对对鸳鸯。只有走兽没有活成。

***Reference Version*:**

Tai Lake

Tai Lake, a Chinese famous scenic spot located in the south of Jiangsu Province and adjacent to Zhejiang Province, is the largest lake in East China and the second largest freshwater lake of China. (Dongting Lake has reduced to the third place over the years.)

Endowed with a moderate climate and plentiful local specialties, Tai Lake Valley has been well known, far and near, as a fertile land of fish and rice since ancient times. Tai Lake has a rich variety of aquatic products and teems with fish and shrimp. As a popular saying goes, "Tai Lake 800 li round, fish and shrimp inexhaustible all the year round." The so-called "Three Whites," namely, whitebait, whitefish, and white shrimp, are the famed specialties of Tai Lake. All of them have their unique advantages: whitebait is boneless, fresh, tender, and tasty; whitefish has fine and smooth meat, and soft bone; white shrimp is crystal-clear, delicious and has thin shell.

Here is a legend about the formation and name of Tai Lake. One year in the long, long past, in order to celebrate the birthday of the Queen of Heaven, the Jade Emperor ordered his four guardians to carry a lavish gift to the party. At the sight of the gift, the Queen of Heaven was too delighted to close her mouth properly. Out of her expectation, the gift is a big silver basin, in which there is an inlay of 72 exceptionally big jades, and a colorful pattern of auspicious jade-chiseled birds and animals in various postures. The gift is simply a treasure basin. Seen from a distance, it also looks like an exquisite big potted landscape. All the celestial beings present at the party couldn't help singing their repeated praises for it. Any reader or viewer of *Pilgrimage to the West* must be impressed with the scene that Monkey King, the protector of heavenly horses, created a tremendous uproar in the heavenly palace just because the Queen of Heaven didn't invite him to her birthday party. He broke things in so wild a tantrum that he spared nothing within his sight. He cared little when he saw the big silver basin, and just gave it a heavy strike with his golden cudgel. Consequently, the silver basin fell down to the earth and produced a big hole and the silver melted into a white expanse of water and finally formed a lake of 36,000 hectares. Since it was dropped from the sky, the lake should have been called Sky Lake ("天湖" in Chinese). But during its falling from the sky, the horizontal stroke at the top of the Chinese character "天" ("Sky" in English) dropped off and turned into a dot below the Chinese character "太" ("Tai" in Pinyin). Hence, it was named "Tai Lake" ("太湖" in Chinese). The former 72 jades are the current 72 peaks scattered in the middle of the lake. The jade-chiseled fish are the lake's silverfish. The jade-chiseled birds are the mandarin ducks playing on the surface of the lake. Only the jade-chiseled animals went nowhere to be seen.

译注：

1. 本来，"太湖"的英语译名常为"Lake Taihu"，"Taihu Lake"等。但考虑到文中后半部分要着重介绍"太湖"得名的由来，为了便于把其得名的来龙去脉说得更加清晰易懂和前后参照的需要，这里就将其译为"Tai Lake"。
2. "洞庭湖多年来随着湖面缩减已退为第三大湖"这节信息在原文中本来就是放在括号里作为辅助信息交代的，因此，在翻译时要尽量简洁，有了"reduced"一词，原文中的有些字眼是完全可以省译的。
3. "太湖流域气候温和，特产丰饶"这节在译文里最好不要单独成句，因为之所以说太湖流域被誉为"鱼米之乡"，就是因为其物产丰饶，而物产丰饶很大程度上又取决于地理和气候条件。所以，从语篇翻译的角度看，有必要梳理出前后分句之间的内在联系。这里把"Endowed with a moderate climate and plentiful local specialties,"用来作隐含的原因状语是比较合适的。
4. "鱼米之乡"在英语中有个比喻意义较为接近的现成说法"a land flowing with milk and honey"，但毕竟这里下文马上就要提到"水产丰富，盛产鱼虾"，为了前后参照的需要，这里还是将其直译为好。
5. 翻译"太湖八百里，鱼虾捉不尽"时，要考虑到它是众口相传的谚语，表达要尽量凝练、上口。
6. 翻译"银鱼无刺，鲜嫩爽口。白鱼肉质细腻，刺软。白虾壳薄，晶莹味鲜"这节时，有必要在其前面增译"All of them have their unique advantages"这一概括性和导入性的内容。

7. 在译文的第三段适当加上“Here is a legend about the formation and name of Tai Lake”这样一个段落的“主题句”，有利于起到自然引出下文的作用。也可以说，这句译文是对原句“相传”二字的灵活变通，这是一种“词组、短语”译成分句的处理方式，当然也可以说是用到了“增译”的技巧。
8. “王母娘娘要做寿了”在原文中是以句子的形式出现的，而在译语中，就要考虑到整个语句的语言重心，确定好整个译句的主体框架，因而这里将其译成了“in order to celebrate the birthday of the Queen of Heaven”这一目的状语。
9. 很多时候，“原来”的翻译都不能仅仅靠搜寻记忆和查阅词典，最好还是要放在语境中认真理解后，酌情措词，在“原来玉皇大帝送的是一个大银盆”这节信息里，可以将“原来”译成“Out of her expectation”。
10. 应该说，这里很有必要加上“inlay”这个重要的词语，否则，会让读者感觉“银盆里装有72颗翡翠”，这与情理不符。同理，后边的译文增译了“pattern”一词。
11. “auspicious”一词的增译应该说也是很有必要的。
12. 为了译文行文方便和整体效果的需要，“五色玉石雕凿的”可以采用“分译法”，这个译文中的“colorful”的位置摆放就是源于这种考虑。
13. “各路神仙”恐怕也让某些译者犯难了，“各路”怎么表达呢？查字典能查到吗？用得着查词典吗？其实，只要译者认真在语境中思考这个问题，问题也就根本不存在了。这里的译文只是在“All the celestial beings”后边加上“present at the party”，问题就解决好了。而且，因为“present at the party”这一增译，也就不需要增译“at the sight of the gift”之类的了，从而也避免了与上文的“at the sight of the gift”在表达上的重复。
14. 很明显，“大家看过《西游记》都知道”里的“知道”在这里译成“must be impressed with”要比“know”之类的措词好得多。
15. 翻译“王母娘娘设蟠桃会，没请弼马温，结果齐天大圣孙悟空发了脾气，大闹天宫”时，一定要抓住语言重心，译文中的“换序”处理和“主从句”的确定都是出于“突出语言重心”的考虑。
16. 相传每年三月三日为王母娘娘(也称“西王母”)的诞辰，当天王母娘娘开盛会，以蟠桃(peach of immortality in Chinese mythology)为主食，宴请众仙，众仙赶来为她祝寿，称为“蟠桃会”。因此，为了照应和简要的需要，原文中的“蟠桃会”没必要直译，这里就处理成“birthday party”了。
17. 细心的读者会发现，“发了脾气”在译文中被翻译到原文的后一句去了，这又是一个“分译”和“换序”的例子。

18. 看见“砸了个大洞”里的“砸”时，译者千万不要从脑海或词典里去搜寻一个对应“砸”的单词或短语什么的。汉语中似乎人人都会说“砸洞”，也从未怀疑过这种说法是否合理就完全接受了。但若真正地译成“hit a hole; strike a hole”，恐怕就让英语读者觉得不可理喻了，因为这样的英语传达出来的意思是“洞早就存在，现在有人去砸着玩什么的。”再次说明，翻译不可掉以轻心，不可一知半解，也不可盲目搬用词典释义！
19. 翻译“因此湖是从天上掉下来的……，所以此湖就叫‘太湖’”这节时，为了更直观地给英语读者表达清楚太湖得名的来龙去脉，有必要在事关理解的一些名称、概念后用中文或拼音加注。
20. 翻译“肌白如银、肉嫩味鲜的银鱼”时，可以将“肌白如银、肉嫩味鲜”省译掉，因为文中第二段末尾早就对这层意思有所交代，对译文而言，放在这里既显重复，又有点“喧宾夺主”！
21. 翻译“玉石雕刻的飞禽，变成了对对鸳鸯”这节时，笔者既用到了“省译法”，也用到了“增译法”。首先，“对对”二字是不用译的，因为“mandarin ducks”的生活习性本来就是成对出行的；再说，用了复数，自然也能传达出这层意思。其次，有必要增译“playing on the surface of the lake”，这样才让译文语句信息显得更完整，而且也更能直观地反映太湖真实而生动的景象。
22. “只有走兽没有活成”最好不要照着字面翻译，这里将其处理成“Only the jade-chiseled animals went nowhere to be seen”更有利于引起读者的追忆、遐思和想象！

只“查”不“翻”

有人说，在实用翻译领域，尤其是汉译英，好译是“查”出来的，而不是“翻”出来的。此话虽不足为信，但也道出了一个道理：那就是，有些时候，译者对某个问题的处理，不能“翻”，只能“查”。这倒不是说有些专业或棘手的东西自己翻不了而只能去查查字典什么的，而是专指那些看似能翻但却不让翻，一定要查的情况。若要真把翻译当作一门严谨的科学，就必须遵守翻译的基本准则，不可凡事自以为是而乱翻一气。那么，究竟哪些情况不能“翻”而只能“查”呢？

一、专有名词

既然是"专有"的,就必须专名专用,一一对应。我们在翻译中常遇到的专有名词有:

1. 单位名称

译例1:国家知识产权局

错译:State Intellectual Property Bureau

正译:State Intellectual Property Office (简称:SIPO)

把"局"译成"Bureau",这就是最典型的按"字"直"翻"的例子,殊不知,国家知识产权局早有通行于世界的官方定译,如果按照错译推出去,外国人还以为是中国一个什么新设的机构呢!

理论上讲,所有的单位名称都应该专名专译,这样才不致产生混乱,但实际上,由于我国国际化程度仍处于基础阶段,拥有约定俗成的英文定译的单位还是少数。这些单位包括:

(1) 国务院和中央各部委及直属机构;

(2) 在民政部注册的各社团机构;

(3) 大多数学术科研机构;

(4) 越来越多的大型企业;

(5) 其他涉外的或国际化意识较强的单位。

毋庸置疑,如在翻译时涉及这些有固定英文名的单位,必须老老实实地去查出这个英文名,一字不漏一词不改地copy过来,而不可自作主张,给它翻译一下,如:

译例2:浙江双鸽华凯医疗器械有限公司

正译:Zhejiang Double-dove VITALCARE Medical Device Co., Ltd.

误译:Zhejiang Double-dove Huakai Medical Device Co., Ltd.

2. 地名

我国的地名译名体系由于一直存在着是全拉丁化(即将整个地名全部用汉语拼音来表达)还是采用英译名(即专名部分用拼音,通名部分用英译)的争论。民政部门坚持地名拼音化,而且把它抬高到维护民族尊严的高度,所以时至今日,中国各地能看到的英文路标极少,即使有也是不伦不类、五花八门,甚或错误百出、贻笑大方。因为没有得到政府部门的大力支持,我们搞翻译的想统一也难,到头来也就各自为政、"百花齐放"了。但是,作为一个富有敬业精神的译者,在翻译一个地名前,最好还是到GOOGLE中查查,看有没有官方定译,如没有,再看看有没有最普遍的译法,尽量采用多数人使用的译法。比如,上海的"金茂大厦",在网上流行的译法有Jinmao Building, Jinmao Mansion和Jinmao Tower等三种,那究竟用哪一种最好呢?其实,作为大厦的业主单位,中国金茂(集团)股份有限公司在其官方网站上显示该大厦的英文名为"Jinmao Tower"。

3. 人名

人名的翻译相对简单些,我们对国人的译名现在通行的方法是采用汉语拼音,只要他本人没有自备英文名,或者就是有英文名但其英文名在国外流传不广的,都不妨用拼音;但对于在国外英文名流传甚广的,如:丁垒(William Ding)、张朝阳(Charles Zhang)以及历史名人、港台人物等,还是要查,否则可能无法对号入座,如:孔子(Confucius)、成龙(Jacky Chen);对我们周边国家采用汉字作为姓名的,如日本、韩国、越南等的人名,更是非查不可,否则一定会驴唇不对马嘴,如小泉纯一郎(Junichiro Koizumi)、金正日(Kim Jong Il)。

二、除了专有名词外,有些外来词或外来句也是不能乱翻的,一定要按"从哪里来,回哪里去"的原则溯源到其英文原文

随着我国国际化程度的不断提高,越来越多的国际科技、法规、标准、贸易方面的信息译成中文在国内传播,这些信息有些以词的形式,有的以句子的形式,有些干脆就整篇整篇地在国内广泛引用。碰到这种情况,如果能查到原文却不去查,一则吃力不讨好,二则翻译不一定地道。比如,下面这段文字就不用"翻"而只需"查",因为它本来就是ISO文件中的原话,被人译成了中文放在这里而已。

译例3:国际标准化组织(ISO)是由各国标准化团体(ISO成员团体)组成的世界性的联合会。制定国际标准工作通常由ISO的技术委员会完成。各成员团体若对某技术委员会确定的项目感兴趣,均有权参加该委员会的工作。与ISO保持联系的各国际组织(官方的或非官方的)也可参加有关工作。

原文:ISO(the International Organization for Standardization) is a worldwide federation of national standards bodies (ISO member bodies). The work of preparing International Standards is normally carried out through ISO technical committees. Each member body interested in a subject for which a technical committee has been established has the right to be represented on that committee. International organizations, governmental and non-governmental, in liaison with ISO, also take part in the work.

近几十年来,随着我国经济和社会与国际接轨的程度越来越高,我们平时遇到的文字其实基本上都可在国外找到其"原身",此时,要想翻译好,查找"原身"才是良策。比如,"巡检"、"首检"这两个涉及企业对产品质量检验的术语,如果按字面直译成"patrol inspection"和"first inspection" 就不仅有些偏离其原义,而且表达也不够专业,难免"外行"的嫌疑。其实,它们的英文原身分别是"In-process Check"(IPC)和"First Piece Inspection"(FPI) 或 "First Article Verification"(FAV)。

当然，查找的难度本身也很大，查找的工具也并非仅是传统的字典、书籍等(毕竟它们的编撰有滞后性，而现代社会瞬息万变)，当今译者还须借助现代网络技术、搜索引擎等查本溯源，一查再查，查到为止。只要不厌其烦、孜孜以求，终会有好结果的。总之，"查"不仅是个方法问题，也是个态度问题，它直接关系到翻译的质量，也体现着译者的译德。

王　韬

王韬，江苏吴县人，清朝思想家、学者、翻译家。王韬学识渊博，著作达40种，其中《弢园文录外编》、《弢园尺牍》等代表作广为流传，影响较大。1889年所著《西学图说》及所译《西国天然学源流》为哥白尼学说最终在中国取得胜利做出了贡献。王韬的译作有《新约》、《旧约》、《格致西学提要》、《法志》、《俄志》、《美志》、《西事》、《普法战记》等。其中《普法战记》卷一中收有他翻译的法、德诗歌《马赛曲》和《祖国歌》，可算是首次向国内介绍法德诗歌的学者。他较早就提出应"备览西事，熟谙洋务"，"西人凡于政事无论巨细，皆载于新闻纸。试能得其月报，将所载各条一一译出，月积岁累，渐知其深，则其鬼蜮脏腑无遁情矣"。他认为翻译应做到"选材必严、取材必富、摭言必雅、立体必纯"。他还指出"泰西各学各当如其门经而入，否则未由通晓"，强调翻译应首先弄懂要译的学科知识。他告诫译者西人著作"有言在彼而意在此者，译者偶未体会入微，必致神理全昧"，并赞成"译意舍词"。

一、请查出下列中文商标的外语名。

1. 奔驰	2. 宝马	3. 舒肤佳	4. 兰蔻化妆品
5. 飘柔	6. 百事	7. 吉列	8. 耐克
9. 阿迪达斯	10. 可口可乐	11. 佳能	12. 浪琴表
13. 海飞丝	14. 保时捷	15. 夏普	16. 宝姿
17. 高露洁	18. 柯达	19. 爱立信	20. 诺基亚

二、请查出下列中央电视台著名栏目的英译名。

1. 新闻联播
2. 焦点访谈
3. 新闻调查
4. 新闻30分
5. 经济半小时
6. 中国财经报道
7. 中国投资指南
8. 商业电视
9. 市场热线
10. 世界经济报道
11. 股市分析
12. 足球之夜
13. 健康俱乐部
14. 春节联欢晚会
15. 半边天
16. 综艺大观
17. 综艺快报
18. 戏迷园地
19. 大风车
20. 七巧板
21. 12演播室
22. 中华民族
23. 科技博览
24. 人与自然
25. 正大综艺
26. 书坛画苑
27. 天涯共此时
28. 海峡两岸
29. 华夏风情
30. 中国新闻
31. 中国报道
32. 旅行家
33. 中国各地
34. 今日中国
35. 周日话题
36. 英语新闻
37. 东方时尚
38. 厨艺
39. 读书时间
40. 大家
41. 百家讲坛
42. 高端访问
43. 为你服务
44. 希望英语
45. 国际时讯
46. 同乐五洲
47. 世界影视博览
48. 海外剧场
49. 今日说法
50. 中华医药

三、请在下列译文的空白处填上一个适当的单词，确保译文忠实通顺地传达原文的意思。

波司登以简约、自然、飘逸的设计理念引领时尚潮流，促进了羽绒服从臃肿向休闲化、时装化的变革，连续八年(1997—2004)代表中国防寒服向世界发布流行趋势。波司登还将国际先进的纳米和抗菌技术引入羽绒服行业，革命性地推出纳米抗菌羽绒服，引领功能性服装的生态潮流。

Bosideng has a design concept of simplicity, ___1___, and gracefulness, ___2___ is the leading ___3___ of fashion and has brought about a revolutionary change of down wear from being ___4___ to being ___5___ and fashionable. It has been ___6___ the trend of fashion to the world, on ___7___ of China's down wear ___8___, for the last eight ___9___ years (from 1997 to 2004). Bosideng has also ___10___the advanced ___11___ and antisepsis into down wear production. Its nanometer and anti-bacteria down wear is considered a ___12___ for the industry, which is ___13___ the ecological trend of ___14___ garments.

"创世界名牌,扬民族志气",是波司登人不懈的追求。波司登已与日本伊藤忠等强强联合,共同开拓国际市场,并成为NIKE、BOSS、TOMMY、GAP POLO、ELLE等一大批国际著名品牌的合作伙伴。波司登羽绒服已成功打入日本、美国、加拿大、俄罗斯、瑞士等众多国家和地区。

世界品牌,民族骄傲——波司登的目标一定能够实现!

With an ___15___ pursuit of "creating a world brand and ___16___ our national aspiration," Bosideng has joined ___17___ with ___18___, a famous Japanese company, to ___19___ the international market. And, as a partner of such world-famous ___20___ as NIKE, BOSS, TOMMY, GAP, POLO and ELLE, its down wear products have now successfully gained ___21___ to ___22___ in Japan, the USA, Canada, Russia and Swiss, etc. And it is quite certain that "Bosideng" will achieve its ___23___ of "World Brand and National ___24___."

四、请将下列短文译成英语,注意灵活运用所学知识。

周　庄

千年历史沧桑和浓郁吴地文化孕育的周庄,以其灵秀的水乡风貌,独特的人文景观,质朴的民俗风情,成为东方文化的瑰宝。作为中国优秀传统文化杰出代表的周庄,成为吴地文化的摇篮,江南水乡的典范。

周庄凭借得天独厚的水乡古镇旅游资源,坚持"保护与发展并举"的指导思想,大力发展旅游业。以水乡古镇为依托,不断挖掘文化内涵,完善景区建设,丰富旅游内容,强化宣传促销,经过十多年的努力成功打造了"中国第一水乡"的旅游文化品牌,开创了江南水乡古镇游的先河,成为国家首批AAAAA级旅游景区。不断致力于优秀传统文化的挖掘、弘扬和传承,积极探索文化旅游,全力塑造"民俗周庄、生活周庄、文化周庄”，正日益成为向世界展示中国文化的窗口，更是受到了中外游客的青睐，每年吸引了超过250万人次的游人前来观光、休闲、度假，全社会旅游收入达8亿元。

第十课

西湖醋鱼

"西湖醋鱼"是浙江杭州传统风味名菜,它的得名源于一个悲戚而感人的故事。

相传古有宋姓兄弟,常年在西湖打鱼为生。当地恶棍赵大官人有一次游湖,路遇一浣纱女,见其美姿动人,就想霸占。派人打听,原乃宋兄之妻,遂施阴谋,害死宋兄。恶势力的侵害,使宋家叔嫂非常激愤,两人上官府告状,企求伸张正气,使恶棍受惩。哪知官府是同恶势力一个鼻孔出气的,不但没受理控诉,反而一顿棒打,把他们赶出官府。回家后,宋嫂要宋弟赶快收拾行装外逃,以免恶棍跟踪报复。临行前,嫂嫂烧了一碗鱼,加糖加醋,烧法奇特。弟问嫂嫂:怎么烧得这个样子?嫂嫂说:有甜有酸,是想让你外出后,切莫忘记你哥是怎么死的,你的生活若甜,勿忘老百姓受欺凌的辛酸之外,别忘你嫂饮恨的辛酸。弟听了很是激动,吃了鱼,牢记嫂嫂的心意而去。

后来,宋弟得了功名回到杭州,报了杀兄之仇,把那个恶棍惩办了。可宋嫂一直查找不到。有一次,宋弟出去赴宴,吃到一道菜,味道就是他离家时嫂嫂烧的那样,连忙追问是谁烧的,才知道正是他嫂嫂的杰作。

原来,从他走后,嫂嫂为了避免恶棍来纠缠,隐姓埋名,躲入官家做厨工。宋弟找到了嫂嫂很是高兴,就辞了官职,把嫂嫂接回了家,重新过起捕鱼为生的生活。

Reference Version:

West Lake Vinegar Fish

West Lake Vinegar Fish is a traditional flavor dish of Hangzhou, Zhejiang Province. There is a rueful and touching story behind this famous delicacy.

In the ancient times, there were two brothers surnamed Song, who made a living by fishing in the West Lake all the year round. One day, a local villain, known as Zhao Office Holder, had a boat trip on the lake with his retinue. On their way to the lake, they ran across a clothes-washing woman of exceptional beauty and charm. Attracted by her beauty, Zhao Office Holder felt an intense urge of taking possession of her. He ordered his retinue to ask about her identity, only to be informed that the woman was the wife of the elder brother of the Songs. In order to fulfill his desire, he made a plot and had the elder brother killed. Enraged with the murder, the younger brother and his sister-in-law went to the court to file a suit against the villain and beg the court to do them justice and punish the villain. To their disappointment and sadness, the court officials banded together with the villain. They not only ignored their appeal, but also bastinadoed them and drove them out of the court. After they returned home, the sister-in-law urged the younger brother to pack up his luggage and take flight for fear that the villain would tail them and make more troubles. Before his leave, the sister-in-law cooked a bowl of fish for him, which was unusually flavored with sugar and vinegar.

"Why did you cook it like this?" the brother couldn't help asking his sister-in-law.

"Well, the fish tastes sweet and sour. I just wish that you could always remember the tragic death of your brother. If you lead a sweet life in future, please don't forget my hatred and grief as well as the bitterness and painfulness of the bullied populace." replied the sister-in-law.

Much touched by the reply, the brother quickly finished eating the fish and left with his sister-in-law's words ringing in his ears.

Years later, the younger brother came back to Hangzhou with an official position, and he brought that villain to justice without delay. Though he avenged his brother's murder, he could nowhere find out the whereabouts of his sister-in-law. One day, he was invited to a feast. On the feast, he happened to eat a dish with the same flavor of the fish his sister-in-law prepared for him before his departure from home years ago. He made an immediate inquiry of the identity of the cook and finally found that the cook was none other than his sister-in-law.

As he learnt later, after his leave, his sister-in-law, in order not to be pestered by the villain any more, escaped from the village and worked as a cook in the home of an official under an assumed name. Very much pleased with his reunion with his sister-in-law, the brother chose to resign from his official post and lead his sister-in-law back to their old home, where they resumed their fishing life.

译注：

1. 翻译“它的得名源于一个悲戚而感人的故事”时，若将其处理成“Its name originated from...”类似的句式，在效果上恐怕不及此处的句式显得自然。此处的译句在引领下文的作用上要略胜一筹，而且也就把下文的“相传”二字的含义囊括进去了，更有利于下文的行文。
2. 按照中国人的常规思维，“当地恶棍赵大官人”中的中心词一般都理解为“赵大官人”，但译文中却将“a local villain”拿来作主语，而将“赵大官人”译成“known as Zhao Office Holder”作为补充、辅助信息交代。这样做的好处是极大地体现了人们对“赵大官人为非作歹、侮辱妇女、欺凌百姓”的极端厌恶和唾弃，也就是说更加符合语境的需要。
3. 很明显，在翻译“当地恶棍赵大官人有一次游湖”时，译文中增译了“with his retinue”，理由是：赵大官人有权有势，外出游玩不可能孤单一人，定有自己的随行人员或趋炎附势者一路陪同。再说，原文后面本有“派人打听”这一信息，因此，这样的增译无不有合理性。
4. “见其美姿动人”在译文里其实分译成了两部分，前半截“...of exceptional beauty and charm”是对“浣纱女”的客观描述，对应了原文的“美资”，后半截“Attracted by her beauty”，对应了原文的“动人”。当然，也可大致认为“Attracted by her beauty”是增译成分，但无论如何，“Attracted by her beauty”在译文中起到了很好的衔接作用。
5. 翻译“就想霸占”时，此处的译文在“想”字上下了一番功夫，未将其译成常用的

"want, wish, hope, intend"之类的单词，而是将其翻译成"felt an intense urge"，理由是：这样的译文更能体现"浣纱女的美资动人"，更能体现"当时赵大官人心急火燎的真实感受"。

6. 汉语是意合的语言，很多东西只要读者能理解，没必要在文字上说得清清楚楚，因此，原文中出现了"派人打听"这样的表达，但英语就不一样了，非要在文字上清楚地表明"打听了什么？"因此译文里须有"about her identity"这样的增译。
7. 很明显，"原乃宋兄之妻"中"原乃"二字在原文中是表明下文马上要交代前面"打听"的结果，因此，译文里也就出现了"only to be informed that..."这样的表结果的短语。要特别说明的是，这里没用"only to know that..."或"only to learn that..."，理由是：前面已经交代"派人打听"，因此，这里最好要传达出"被告知"的含义，这样才能更好地体现译者的连贯思维、语境思维的习惯。
8. "In order to fulfill his desire"这一增译有利于更好地顺承上下文，也让原文蕴含的意义明朗化了。
9. "害死宋兄"没有简单地翻译成"killed the elder brother"，而是译成了"had the elder brother killed"，常人的理解是：赵大官人不可能傻到自己亲手杀人的地步，凭着他的权势和阴险，他完全可以雇凶杀人。
10. "恶势力的侵害，使宋家叔嫂非常激愤"在译文中简单地处理成了"Enraged with the murder"，将其用来作后面译句的隐含的原因状语，这样的处理达到了表达凝练、结构紧凑、主次分明的效果。还需说明的是，"恶势力的侵害"在译文中不宜字面翻译，这里最好还原它的本来所指，具体地说，那就是"murder"。
11. 将原文中的"哪知道……"直译成"But how could they have known that...?"也是不错的，但一定得用"could have known"这一虚拟式。
12. 翻译"以免恶棍跟踪报复"中"报复"的时候，不宜出现"revenge; avenge"之类的单词，因为这些词里都蕴含有一个前提条件，那就是"对方有错在先，对方先不仁不义、丧尽天良"等，而基于这样前提的"revenge; avenge"很大程度上是理所当然的。但宋氏叔嫂将赵大官人告上法庭是迫于无奈、走投无路的正义之举，并非有任何的过错可言。所以，赵大官人没有理由"revenge; avenge"，这里最好还是将其译成"make more troubles"。
13. 在翻译"弟问嫂嫂：怎么烧得这个样子？嫂嫂说：……，别忘你嫂饮恨的辛酸"这节时，要注意到英语的行文习惯，那就是，在有人物对话时，应让各个人物的对话内容独立成段。
14. 很明显，原文中的"报了杀兄之仇"在译文中灵活地做了换序处理。一方面，如果照着原文的顺序翻译，就未免与"把那个恶棍惩办了"在语义上有重复，而且也不符合译文的行文习惯；另一方面，经过换序后处理成“Though he avenged his brother's murder”，也更好地衔接了下文“he could nowhere find out the whereabouts of his sister-in-law”。

15. “宋弟出去赴宴”不要简单地翻译成“he went out for a feast”，既然是“赴宴”，那一定是有人邀请，所以最好将其译成“he was invited to a feast”。
16. 从语境的角度来看，原文中的“才知道正是他嫂嫂的杰作”不宜照着字面翻译，否则，会导致译文行文不畅，表达不明晰。
17. 很多时候，“原来”二字的英译都是要结合上下文，动一番脑筋的。这里，将其翻译成“As he learnt later”，理由是后边的信息都是宋弟再次见到嫂子后，嫂子对他讲述的。而且，这样译的最大好处在于，能很好地引出下文。
18. 若将“为了避免恶棍来纠缠”中的“纠缠”翻译成一个名词，恐怕不容易选好词语、词形，而之所以容易想到将其译成名词，最大的原因还是想到“避免”要译成“avoid”之类的词语。译文这里运用到了逆向(正反)译法，以上提到的问题也就不成问题了。
19. 不难发现，“宋弟找到了嫂嫂很是高兴”是他后面选择辞官还乡的一个隐含原因，因此译文处理成了“Very much pleased with his reunion with his sister-in-law”这一表示隐含原因的短语。另外，结合语境，“找到了”在这里最好译成“reunion”。
20. “重新过起捕鱼为生的生活。”在译文中若是单独成句，效果上不及“where they resumed their fishing life”这样的从句形式。

汉语四字词组和习语的英译

很多经典的汉语语篇，都少不了用上四字词组。四字词组，原本主要是一些汉语成语，但随着经济社会的发展和语言本身的演变，现在我们见到的很多四字词组，不再单指汉语的成语了，它包括很多在特定历史背景下应运而生的各种说法，它既可是约定性的，长久的，也可是临时性的，短暂的。但无论如何，四字词组都是中国人喜闻乐见的，因为它有言简意赅、整齐匀称、顺口悦耳等三大显著的优点。据说，汉语成语有超过百分之九十都用的是四字格，而且有些原本不是四字格的成语也在向四字格演变。也就是说，今天我们见到的四字格，既有一般搭配，也有汉语成语。因为四字词组和汉语成语有着很多相似性和紧密联系，在翻译方法上也有很多共通的地方，所以这里把它们的英译放在一起来探讨。

不过，成语和习语还是有区别的。相比之下，习语是一个更大的概念，它包括成语、俗语、谚语、歇后语、格言、方言等，其民族色彩十分浓厚，体现着鲜明的文化特色。因此，习语翻译是比较复杂的。总的来说，它的翻译原则是：完整传达原文的思想内容，紧密联系上下文和具体语境的需要，灵活机动地进行翻译，防止死译、硬译。必须指出的是，习语如果翻译得自然得体，可以起到锦上添花的效果；如果译得僵化呆板，则会让整个译文黯然失色、大煞风景。

下面就举例说明汉语习语(包括一般的四字词组)的常用英译方法：

一、直译

直译的优点是能够比较完整地保留汉语习语的比喻形象、民族色彩和语言风格。理论上说，为了再现汉语习语的风姿和向英语读者介绍汉语生动活泼的语言现象，作为文化使者，译者应当尽最大努力地进行直译，前提是译文不引起译语读者的误解和交际失败。如：

1. 他这一去如石沉大海，再无消息。He left like a stone dropped into the sea and has never been heard of. (成语直译)
2. 路遥知马力，日久见人心。A long road tests a horse's strength and a long task proves a man's heart. (谚语直译)
3. 良言一句三冬暖，恶语伤人六月寒。Kind words warm one's heart in deep winter; ill abuse chills one's heart in dog days.
4. 中国人有句老话："不入虎穴，焉得虎子。"这句话对于人们的实践是真理，对于认识论也是真理。There is an old Chinese saying, "How can one catch tiger cubs without enter the tiger's lair?" This saying holds true for one's practice and also holds true for the theory of knowledge. (俗语直译，若将其译成"Nothing venture, nothing gain"在这里则显得平淡无味，有悖于原文的风格。)
5. 可别画蛇添足。Don't draw a snake and add feet to it. (成语直译)
6. 再派人去，那不是瞎子打灯笼白费一支蜡吗？Sending someone else is like a blind man carrying a candle. A waste of wax! (歇后语直译)

二、直译加注

为了保留原文的民族特色和语言形象，一些含有典故的汉语习语或汉语特有的习惯说法也常用直译的方法，但需要加注，否则译文读者会感到莫名其妙或一知半解。加注的内容较短，就可以直接在译文后加注，有的用括号包着放在译文里，有的用破折号将加注的内容和直译分开；如果加注的内容较多，则要用脚注的形式。不过，加注会分散、打断读者的连贯理解，因此以少用、慎用为好。如：

1. 你可不要班门弄斧。Don't show off your proficiency with the axe before Lu Ban, the carpenter master.（划线部分为加注）
2. 三个臭皮匠顶个诸葛亮。Three cobblers with their wits combined equal Zhuge Liang, the master mind.（划线部分为加注）
3. 司马昭之心，固已路人皆知。This Sima Zhao trick is obvious to every man in the street. (Sima Zhao was a prime minister of Wei (220—265) who nursed a secret ambition to usurp the throne. The emperor once remarked: "Sima Zhao's intention is obvious to every man in the street.")（在正式的语篇翻译中，译文括号中的内容为加注成分，一般用脚注的形式标出。）

三、意译

翻译有些汉语习语时，译者总会感觉到直译有不少的困难，或者即便勉强直译出来，但译文让英语读者大都难以理解。遇上这种情况，一般应考虑意译的方法，主要是在翻译时抓住本质内容和实际喻义等重要方面，牺牲形象、比喻等，结合上下文灵活地传达原义。如：

1. 我要有个三长两短，你给玉山捎个话！If anything should happen to me, let Yunshan know!（在中文里，"三长两短"原本代指棺材，因为未盖棺的棺材就是"三长两短"的样子。在这里它喻指"可能发生意外的不幸事件"。翻译时，只需翻译成"If anything should happen to ...",保留其实际喻义即可。）
2. 她怕碰一鼻子灰，话到了嘴边，她又把它吞了下去。She was afraid of being snubbed, so she swallowed the words that came up to her lips.（汉语中，"碰一鼻子灰"是"被冷冷地拒绝"的意思，表面意思与实际含义相差甚远。如果直译，外国读者会莫名其妙；直译与意译相结合也显得十分生硬、别扭。因此，只好采用意译法。）

四、直译加意译

这种方法指的是，在完整直译原文之后，为了减小译语读者对此译的理解障碍，在后面补充一个意译的说法，并用破折号将两部分隔开。这种方法对传播中国的文化和语言特色很有帮助，但也会增加译语读者的阅读负担。因此，要注意适当、适度地运用这种方法。如：

1. 近水楼台先得月。A waterside pavilion gets the moonlight first — a person in a favorable position gains special advantages.

2. 夜长梦多。A long night is fraught with dreams — a long delay means trouble.
3. 他这个人有奶便是娘。Whoever suckles him is his mother — lick the hand of anyone who throws a few crumbs.
4. 他是不到黄河心不死。He would not stop until he reached the Yellow River — to give up until his hope has gone.

五、直意参半法

直意参半法，也叫直译兼意译，这有别于前面说的“直译加意译”。所谓“直意参半法”指的是在有些情况下，汉语习语只能部分直译，部分意译。这样做的好处是既可保留原文形象又能使译文畅达明快。如：

1. 张飞大叫：“此必董卓！追吕布有甚强处，不如先拿董贼，便是斩草除根！”“Certainly there is Tung Cho,” cried Chang Fei. “What is the use of pursuing Lu Pu? Far better seize the chief rebel and so pluck up the evil by the roots.”（“斩草”意译为“pluck up the evil”；“除根”直译为“by the roots”。）
2. 王冕一路上风餐露宿，九十里大站，七十里小站，一径来到山东济南府地方。Braving the wind and dew, Wang Mien travelled day after day past posting stations large and small, till he came to the city of Tsinan.（不难看出，译文中的“wind and dew”是直译，而“brave”为意译，这样的译文既保留了原文的形象，又符合英语的表达习惯。）

六、借译

所谓的“借译”，指的是借用同义英语习语，即常说的“找对等语”。毕竟，英汉民族的语言和文化也有很多共通或相近的地方。因此，借译不但是可行的，而且是省心、省力的。实际上，如果不是有意要彰显汉语的语言文化特色，很多汉语习语是可以直接借用英语的对等语来翻译的。不过，译者也要保持高度的民族自觉和文化自觉，深明相似的汉英习语的重大差异，谨防在翻译中找到虚假的对等语或不合中国人思维的现成说法。请看下面有关“借译”的例子：

1. 甭担心，船到桥头自然直。Don't worry. You will cross the bridge when you come to it.
2. 只有大胆地破釜沉舟地跟他们拼，也许还有翻身的一天！All you can do is to burn your boats and fight them in the hope that one day you'll come out on top.
3. 这实在叫做天有不测风云，她的男人是坚实人，谁知道年纪轻轻，就会断送在伤寒上。It was really a bolt from the blue. Her husband was so strong; nobody could have expected that he would die of typhoid fever.

4. 浪子回头金不换。Broken bones well set become stronger.

七、节译

在汉语习语中存在着大量的并列结构式的四字词组。其中一种为四字对偶词组，前后两部分意义相同或相近，如“经久耐用”、“铜墙铁壁”等。对于此种现象，英译时为了避免表达重复，宜采用节译法，译出一部分即可；至于节译哪一部分，一般是遵照习惯或避重就轻。还有一种叫四字重叠词组，指的是汉语中为追求音韵美而形成的特有的重叠结构，如“鬼鬼祟祟”、“慌里慌张”、“高高兴兴”、“冷冷清清”等。由于英语中没有类似的表现形式，翻译时自然要节译重叠的部分。另外，汉语习语中也有类似于“用之不尽，取之不竭”、“闭月羞花、沉鱼落雁”等语义相同的其他并列结构，在翻译时，一般也要遵照习惯或避重就轻地节译部分内容。下面就上述几种情况分别举例说明：

1. 冷淡的阳光照着他们的愁眉苦脸和长发白眼。The cold, pale sunlight fell on their gloomy faces, long hair and lusterless eyes. （节译了“愁眉”。）
2. 我们是亲密无间的朋友。We are close friends. （“亲密”和“无间”意义一样，需要节译。）
3. “我本来要……来投……”阿Q胡里胡涂的想了一通，这才断断续续的说。“The fact is I wanted...to come...”, muttered Ah Q disjointedly, after a moment's confused thinking. （“胡里胡涂”和“断断续续”分别按“胡涂”、“断续”译为“confused”和“disjointedly”。）
4. 在长期的革命历程中，各民族党派与中国共产党同呼吸共命运。In the protracted process of the Chinese revolution, the various democratic parties shared a common fate with the Chinese Communist Party. （“同呼吸”和“共命运”意思相同，照实全翻显得啰嗦，因此这里节译了“同呼吸”。）

八、省译

严格说来，这里的“省译”与前面的“节译”是有一些区别的。“节译”主要是为了避免译语表达重复，而“省译”是因为原文的某种特殊表达无法在译语中再现，不得已而为之的一种省略和牺牲。如：

1. 你不能戴着木头眼镜，只看一寸远。The trouble with you is you cannot see an inch beyond your nose. （歇后语“戴着木头眼镜，只看一寸远”，前半部分是比喻，后半部分是对比喻的解释。如果将其直译，保留原文的比喻形象，译文则是不合逻辑的。因此，只能省译原文中的划线部分这一形象的比喻，而翻译其比喻意义。）

2. 这本书可真是狗追鸭子呱呱叫。This is really a best seller.（原文里有个歇后语“狗追鸭子呱呱叫”，其中“呱呱叫”又是一个双关语，一方面狗追鸭子时，鸭子本身会“呱呱叫”；另一方面，“呱呱叫”本来有“顶呱呱”的意思。遗憾的是，译文中无法保留“狗追鸭子”的意象和“呱呱呱”的鸭叫声，只能适当省译。）

多　雷

多雷（Etienne Dolet），16世纪法国著名人文主义者、语言学家、翻译家。在1540年发表的《论如何出色地翻译》一文中，多雷按照重要性的先后提出了翻译过程中应遵循的五项基本原则：(1) 译者必须完全理解所译作品的内容；(2) 译者必须通晓所译语言和译文语言；(3) 译者必须避免逐词对译，因为逐词对译有损原义的传达和语言的美感；(4) 译者必须采用通俗的语言形式；(5) 译者必须通过选词和调整词序使译文产生色调适当的效果。

多雷的这些主张虽然相当合理，但在当时却得不到应有的支持。他的人文主义立场引起政治界和知识界中很多人对他不满，并导致他多次被捕。他的十三部著作也被当局宣布为禁书而被烧毁。后来，他从狱中逃出，但马上又在里昂被捕。他被带到法庭，对他的控词是，他错译了柏拉图的一个谈话，借此寄寓他对永生的概念的怀疑。最后，他作为真正的无神论者而被定罪，他受尽种种酷刑的折磨，在37岁时被处以绞刑。而且他的尸体连同他的著作一起被烧掉，所以他的著作很少流传下来。然而，他的科学精神却被人们特别是翻译界所推崇。

一、请将下列句子译成英语，注意运用本节所介绍的方法恰当翻译其中的四字词组和习语。

1. 你这话说的对极了，真是一针见血。

2. 他好交友，门前总是车水马龙。

3. 这人胆子小，干啥都是脚踏两只船。

4. 我在这里是灯草拐杖，做不得主的。

5. 我们所做的是前人栽树后人乘凉的事。

6. 人怕出名猪怕壮。

7. 近朱者赤，近墨者黑。

8. “那么，什么时候解决战斗？还是老牛拉破车，慢慢吞吞的吗？”

9. 公说公有理，婆说婆有理。

10. 一失足成千古恨。

二、请在下列各句译文的空格处填上一个恰当的单词，注意译文结构与原文的异同。

1. 他说了几句话，声音低而平和。He spoke a few words, his voice low and _______.

2. 不调查、不研究，提起笔来“硬写”，这就是不负责任的态度。It is simply ______ to pick up the pen and “force ourselves to write” without investigation or study.

3. 发扬爱国主义精神和反腐倡廉，这是我们今后的任务。For a long period ahead, our task is to promote national _______, combat corruption, and build a clean government.

4. 老妇人坐了下来，她的脸色痛得发白，两颊上还带有泪痕。The old woman sat down, her face _______ with pain and traces of tears still on her cheeks.

5. 他们腐败透顶，丝毫不关心人民的疾苦。Corrupt through and through, they didn't have the slightest thought for the _______ of the people.

6. 她满脸通红，气喘吁吁，从大门跑了进来。_______ and breathless, she bounded in through the gate.

7. 当她结婚那天，她只是笑，既不含羞，又不害怕。On her wedding day, she was all ________, neither abashed nor afraid.

8. 王冕一路风餐露宿，一径来到山东济南府的地方。_______ the wind and dew, Wang Mian travelled day after day till he came to the city of Jinan.

9. 他在梦里还在为小妹子捕鱼哩，一条条活蹦乱跳的鲜鱼在游动。He dreamed that he was catching fish for his baby sister, lively fish, leaping and _______.

10. 姑娘媳妇们想起各自的伤心事，一个个大哭起来。Women, _______ painful events of their own, wept.

三、请认真改进下列各句译文中存在的问题。

1. 热烈欢迎国内外嘉宾参加贸易洽谈会！Warmly welcome all guests of honor at

home and abroad to attend to this symposium!

2. 在回家的途中，我们看见这场车祸。On our way to home, we saw this traffic accident.
3. 她为什么没来开会？因为她生病了。Why is she absent form the meeting? For she is sick.
4. 这样的机会太好了，可不要错过。This is too good a chance to be missed.
5. 新闻报道到此结束。This is the end of the news reports.
6. 你何必这么激动不安嘛？Why are you so upset?
7. 你们队不可能打胜。Your team is impossible to win.
8. 他们把小偷抓到派出所去。They caught the thief to the police station.
9. 你可以坐在那边那个空座位上。You may take that empty seat over there.
10. 入侵者抢走了他全部的钱。The invaders robbed all his money.

四、请将下列短文译成英语，注意灵活运用所学知识。

兰州拉面

兰州牛肉拉面传说起源于唐代，但因历史久远已无法考证。

正宗的兰州牛肉面有一个统一的标准，那就是："一清(汤)，二白(箩卜)，三绿(香菜蒜苗)，四红(辣子)，五黄(面条黄亮)"。

兰州牛肉拉面制作的五大步骤无论从选料、和面、醒面，还是溜条和拉面，都巧妙地运用了所含成分的物理性能，即面筋蛋白质的延伸性和弹性。

拉面是一手绝活，观看拉面好像是欣赏杂技表演。在有经验的老厨师手中，不但拉面速度快(一般只需10秒钟左右)，且拉出的面条柔韧绵长、粗细均匀、条细如丝且不断裂。面条光滑筋道，稍煮一下即可捞出，柔韧不粘。有句顺口溜形容往锅里下面："拉面好似一盘线，下到锅里悠悠转，捞到碗里菊花瓣。"

今天，在全国各省乃至世界许多国家和地区都有了兰州牛肉拉面馆，兰州不愧为是世界牛肉面之乡。

第十一课

（无题）

1935年，在民族危亡的紧急关头，清华大学学生在中国共产党的领导下，同其他学校一起发动了划时代的"一二·九"运动，走上了抗日救亡的第一线。许多优秀学生在抗日战争中献出了年轻的生命，一批"一二·九"运动中的骨干，经过革命斗争的锤炼，成长为新中国各个方面的领导人。抗日战争时期，清华大学、北京大学、南开大学组成的西南联合大学，继承中国学生光荣的革命传统，被誉为"大后方的民主堡垒"。抗日战争胜利后，为了反对国民党的独裁统治和内战政策，西南联大的师生于1945年12月，发动了声势浩大的"一二·一"运动，在全国掀起了争民主、反内战的热潮。

***Reference Version*:**

In 1935, at the critical moment of national crisis, students of Tsinghua University, under the leadership of the Communist Party of China and in collaboration with other students in Peking, initiated the epoch-making December 9th Movement and plunged into the forefront of the national defense against the Japanese invaders. Many excellent students even sacrificed their young lives. Some of the mainstays of the Movement went though the test of the revolution and finally became the leadership in various fields of New China. During the Anti-Japanese War (1937—1945), National Southwest Associated University, the combination of Tsinghua University, Peking University and Nankai University, was honored as the "Democracy Fortress in the Rear" for its carrying forward the glorious revolutionary tradition. After the victory of the War, in order to oppose the dictatorship and the civil-war policy of the Kuo-min-tang, the teachers and students of National Southwest Associated University started the powerful and influential December 1st Movement in 1945, which gave rise to a mass fervor for democracy and a frantic opposition to civil war nationwide.

译注：

1. 第一句的背景信息较多，在翻译成英语时，又不宜断句处理，因此在译文中，要恰当使用标点符号和介词短语等，让译文中的主次信息一目了然。
2. "清华大学、北京大学、西南联合大学"等学校、机构的英文名称早有固定表述，一般不需译者自己翻译，主要是靠日常的知识积累或查阅相关文献资料。
3. "同其他学校一起"显然不能译成"in collaboration with other schools"，当然也没必要译成"in collaboration with the students of other schools"，不如把它译成"in collaboration with other students in Peking"。
4. 原文第一句里的"发动"二字恐怕用"initiated"来译要妥帖些，因为它能突出"清华大学学生的先锋带头作用"。同理，原文最后一句的"发动"也应用"initiated; started"等词来译，而不用"launched"等词。
5. 结合史实和上下文，"抗日救亡"中的"抗日"二字不能不假思索地译成"the Anti-Japanese War"，因为"八年抗战"的起止年代分别为1937年和1945年，而此处说的是1935年的"一二·九运动"。所以将此处的"抗日救亡"翻译成"the fight against the Japanese invaders and the national salvation movement"等类似形式，才不至于有悖历史。当然，这种英语表达显得很冗长、生硬，其实这里完全可将其简译为"the national defense against the Japanese invaders"。
6. 同样，"许多优秀学生在抗日战争中献出了年轻的生命"一句中的"在抗日战争中"并非仅指"八年抗战"，参照上下文，这个短语最好省去不译。
7. "backbone"表示"骨干"这一含义时一般用单数形式，因此，这里选用"mainstays"来译。
8. 文中多次提到"抗日战争"和"一二·九运动"，在第一次译出其完全形式后，后边的一般用大写形式"the War"、"the Movement"即可。
9. 西南联合大学是在我国抗日战争期间，由北平的国立北京大学、国立清华大学和天津的私立南开大学南迁联合办学的学校。先以长沙临时大学的名义在长沙组建;一学期后,迁昆明,改称国立西南联合大学。西南联大(包括其前身,长沙临大)成立于1937年8月。抗战期为8年。联大则在抗战胜利后一年,1946年,才告结束;三校于是年秋季才各自返平津复校。

10. “国民党”在其国外各支分部的英文名称一直不统一,孙中山曾经亲自规定了统一的英文译名“The Kuo Min Tang(Chinese Nationalist Party)”。这里就把“国民党”译成“the Kuo-min-tang”。
11. 文中提到的“一二·一运动”本来就发生在12月,因此,原文中的“1945年12月”只需翻译成“in 1945”。
12. 要注意“在全国掀起了争民主、反内战的热潮”这个分句跟前面分句的联系,很显然,这是在说“一二·一运动”引发了该热潮,因此,用非限定性定语从句“which gave rise to ...”这样的句式来译比较好。

译文主语的确定

要做好汉英翻译,仅仅在选词上下功夫是远远不够的。除了选词精当之外,汉英翻译成功与否很大程度上取决于译文句子的构架,毕竟任何优秀的语篇都是由一个个精当表达、巧妙连缀的句子构成的。说到译文句子的构架,不得不思考译文主语该如何确定这个问题,因为汉英两种语言的句法结构存在很大差异。

汉语为语义型语言,着力考究“字”与语义及其相互关系,注重内容的意会性,其句法特征是:主语可由诸多不同类别的词语充当,主语隐含不显或无主句的情况时常可见,谓语也不受主语支配,没有人称、数、时态的变化等,有些看似主语的成分,严格上说只是评述的话题,没有直接的逻辑关系和语法搭配关系,似乎任何东西都可处在主语的位置上。英语为语法型语言,重点研究主谓序列及其相关此类,句子结构受形式逻辑制约,注重形式的严谨,其句法特征是:主语突出、易于识别,且只能由名词或具有名词功能的短语、从句担任,谓语绝对受主语的支配,特别注重主谓搭配要具有直接的、严密的逻辑性和语法搭配关系,主语作为句子的中心,除了祈使句外,是不可缺少的成分。

由于汉英语言在句法结构上存在的上述诸多不同,在汉英翻译中,译文主语的合理选定就是一个无法回避而又事关重大的问题。下面就举例谈谈合理确定、选择译文主语的几种情况：

一、继续沿用原文的主语

虽说汉英句法结构有很大差异，但它们也都有"主谓宾"这样的占据主导地位的结构模式。因此，当汉语原文有明确的名词主语或人称代词主语，并能与谓语动词有直接的、严密的逻辑关系时，英语译文是可以继续沿用原文中的主语的。如：

1. 如果不适当处理，锅炉及机动车辆排出的废气就会造成城市空气污染。Exhaust from boilers and vehicles, unless properly treated, causes air pollution in cities.
2. 人有失错，马有漏蹄。As a horse may tumble, so a man may make mistakes.

二、加工原文的主语

有些时候，虽说汉语原文有明确的名词主语，并且和后面的谓语动词有一定的逻辑关系，但其本身表意模糊，所指不够确切。遇上这种情况，可以考虑在保留原文主语的同时，适当增词，让译文的主语定格在所增词语之上。如：

1. 武汉还在吸引外资企业进行老企业改造、房地产开发等方面制定了一系列优惠政策。The municipality of Wuhan also formulated a series of preferential policies to absorb foreign capitals in such fields as technical renovation of old enterprises, and real estate development.
2. 学校不会管这样的事情。The school authority will not bother about such things.

三、摈弃原文不合逻辑的主语而重新确定主语

有经验的译者会发现，有时即便汉语原文有明确的名词主语，但深究起来，原主语和其后的谓语动词没逻辑联系，有些不可理喻。对此，译文应摈弃原文主语而重新选定主语。如：

1. 以往的国际文献认为，印度是亚洲水稻的原产地。Previously, in the international literature, India was said to be the country where Asian rice originated.
2. 重庆正在修地铁。A subway is under construction in Chongqing.
3. 四川上个月抢救了两只挨饿的大熊猫。Two starving giant pandas were rescued in Sichuan Province last month.
4. 任何新生事物的成长都是要经过艰难曲折的。New things always have to experience difficulties and setbacks as they grow.（翻译成"The growth of any new thing always has to experience difficulties and setbacks."就主谓搭配不起了。）

四、为了表达、修辞的需要而重新确定主语

翻译中，我们看似面对的是一个个的单词或句子，其实我们多数时候真正处理的还是某个具体的语篇。因此，句子的翻译，还不能仅仅从句子内部去寻求出路。具体到译句主语的选择，我们也应考虑整个语篇的话题中心、行文风格、修辞特征、上下文的语义连贯、语义的主次关系、前后的搭配是否通顺地道、语言的表现力等诸多问题，从而灵活而又巧妙地变通处理，重新确定译文的主语，以期达到某种特殊的效果。如：

1. 这个省矿产很丰富。The province is rich in minerals. (处理成“The province's minerals are rich.”就不地道了。)
2. 该地区地形险要，群众条件好，回旋余地大，安全方面完全有保障。It is an area where we have a favorable mountainous terrain, a popular support from the masses, plenty of room for maneuver and full guarantee for security. (原文看似有很多主语，如果翻译成“The terrain of this area is scary, the mass condition is good, the room for maneuver is large and the security can be fully guaranteed.”不但显得机械呆板，而且显得语义分散，毫无中心可言，且本身也有理解和表达的问题。)
3. 许多人把喜欢开玩笑看成油嘴滑舌、办事靠不住，认为夫妻之间讲话应该讲求实在，用不着讲究谈话艺术。In the eyes of many Chinese, people fond of playing jokes are simply glib talkers and bad trustees, and talk between couples should be pragmatic instead of artistic. (译文的主语才让人感觉说到了点子上。)
4. 他说的大意是我们都应该为环保事业做出贡献。He spoke to the effect that we should all make our contribution to environmental protection. (远比用“The general meaning”来作主语高级、地道得多。)
5. 长期缺少拥抱、亲吻的人容易产生“皮肤饥饿”，进而产生“感情饥饿”。A long-time lack of embracing and kissing will throw us in a state of skin hunger and love thirst. (英语的物称主语突出了信息的重心，整个句子显得既简洁明了，又活泼地道。)
6. 对一些丧失朝气、丧失革命意志和坚持错误的人，在屡教不改的情况下，党委应当予以正当处理，重者予以纪律处分。Those Party members who prove wanting in vigor and revolutionary will or who persist in their mistakes should be duly dealt with by the Party committee if they refuse to mend their ways after repeated warnings and, in serious cases, they should be disciplined. (重在说该如何处罚某些人，译文的主语更能让整个句子有警醒作用。)
7. 浩的出现显然吓坏了女孩，一双又大又圆的眼睛紧紧盯着突然闯进门来的他，紧紧盯着他手中正指向她们的那乌黑的枪口，眼神中充满了令人心碎的惊慌与恐怖。Hao's sudden intrusion was no doubt a terror to the girl. She stared at him

with her wide-open eyes and looked hard at the black gunpoint being directed at them, full of a heartbreaking panic and fear in her eyes.（译文用"she"作后面一句的主语更地道，也更具连贯性。）

8. 中国人的健康状况亮起红灯，并不能简单地归结为"健康透支"的结果，而是有着复杂的社会和经济原因。The red light alarm for the health concern of the Chinese cannot simply be attributed to the overdraft of health; instead, it involves many social and economic reasons.（译文主语能较好地统领下文，让整个表达显得结构简化，而又语义紧凑。）

9. 我给你打国际直拨就跟给楼下的李姐打电话差不多，一拨就通。An international call to you is as easy as a call to Sister Li downstairs.（译文的主语达到了事半功倍的效果。）

10. 人们不时可见，一些平日相处不错的夫妻一旦吵起架来就翻陈年旧账，把陈谷子烂芝麻的事儿一股脑儿全倒出来，结果"战争"升级，矛盾激化，有的甚至导致劳燕分飞。It is not uncommon to see couples ever in good harmony recall and shout out all their pent-up grievances and unpleasant trifles in quarreling. Such a case often results in aggravation of confrontation and inteasification of conflict and even divorce.（汉语各分句都有一个主语，而英语仅用了"It"和"Such a case"两个看似原文没有的主语，符合英语的思维习惯，大大简化了句子结构，而意义完全犹存，且提升了语言表现力。）

五、因为原文的主语表达迂回、隐晦或冗长等而重新选定主语

有些时候，汉语主语是一个结构较为复杂，表达迂回、隐晦或冗长的短语或短句，英译时，就需重新确定主语，更确切地说，这不是改变主语，而是如何用凝练、确切、明晰的词语作主语，达到一言以蔽的效果。这很大程度上考验着译者的措词能力，也较能体现其审美意识。如：

1. 有了自己的孩子使他们的造反冲动收敛了许多。Parenthood has greatly tamed their rebellious impulses.
2. 他的喜怒哀乐全都写在脸上。His look tells his mood.
3. 上下班往返于工作地点和住家的人可以报销路费。Commuters are entitled to reimbursement of their workday fares.

六、原文没有主语，译文中需填补主语

由于汉语是可以意会的语言，在表达中，并非所有时候一个句子都要有明示的主语。而英语除了祈使句外，一个完整的句子总是需要一个主语的。所以，在翻译汉语的无主句时，译文需要填补主语。填补的情况一般有两种：一是直接增添一个合理的或原文隐含的主语；二是将原句中的宾语拿来作主语而让整个句子变成被动语态。在具体的语篇翻译中，究竟哪种方法更合适，完全取决于语境和表达效果的需要。如：

1. 不知不觉已入隆冬。Before I was aware of it, winter was waning.
2. 努力实现和平统一。We should strive for the peaceful reunification of our motherland.
3. 必须保证八小时睡眠。Eight hours' sleep must be guaranteed.
4. 办公室里禁止办私事。Attendance to personal affairs is prohibited in the office.

蔡元培

蔡元培(1868—1940)，革命家、教育家、政治家。数度赴德国和法国留学、考察，研究哲学、文学、美学、心理学和文化史，为他致力于改革我国封建教育奠定思想理论基础。他是中华民国首任教育总长，1917年出任北京大学校长，提倡"思想自由"、"兼容并包"，革新北大，开"学术"与"自由"之风。他主张学与术分校，文与理通科。将"学年制"改为"学分制"，实行"选科制"，积极改进教学方法，精简课程，力主自学，校内实行学生自治，教授治校。他的这些主张和措施，在北京大学推行之后，影响全国，以至有人称他为自由主义教育家。

他提出了"五育"(军国民教育、实利主义教育、公民道德教育、世界观教育、美感教育)并举的教育方针和"尚自然"、"展个性"的儿童教育主张。毛泽东赞扬他为"学界泰斗，人世楷模"。

蔡元培认为："译学二别：一政界之事，一学界之事。"所谓"政界之译学"，指的是与外交有关的翻译工作。他认为这样的翻译工作者必须既通语言又明政策，打破两者的隔阂。而他所说的"学界之译学"，指的是学术性的翻译。他将异域语言的翻译称为"横译"，古今语言的翻译称为"纵译"，并认为由意识而发为语言，也是一种翻译(蔡称之为"一译")，而他所称的中国特有的"再译"，与前面所说的"纵译"相近，是指当时我国言文不统一。这一看法，也就成为后来新文化运动提倡白话文的根据。

练　习

一、请将下列句子译成英语，注意选好译文的主语。

1. 在历史上，由于长江不断改道，在武汉地区形成了众多的湖泊。
2. 世纪交替，千年更迭，人类社会的发展正在揭开新的篇章。
3. 振兴科技和繁荣经济，必须坚持教育为本。
4. 还看不出他能挑得起这副担子。
5. 认识落后，才能去改变落后。
6. 但他性情不同，既不求官爵，又不交纳朋友，终日闭户读书。
7. 工人们开了一个活跃的讨论会。
8. 我们水平有限，这本词汇只是一个初步尝试，缺点和错误之处，敬请广大读者不吝赐教。
9. 要在农村大力地、广泛地宣传计划生育。
10. 我国的社会主义建设，需要一个和平的国际环境，需要一个安定团结、天下大治的局面。

二、请认真改进下列各句译文中存在的问题。

1. 为了维持生计，有沉重和繁琐的家务要干。不少家庭主妇被家务活累坏了身体。In order to make a living, there is a lot of heavy housework. As a result, many housewives break down.
2. 平日读报，看到一篇好的文章时，总有把它剪下来的欲望。When reading a newspaper and finding a good essay in it, there is always a desire to cut it out.
3. 五年前的一个冬夜，下了好大的雪。A heavy snow fell one winter night five years ago.
4. 没有画框，观众更容易看见画面以外的东西。Without a frame, the viewers can more easily see things outside the picture.
5. 看着一堆老照片，姥姥的音容笑貌就浮现在我的眼前。Looking at a pile of old photos, the voice and expression of my maternal grandmother came up to my mind.

三、请为下列各句选择最佳译文。

1. 我爸爸是证券公司的老总，但我们家里还是我妈妈当家。

A. My father is the CEO of a securities company, but my mother manages household affairs in my family.

B. My father is the CEO of a securities company, but it's my mother who wears the pants in my family.

C. My father is the CEO of a securities company, and my mother of our home.

2. 女士的上衣不宜领口过低，不宜太过透明。

A. Lady's blouses should not be too low-collarband or too transparent.

B. Lady's blouses should not be too low cut or too sheer.

C. Lady's blouses should say "No" to low collarband or too transparent.

3. 毒奶粉事件造成了至少6名婴儿死亡，受害家庭将拿到最高20万元的赔偿金。

A. The tainted milk-powder scandal killed at least six infants. Families of tainted milk-powder victims could receive up to 200,000 yuan compensation.

B. The poisonous milk-powder incident caused the death of at least six infants. Families of the victims would receive compensation as much as 200,000 yuan.

C. The poisonous milk-powder incident caused at least six infants to die and their families are going to receive 200,000 yuan at most as indemnity.

4. 在得病以前，我受父母宠爱，在家中横行霸道。

A. Before I fell ill, I had been the bully under our roofs owing to my doting parents.

B. Before I fell ill, I had got everything my own way owing to my doting parents.

C. Before my illness, I was pampered by my parents and could do whatever I liked.

5. 鳏寡孤独废疾者皆有所养。

A. Helpless widows and widowers, the lonely, as well as the sick and disabled, are well cared for.

B. Widows, widowers, orphans, childless olds, the disabled, and the sick can all have a source of livelihood.

C. Those who have no kin and cannot support themselves as well as those who are sick or handicapped should all be properly taken care of.

四、请将下列短文译成英语，注意灵活运用所学知识。

世界上有好多国家种植茶树，生产茶叶，但茶的名称不是叫"tea"，就是叫"cha"。"Tea"原是闽南话，据说茶从海路传到国外就叫做"tea"。"cha"是中国北方话的说法，据说外国人从陆路得到的茶就称为“cha”。这说明茶是从中国传到世界各地的，中国是茶的故乡。在古代，中国人最初用野生茶叶来治消化不良等疾病，后来又发现茶是一种很好的饮料。早在公元前200年，中国人就会种植茶树了，并且掌握了制作茶叶的方法，喝茶的风气也已经相当普遍。

第十二课

重庆科技馆简介

重庆科技馆为市委、市政府确定的全市十大社会文化事业基础设施重点工程之一，是面向公众的现代化、综合性、多功能的大型科普教育活动场馆，是实施“科教兴渝”战略和提高公民科学文化素养的基础科普设施。重庆科技馆位于长江与嘉陵江交汇处的重庆江北嘴中央商务区核心区域，于2006年1月7日奠基，同年10月动工建设，2009年9月9日建成开馆；占地面积37亩，建筑面积4.53万平方米，总投资5.67亿元。

重庆科技馆外观采用石材与玻璃两种材质。外墙石材使用多种颜色交叉层叠，像坚硬的岩石，隐喻“山”；占整个外墙的60%、近万平方米的玻璃幕墙，则清澈通透，隐喻“水”。石材的棱角分明、玻璃的透明如水，恰到好处地彰显出重庆“山水之城”的特征。重庆科技馆分为A区和B区。A区建筑最高处约为57米，最低24米，从空中鸟瞰如同一个巨大的“扇形水晶宫”，造型大气恢宏。

重庆科技馆共设生活科技、防灾科技、交通科技、国防科技、宇航科技和基础科学6个主题展厅和儿童科学乐园专题展厅。展品涵盖材料、机械、交通、军工、航空航天、微电子技术、信息通讯、计算机应用、虚拟现实技术、生命科学、环境科学、基础科学及中国古代科学技术等多个领域，常设展品数目400余件(套)。

重庆科技馆包括常设展览和临时展览，同时具备学术交流、科普报告、科技培训、科普影视放映、科普展品研制、青少年科技制作等内容和功能，是社会公众特别是广大青少年学习科学知识的殿堂，是传播科技文明和先进文化的重要场所。

重庆科技馆以“国际先进·国内一流·重庆特色”为目标，通过科教展览、科技培训、科学实验等形式和途径，面向公众开展科普教育活动。重庆科技馆人将不断完善和拓展科技馆的功能体系建设，使重庆科技馆成为体验科学魅力的平台，启迪创新思想的殿堂，展示科技成就的窗口，开展科普教育的阵地。

***Reference Version*:**

Introduction to the Museum

Chongqing Science & Technology Museum is one of the ten key social and cultural infrastructure projects determined by Chongqing municipal Party committee and government. It is a grand, modern, comprehensive, and multi-functional venue open to the public for the popularization of science education. It is a basic facility essential to the strategy of revitalizing Chongqing through science and education, and to the effort of improving the scientific and cultural awareness of citizens. The museum is situated at the core of Jiangbeizui CBD (Central Business District) of Chongqing at the confluence of the Jialing River and the Yangtze River. Its ground-breaking ceremony was held on January 7, 2006, and its official construction got under way in October the same year. On September 9, 2009, the museum was unveiled and opened to the public. With a total investment of 567,000,000 *yuan* (RMB), the museum covers a land area of 37 *mu* and boasts a floor area of 45,300 m^2.

The exterior decoration of the museum consists of stone and glass. The crisscrossed and overlapping stone material of different colors on the outer wall looks like hard rocks and acts as a metaphor of mountain. Meanwhile, the glass curtain wall, which accounts for 60% of the whole outer wall and reaches nearly 10,000 m^2, is clear and transparent and therefore symbolic of water. The angular stone material and the transparent glass exactly manifest the characteristics of the riverside mountain city—Chongqing. The museum is made up of two zones. The highest part of Zone A is about 57m high and the lowest about 24m high. Seen from the sky, the museum looks like a gigantic fan-shaped crystalline palace and takes on an air of grandness and brilliance.

The museum has 6 themed exhibition halls and a special hall called Science Park for Children. The themed halls are respectively labeled as Life & Science, Disaster Prevention, Transportation & Science, National Defense, Space Navigation, and Basic Science. The exhibits cover a wide range of fields such as material, machinery, transportation, war industry, aerospace, microelectronics, communication, computer appliance, virtual reality technology, bioscience, environmental science, basic science, and ancient Chinese science and technology. The permanent exhibits in the museum number more than 400 pieces or sets.

The museum offers both permanent and temporary exhibitions. Meanwhile, it is useful to academic exchange, scientific report, science-technology training, projection of videos for science popularization, research and development of scientific exhibits, and the scientific creation of adolescents. It is a temple of science learning for the public and the adolescents in particular. It is an important venue for the transmission of scientific and technological civilization and advanced culture.

Chongqing Science & Technology Museum aims to be one of distinctive Chongqing flavor which is globally advanced and domestically top-grade. It helps to popularize science education among the public by offering them exhibitions of science education, science-technology training, and opportunities for scientific experiment. All the staff of the museum will never slacken their efforts to improve and enrich its functional system, so as to make it a platform for the public to appreciate the charm of science, a temple to inspire innovative ideas, a showcase for scientific and technological achievements, and a field for science popularization.

译注：

1. 由于这样的简介一般都是张贴展示在科技馆内部或其大门口，抑或是显示在门票上，所以标题的翻译完全可以简略地处理成"Introduction to the Museum"。
2. 翻译原文第一段第一句时要适当地断句，以方便英语在行文时的构句需要。这里的译文就将其分译成了三个相对独立的单句。
3. 在翻译"重庆科技馆为……十大社会文化事业基础设施重点工程之一，"这节时，要注意补全"市委市政府"的确切所指，省译"事业"二字和选好"重点"的译词。
4. 翻译"是面向公众的现代化、综合性、多功能的大型科普教育活动场馆"这节时，有必要把"大型"换序翻译到几个形容词的最前面。另外"活动场馆"没必要翻译照着字面翻译，这里处理成"venue"是很简洁而地道的。再有，"面向公众"的翻译也是有一定技巧的。
5. 翻译"科教兴渝"时，要注意对"兴"的译词选择。历史上，重庆是新中国的六大老工业基地之一，曾创造过不少的辉煌成就，也是因为历史的原因，现在的重庆发展才相比中国的某些地区稍显落后一些。可喜的是，新时期的重庆又有了重振雄风的大好机遇，因此，翻译这里的"兴"最好参照国内各大英文报纸网站提到"振兴东北老工业基地"的措词，选用"revitalize"更能体现一种历史唯物主义观。
6. 请注意"It is a basic facility essential to the strategy of revitalizing Chongqing through science and education, and to the effort of improving the scientific and cultural awareness of the citizens."这一译句中"to the effort of"这一增译成分及其与"to the strategy of"的平行照应作用。另外，"科学文化素养"在这里其实就是"scientific and cultural awareness"的意思。
7. "奠基"与"动工建设"在汉语原文中都是动词，但在英语里改译成了名词作主语，而后译者再自行选用了"was held"和"got under way"两个谓语动词，这样的表达十分符合英语的表达习惯。另外，在翻译"动工建设"时有必要增译"official"一词。
8. 将"2009年9月9日建成开馆"翻译成"On September 9, 2009, the museum was unveiled and opened to the public."算得上是译文中的一大亮点。因为，在中国，大凡有重大工程建成开放都少不了要举行剪彩仪式，译者之所以用"was unveiled..."来翻译"建成开馆"就是因为联想到了剪彩仪式上红色的帷幔被徐徐拉开的那一刹那激动人心的时刻。
9. 原文第一段最后一句有好几个数字，翻译时有必要把有关面积和投资的数字区别对待，灵活处理成译句中不同的成分，这样读来，才不致于让人感到信息杂乱。另外，"*yuan*"和"*mu*"分别是一个中国的货币和面积的度量衡单位，在打印稿的译文中要用斜体，若是手写体，就应加上下划线，以提示译语读者这是中国的东西。最后，为了表达的需要，译文中增译了“boasts”一词，而这词的选用，也能较好地彰显科技馆恢弘大气，让人引以为豪的意蕴。

10. 翻译“重庆科技馆外观采用石材与玻璃两种材质。”这句时，首先要运用省译的技巧。最需注意的是，“外观”不能翻译成“appearance”、“shape”之类的词语。因为这里实际上不是在说科技馆的造型，而是在说科技馆的外装修。因此，这里的外观在译文中翻译成了“The exterior decoration”。另外，“采用”在这里也不要翻译成“adopt”、“use”之类的词语，在这里用“consists of”作谓语是不错的。
11. 翻译“外墙石材使用多种颜色交叉层叠，像坚硬的岩石，隐喻……”这节时，要注意选好译文的主语及句式。“隐喻”在原文中是动词，但是“metaphor”这词又不能作动词，所以译文就涉及到一个词性转换和重新选定谓语动词的问题。这里，译者恰当地选用了“acts as”这一谓语动词，也较好地照应了前面的“looks like”。
12. 因为“清澈透明”在译文中翻译成了“clear and transparent”这一形容词短语，所以后面的“隐喻”也就翻译成了“symbolic of”这一形容词短语，同时也避免了译文表达单一重复的弊端。由此可见，翻译是一项灵活性极强的创造性劳动。
13. 请注意译文对“石材的棱角分明、玻璃的透明如水，恰到好处地彰显出重庆“山水之城”的特征。”这节的省译处理、对“重庆‘山水之城’”的换序处理以及破折号的作用。另请注意译文对“山水之城”的翻译是否合理、达意。
14. 请体会将“重庆科技馆分为A区和B区。”翻译成“The museum is made up of two zones.”的好处。另请注意“分为”在这里并未翻译成“is divided into”。请认真体会“is made up of”是否更合适些?
15. 翻译“造型大气恢宏”时，不宜用“造型”来作主语，因为这里本来是在讲从空中鸟瞰时科技馆的外形和气势，理当将这节信息与前节信息综合在一个译句里，统一用“the museum”作主语。所以，译文中出现了“and takes on an air of grandness and brilliance.”这样的处理形式。这样的译文不仅能做到话题突出，也能较好地体现译者的词性转换意识。
16. 请注意译文中将“重庆科技馆共设生活科技、防灾科技……和儿童科学乐园专题展厅。”这节翻译成了两个句子。这样做的好处是方便译句的构句，体现一种总分关系，更加让人一目了然。另外，要灵活翻译“设”这一汉字。另请注意译文中“are respectively labeled as”这一短语的作用以及各个展厅名的翻译。
17. 请注意“常设展品数目400余件(套)。”这节中的“常设展品”的英译以及“数目”在译文中的词性转换效果。
18. 原文第四段在形式上仅是一个汉语句子，翻译时要根据英文的行文需要，适时断句。
19. 翻译“重庆科技馆包括常设展览和临时展览”时，“包括”二字不宜翻译成“includes”

之类的动词,在这里应理解为“提供”,故译文中用了“offers”一词。

20. 翻译“同时具备学术交流、科普报告……等内容和功能,”时,不宜死板地翻译成“has the contents and functions of...”,译文中的“is useful to”这样的表达明显灵活而达意。
21. “青少年科技制作”中的“制作”应理解为“发明、创造”,因而译文将其翻译成“the scientific creation of adolescents”。
22. “社会公众”中的“社会”明显是多余的,在译文中应该省译。
23. 翻译“重庆科技馆以……为目标”这节时,似乎要把“国际先进·国内一流·重庆特色”三个信息翻译成译语的并列结构完全放在一起有一定的困难。所以这里的译文把“重庆特色”先提取出来翻译在了前面,而将其它两个放在了一个由“which”引导的定语从句中。顺便提及的是,译文中的“one”在这里是一个代词,代指“museum”,而不是我们常见的表示“……之一”的“one of”里面的“one”。
24. 开展科普教育活动并非只有科技馆才办得到,因此译文最后一段的第二句有必要加上“help”一词。
25. 在翻译“科学实验”时,为了顾及译文前后的并列结构的表达需要,有必要增译“opportunities for”这样的词语。
26. 若把原文最后一句中的“不断完善和拓展”中的“不断”按常规翻译成“keep on doing”、“not stop doing”、“continue to do”等恐怕显得有点不够确切,所以译文中将其处理成了“will never slacken their efforts to”,此译似乎更能体现科技馆人的庄严承诺,而且表达上也要显得高级一些。
27. 若将“完善和拓展科技馆的功能体系建设”照着字面翻译成“improve and broaden the construction of its functional system”就有点不符合英语的逻辑思维习惯,反复品味,总让人感觉有点隔靴搔痒,不中要害。应该说,“建设”二字在这里是多余的,翻译时需要省译。另外,“拓展”在这里理解成“丰富”似乎也要显得准确些。

断句与合句

有经验的译者都会发现,在翻译过程中,免不了要思考是否该合句翻译还是断句翻译的问题。英译汉如此,汉译英亦然。这里我们就专门谈谈汉译英过程中的断句处理与合句处理的翻译方法。

断句译法(也称分译法)指的是把汉语原文中的某个长句在理清语义关系和层次关系之后,合理地用译文的几个句子将其所表达的意思翻译出来的方法。需要分译的句子,多数是长句,或者是结构复杂的复句。如果将这种句子硬译成一个句子,往往会使译文累赘、冗长,语意模糊,行文不美。如果采用断句译法,则会使内容层次分明,语言简洁,更易让读者理解。采取这种处理方法,表面上是为了化繁为简,但最主要的原因还是出于对英语表达习惯的照顾。也就是说,只要译文忠实于原义,符合英语表达习惯,对原句作断句处理,按逻辑重新组合,既是可行的,往往也是必要的。

一般而言,分译时,可以大致遵循以下方法:一、按内容层次分译;二、从主语变换处分译;三、从关联词处(如转折)分译;四、从意义完整、独立处分译;五、原文出现总说与分说时要分译;六、为了加强语气而分译。

下面我们来赏析几个有关分译的译例:

1. 这王冕天性聪明,年纪不满20岁,就把那天文、地理、经史上的大学问,无一不贯通。Wang Mian had genius. While still in his teens, he mastered the whole field of astronomy, geography, the classics and history. (原文先总后分,译文将最前面的总说或概括部分单独译成一句。)
2. 健全自己的身体,保持合理的、规律的生活,是自我修养的物质基础。Keep fit, lead a reasonable and regular life. This is the material basis for self-cultivation. (原文先分后总,译文将后半部分表总结或概括的部分单独处理成一句,放在最后。)
3. 一定要言行一致,理论与实践密切结合,反对华而不实和任何虚夸,少说空话,多做工作,扎扎实实,埋头苦干。Deed and word must match and theory and practice must be closely integrated. We must reject flashiness without substance and every sort of boasting. There must be less empty talk and more hard work. We must be steadfast and dedicated. (原句信息量大,内容较为复杂,宜按语义信息的关联度重新组合,译成相对独立的几个句子。)
4. 中国学生很灵,一挥而就,洋教师阅后,评出了最佳作文一篇,学生们听后大为不解,这种文章怎么能被评为“最佳”? His Chinese students, quick at writing, finished the homework at one go and turned it in in no time. He went through the papers and picked the one that he thought the best. When he read it out to the students, they were generally perplexed. Of all the comments, why did he like this one best? (原句信息量大,内容较为复杂,译语将其译成了相对独立的四个句子,突出了层次感。)

5. 我在学堂里坐着，心里也闷，不如给他家放牛，倒快活些。I feel sitting in school boring anyway. I'd rather look after our neighbor's buffaloes.（原文前后分别介绍不同的情况，不好找一个确定的连接词来确定前后的关系，断句翻译更好。）
6. 许多人都说他是个笨蛋，但是果真如此吗？Many people say he is an ass. But is that so?（原句的结尾部分语气和意思上有转折，宜断句处理。）
7. 应当承认，每个民族都有它自己的长处，不然它为什么能够存在？为什么能发展？It must be admitted that every nation has its strong points. If not, how can it survive? How can it progress?（原句的结尾部分为反问，需断句翻译。）
8. 我们的民族将再也不是一个被人欺侮的民族了，我们已经站起来了。Ours will no longer be a nation subject to insult and humiliation. We have stood up.（为了表达原文的强调语气，宜断句翻译。）
9. 我崇拜朝气，欢喜自由，赞美胆量大、精力强的。I worship vitality and love freedom. I extol the plucky and strong in heart.（原句的前后部分表述的是不同的情况，宜断句处理。）
10. 又比如城市青年，或者进学校，或者到农村去，或者到工厂去，或者到边疆去，总要有个安排。Let's take the urban youth for example. Arrangements must be made for them in one way or another —they can go to school or work on a farm, in a factory or in a frontier area.（原文中有类似于"比如……"、"拿……"等的表述时，宜单独成句翻译。）

比较而言，汉语句子短小而简练，英语句子绵长而复杂，信息容量更大。另外，汉语是一种高度意合的语言，表达上多流水句，分句与分句的关系大都隐含可感，无需言传；而英语是一种形合的语言，特别强调意义紧密相连的分句之间的确切的内在联系，在表达上大多倾向于用显性的关联词、衔接词、从句等表明前后的关系。因此，在汉英翻译的过程中，时常需要将两个或两个以上的汉语句子合并翻译成英语的一个语义紧凑、关系明朗的句子。

合译的常用方法有：一、在关联词处合译；二、按内容的连贯性合译；三、从主语变换处合译，一般要用上主从句或独立主格结构；四、将原文中相对次要无需特别突出的句子合译成另一句子的某一成分。

下面我们来赏析几个有关合译的译例：

1. 从前有个俊俏的年轻人，名叫王小，人人都喜欢他，可他总是闷闷不乐。因为他有一个说话尖刻，唠叨不休的继母。Once there lived a handsome young man named Wang Xiao who, though a favorite with everyone, was unhappy because he

had a sharp-tongued, nagging step-mother.（原文中有“因为”这一关联词，所以将原文的两句合译成了一句。）

2. 他的眼睛疲倦地闭着，但是有时又忽然睁开看看岸上的路，看看水面。没有什么动静。他含糊地哼了一声，又静下去了。His eyes were closed wearily, but once in a while he would open them suddenly and stare at the path along the shore, or look at the water. When he saw that nothing was stirring, he would mutter something to himself and again doze off.（认真分析，原文的第二句和第三句有一种较为紧凑、连贯的语义关系，那就是前句交代了一种隐含的时间或原因关系，所以译文将其合译成了一句。）
3. 对我来说，我的水族箱就像我自己的一个小王国。我就是里面的国王。To me, my aquarium is like my own little kingdom where I am king.（将原文的第二句译成由“where”引导的定语从句，从而与第一句合译在了一起。）
4. 张丽帮我拿起电话。她的左手微微地颤动着。Her hands slightly trembling, Zhang Li helped me to pick up the telephone.（原文第二句的主语有变，译文中处理成了一个独立主格结构表伴随，放在句首，与原文第一句合译在了一起。）
5. 还是热，心里可镇定多了。凉风，即使是一点点，给了人们许多希望。It was still hot but everyone felt much better, for the breeze, though slight, brought them hope.（不难发现，原文第二句是对“心里可镇定多了”作一个原因上的补充说明，前后之间语义较为连贯，即便原文没有明显的关联词，译文中还是按照英语的表达习惯增译了“for”这一并列连词，从而让原文的两句合译成了一句。）
6. 湖中有十来枝荷花花蕾。花蕾上清水滴滴，荷叶上水珠滚来滚去。Crystal drops were dripping from a dozen lotus buds in the lake, while beads of water rolled about the leaves.（原文的第一句信息相对次要，在译文里翻译成了一个介词短语，与第二句合译在了一起。）
7. 当时中国科学家测定珠峰高度为8848.13米。这一数据一直作为中国对珠峰高度的采用值沿用至2005年。After an elaborate gauging, the scientists released that the height of the Mount was 8848.13m, a figure generally adopted by the Chinese authorities till 2005.（很明显，原文的第二句在译文里处理成了一个同位语结构，与第一句合译在了一起。）
8. 旧历新年快来了。这是一年中的第一件大事。除了那些负债过多的人以外，大家都热烈地欢迎这个佳节的到来。The traditional New Year Festival was fast approaching, the first big event of the year, and everyone, except those who owed heavy debts—which traditionally had to be paid off before the year—was enthusiasti-

cally looking forward to it.（原文三个句子合译成了一个句子。原文的第二句处理成了一个短语，放在了译文的第一个分句里，而原文的第三句用“and”引出，和前面的内容合译在了一起，从而让整个译句语义关系更为明晰、紧凑。顺便提及的是，译文里破折号中间的增译处理很有必要，因为它涉及中国的特色文化风俗。）

9. 讲动武，祥子不能打个老人，也不能打个姑娘。他的力量没地方用。It was impossible for Xiangzi to hit an old man or a woman, so there was nowhere for him to use his strength.（原文两个句子在译文里合译成了一个由“so”衔接的并列句，较好地体现了前后的语义关系。）

10. 因为距离远，又缺乏交通工具，农村社会是与外界隔绝的。这种隔绝状态，由于通讯工具不足，就变得更加严重了。The isolation of the rural world because of distance and the lack of transport facilities is compounded by the paucity of the information media.（原文是两句，译文合译成了一句。这样的处理一方面避免了“因为”、“由于”这两个原因在译文表达里的雷同表达形式；另一方面，译文显得句式紧凑、重点突出，更能让读者感受到“雪上加霜”的遭遇。）

奈　达

美国翻译理论家奈达（Eugene A. Nida）的翻译思想可分成以下四个不同的发展阶段：

1. 描写语言学阶段（1943—1959），主要集中于句法、词法和语义翻译问题的描写研究；

2. 交际理论阶段（1959—1969），这十年是其翻译理论的形成期，也是他研究生涯中最重要、最活跃、最丰产的时期。他的著名论断，“所谓翻译，是在译语中用最切近而又最自然的对等语再现源语的信息，首先是意义，其次是文体”就是1969年提出的；

3. 社会符号学阶段（1970年起），这一时期他保留了交际理论的观点，更多地注意到了语际交际中的文化因素问题，并开始采用社会语言学和社会符号学的观点和方法来研究翻译问题；

4. 对翻译理论的怀疑阶段（20世纪80年代末起），他开始认为，“杰出的翻译家其实就是生就的，不是造就的。”“我们不应试图把翻译变成一门科学，…… 翻译不是一门可以独立门户的学问。”他认为，翻译理论顶多是几条帮助人们理解翻译或评价译作的原则。

奈达为他的对等原则找到了两个支撑点：1. 采取普世主义的语言观，强调凡是用一种语言说的东西，在另一种语言中一定能找到表达；2. 翻译的过程是交际的过程，在不丧失原文信息的前提下，焦点转向了接受者。奈达提到的“信息”是一个广义的概念，不仅指语义信息，还包括文本信息、情景信息和心理信息等在内的所有原语信息的总和。他的“动态对等”观念实质上是某种程度上的归化翻译。

20世纪60年代，奈达认为，对应(correspondence)的形式有两种：动态对等(dynamic equivalence)和形式对等(formal equivalence)。70年代，他又用“功能对等”替代了“动态对等”。“功能对等”除了突出文本内容信息的对等，还提出了尽可能追求形式上的对等。从广义上说，“功能对等”和“动态对等”还是在强调信息的对等，并且重视译语读者的接受程度，两者为不同语言结构之间的转化提供了对等原则。

练　习

一、请将下列句子译成英语，注意恰当运用“分译”与“合译”的技巧。

1. 我们不知不觉地朝公园走去。公园就在人行桥那边，桥下很深的地方，汹涌的河水滚滚流过。
2. 历来只有真正老实的劳动者，才懂得劳动生产财富的道理，才能排除一切想入非非的发财思想，而踏踏实实地用自己的辛劳劳动，为社会也为自己创造财富和积累财富。
3. 为了实现儿时的梦想，我毫不犹豫地选择了化学专业。四川大学录取了我。这令我心满意足。四川大学是中国著名的重点高校，有着近百年的历史。
4. 不过，问题还是圆满地解决了。这说明计算很准确。
5. 人民的觉悟是不容易的，要去掉人民头脑中的错误思想，需要我们做很多切切实实的工作。

二、请在下列各句译文的空格处填上一个适当的衔接词或短语，确保译文表达明快、顺畅。

1. 森林是国家的宝贵财富，人人都有保护它们的责任。Forests are valuable resources of the nation, ________ it is everyone's duty to protect them.

2. 他打开电脑，放进了软盘来拷贝文件。He turned on his computer ________ put in a disk to copy a file.
3. 理论固然重要，实践尤其重要。Theory is something, ________ practice is everything.
4. 人不犯我，我不犯人。We will not attack ________ we are attacked.
5. 全图规模宏大，结构严谨，大致分为三个段落：第一段是市郊景画，第二段是汴河，第三段是城内街市。The painting, grand and compact, is chiefly composed of three parts, ________, Suburban Sight, Scene along the Bian River, and Street View in the City.
6. 清晨，骑上自行车，加入上班的"洪流"，眼前闪动的是人们五颜六色的夏服。In the early morning, ________ you join the army of bicycle riders rushing for work, you will see a flashing display of summer clothes of all colors.
7. 细数上海的美，不难发现，很多国际化都市拥有的要素，上海都有；而上海有的，很多城市却不一定拥有。A keen and careful observer can easily point out that Shanghai, ________ its exclusive features, has almost every bit of the essential traits of many international metropolises.
8. 重庆人民大礼堂是重庆独具特色的标志性建筑物之一，集老重庆的光彩和荣耀于一身。The People's Great Hall of Chongqing is one of the local distinctive landmarks, ________is a perfect integration of Chongqing's historical splendor and glory.
9. 可能没有其他地方会比一月份的哈尔滨更寒冷彻骨。Perhaps no other place equals or exceeds Harbin ________ the bone-cutting cold in January.
10. 人们常用欣赏的眼光看自己的孩子，所以总觉得"孩子是自己的好"；又因为常用挑剔的眼光看配偶，所以总认为老婆（丈夫）是别人的好。Usually, people tend to treat their children appreciatively and assume them superior to any other kid. ____________, they always try to find fault with their spouses and regard them inferior to any other wife or husband.

三、请认真改进下列各句的译文中存在的问题。

1. 这个机会我等了一辈子，我决不能错过它。I can never miss this chance which I am waiting for my whole life.
2. 我们公司在产品的包装和宣传上明显比不上竞争对手。The packing and advertising propaganda of our company can't obviously compare with our competitor.

3. 他经常在背后讲人的坏话，让我非常反感。He often talks the others' shortcomings behind the others' back, this makes me have a strong aversion to him.
4. 你能否在事业上获得成功，在很大程度上要取决于你待人接物的能力。Whether you get successful in your cause, to a great extent, it depends on your ability of treating people.
5. 从他最近的表现来看，老板不大可能同意给他涨工资。Judging by his showing recently, the boss didn't possibly agree to give him pay rise.

四、请将下列短文译成英语，注意灵活运用所学知识。

家庭内的危险场所

高龄人群由于行动不便会造成许多危险，即便是在家中也会发生危险。对于常见的跌跤而造成的皮外伤、骨折和心脏病、休克等突发性症状，应对其进行及时的护理和抢救。"高龄体验服"是站在老人的角度去体验生活中的不便，发现更多潜在危险，触发我们多为老人考虑的情愫，掌握一定的应急救护方法。如怎样止血、包扎、骨折固定和心肺复苏(人工呼吸)等。

操作说明：

1. 穿上"高龄体验服"扮演八十岁老人，发现家庭潜在危险；
2. 在工作人员的指导下进行心肺复苏训练。

第十三课

厦门经济特区技术引进规定(节选)

第一条　根据中华人民共和国有关法律、法规,制定本规定。

第二条　厦门经济特区内的企业、事业单位和其他经济组织(以下简称受方)从外国或港澳台的企业、其他经济组织或者个人(以下简称供方)有偿引进技术,适用本规定。

第三条　引进的技术必须适用而先进,具有明显的经济效益,其范围包括:
(一) 持有有效专利权的技术;
(二) 正在申请专利的技术;
(三) 专有技术。

第四条　禁止引进具有下列情况的技术:
(一) 危害社会公共秩序或者违反社会公德的;
(二) 破坏生态平衡或者危害环境的。

第五条　技术引进可以采用下列方式:
(一) 许可证贸易;
(二) 技术咨询或技术服务;
(三) 以专利技术、专有技术作为投资股本,或者与受方合作经营;
(四) 补偿贸易或合作生产;
(五) 工程承包或其他方式。

第六条　引进的技术具有下列条件之一的,受方可享受厦门市人民政府规定的特别优惠,并可向特区内的国家银行申请低息贷款或者资金援助:

(一) 经国家科研部门鉴定证明具有世界先进水平的；
(二) 能明显提高产品在国际市场竞争力的；
(三) 改造现有企业，具有显著经济效益的；
(四) 厦门市人民政府认为特别需要的。

***Reference Version*:**

Rules on the Technology Introduction of
the Special Economic Zone (SEZ) of Xiamen
(Excerpted)

Article 1 All the following rules are based on the laws and codes of the People's Republic of China.

Article 2 The rules should be observed when any enterprise, institution, or some other economic entity (to be called "the receiver" hereafter) within the SEZ introduces paid technology from any enterprise, or some other economic organization, or any individual (to be called "the provider" hereafter) abroad or in Hong Kong, Macau, and Taiwan.

Article 3 The technology to be introduced must be applicable, advanced, and with evident economic returns. Here follows the list of the to-be-imported technologies:

1. The technology with valid patent right
2. The technology to be patented
3. The proprietary technology

Article 4 The introduction of the following technologies is forbidden:

1. The technology endangering public order or transgressing social morality
2. The technology breaking the ecological balance or polluting the environment

Article 5 The introduction of technologies may take any form below:

1. License trade
2. Technological consultation or service

3. Patented or proprietary technology valued as investment shares, or cooperative management between the receiver and the provider
4. Compensation trade or cooperative production
5. Project contract or some other form

Article 6　The receiver is entitled to the special preferential treatment stipulated by the people's government of Xiamen, and may apply to the state banks within the SEZ for low-interest loans or capital aids, on the condition that the technology is one of the following:

1. The technology confirmed to be globally advanced by state scientific research institutions
2. The technology able to considerably enhance the products' competitiveness in the global market
3. The technology able to upgrade the existing enterprises and bring about noticeable economic benefits
4. The technology considered to be particularly necessary by the municipal government

译注：

1. 无论汉语还是英语，法律、法规、制度、契约、合同等文体有个很突出的特点，就是语言结构、措辞标点等都非常严谨确切、句式紧凑、句意明晰、冗词很少，具有明显的公文特征。所以，在翻译此类文体时，要特别考究遣词造句，力戒语言错误、逻辑错误和语言啰嗦等，并力争所言所语“无懈可击”。
2. 通读原文后会发现，本文大部分内容都是条款性的、提纲式的，所以在翻译成英语时，要特别注意各大要点在语言形式上的前后参照和统一。
3. 由于“厦门经济特区”这一称谓会多次在文中出现，为方便起见，在标题里第一次出现了它的完整形式后，马上在后面用括号标出了“经济特区”的英语缩略形式“SEZ”，这样，在下文再次提到它时，就直接用简略形式了。
4. 原文的第一条是一个典型的汉语无主句，所以在译成英语时，就需要有很强的转换思维能力。将原文的宾语“本规定”译成主语，这样一来，“根据”就不是译成“According to”之类的，而是要译成英语的谓语“be based on”，而原文的动词“制定”也就无需保留了。

5. 翻译第二条时，首先要理清前后分句的内在联系，以及弄清本条规定的重心或落脚点之所在；其次是要顾及英语句子多松散句的特点，往往把句子的中心置于句首，因此，在翻译时，要换序处理。另外，请注意“适合”二字在这里的变通翻译。
6. 为了尽量符合法律、法规等文体的总体特征，第二条里的“以下”二字不要翻译成常用的“below”，而最好选用“hereafter”。
7. 若将第三条里的“引进的技术”翻译成“the imported technology”，恐怕就犯错误了。理解到位、表达过关的人会把它译成“the technology to be imported/introduced; the to-be-imported technology”之类的。
8. 为了很好地呼应下文的具体条款，第六大条在翻译成英语时，要将“引进的技术具有下列条件之一的”这节换位到该句的最后来译。在具体的处理时，要注意前后分句关系的把握和连词的选用，另外，在措辞表达上还要统筹兼顾，进行必要的、合理的变通处理。
9. 翻译“厦门市人民政府认为特别需要的”这节时，有必要将“厦门市人民政府”简译为“the municipal government”，否则，译文会显得累赘。

直译与意译

所谓“直译”(literal translation)，就是译文形式与内容都与原文一致的处理方法，也就是在不影响原文整体内容或意思的忠实传达的前提下的一种字面处理的方法。总体而言，世界各地人们的共性远大于个性，在多数时候，他们认识世界和表达思想的方式是相同或接近的，因此，直译的可能性是很大的，适用性也是很广的。所谓“意译”(free translation/semantic translation)，就是译文内容或意思与原文一致，而形式不同的翻译方法。虽说有时原文用两种方法都可以翻译，但意译更多的还是用在直译无法解决问题或语境需要的时候。需要再次说明的是，无论直译，还是意译，都是忠实于原文思想内容的正译。至于孰优孰劣，还得具体问题，具体分析。

请认真赏析下列译例并指出每个句子的翻译方法：

1. 北戴河海滨的秀丽风景更是引人入胜。The picturesque view of the Beidaihe Seashore is even more enchanting.
2. 长江三峡西起白帝城，东至湖北宜昌南津关。The Three Gorges extend down-

stream from the White Emperor Town, Chongqing Municipality to Nanjinguan, Yichang, Hubei Province.

3. 两岸猿声啼不住，轻舟已过万重山。With the monkeys' ceaseless whines on the river banks aloud, / Swiftly leaving a myriad mountains behind, my boat drifts down.
4. 如果我们能够体会到这种平淡之中的幸福，能够在一粒沙中见世界，能够在锅碗瓢盆中品味出坦然，那么这就是生命中的一个大境界了。Life will become lofty if we can find happiness in commonplace, know about the world from a grain of sand, and taste ease and calmness from kitchen work.
5. 好的时候不要看得太好，坏的时候不要看得太坏。Neither be too optimistic in fine weather, nor be too pessimistic in foul weather.
6. 怕什么呢？死了张屠夫，还有李屠夫，人多得很。What are you afraid of? He is not the only pebble on the beach.
7. 不尝黄连苦，哪知蜜糖甜。No taste of bitter, no knowledge of sweet.
8. 他这么做可以说是"孔夫子面前卖文章"。In doing so, he was, so to speak, displaying his knowledge before Confucius.
9. 不要总以为天下乌鸦一般黑。Don't always be thinking "In every country dogs bite."
10. 管它三七二十一，先吃个饱再说。Who would care so much? The first thing to do is eat my fill.
11. 这本小说可真是狗追鸭子呱呱叫，卖得很快。This novel is really a best-seller.
12. 酒逢知己千杯少，话不投机半句多。Even a thousand toasts is not enough for bosom friends' get-together; but a word out of tune is over too much.
13. 家丑不可外扬。Give no publicity to family scandals. /Don't wash your dirty linen in public.
14. 纸包不住火。Truth will come to light sooner or later.
15. 以人为本。People oriented; people foremost.
16. 巧妇难为无米之炊。Even the cleverest housewife can't cook a meal without rice. / One cannot make bricks without straw.
17. 江山易改，本性难移。It's easy to change hills and streams but hard to change one's nature. /What's bred in the bone will come out in the flesh.
18. 屋漏又逢连阴雨。Misfortunes never come singly.
19. 塞翁失马，焉知非福？Misfortune may be an actual blessing.
20. 瑞雪兆丰年。A timely snow promises a good harvest.

鲁 迅

鲁迅(1881—1936),浙江绍兴人,中国文学家、思想家、革命家和教育家。原名周树人,1918年5月,首次用“鲁迅”做笔名,发表了中国现代文学史上第一篇白话小说《狂人日记》,奠定了新文学运动的基石。1918年到1926年间,陆续创作出版了小说集《呐喊》、《彷徨》,论文集《坟》,散文诗集《野草》,散文集《朝花夕拾》,杂文集《热风》、《华盖集》、《华盖集续编》等专辑。其中,1921年12月发表的中篇小说《阿Q正传》是中国现代文学史上的不朽杰作。

鲁迅不仅为中国近代文学做出了难以磨灭的贡献,在翻译方面更是成绩斐然。只是由于其在文学创作方面的影响实在太大,人们反而较少注意其译著。他译有《月界旅行》、《一个青年的梦》、《工人绥惠略夫》、《桃色的云》、《苦闷的象征》、《出了象牙之塔》、《近代美术潮论》、《艺术论》、《文艺与批评》、《十月》、《表》、《死灵魂》、《俄罗斯的童话》等作品。

鲁迅先生在20世纪30年代曾作诗一首:“可怜织女星,化为马郎妇。乌鹊疑不来,迢迢牛奶路。”用来讽刺当时的一位著名的翻译家赵景深教授。话说赵教授犯了“想当然”的毛病,将天空中一道“白色的光带”Milky Way(银河)直接译成“牛奶路”,成了当时的大笑话。如今翻译界一谈到对外国作品生吞活剥,或者字字对照的硬译方式,常常以鲁迅的“牛奶路”一诗为戒。

鲁迅提倡“直译”,但他的“直译”实际就是“正译”,是针对“歪译”而说的,而不仅仅是相对于“意译”而言的。换言之,从浅处说,“直译”是与“意译”相对的一种译法;而从深处说,“直译”是包括正确的“意译”在内的“正译”。他认为,在供给知识分子看的译著中,应主张“宁信而不顺”的译法。他主张在翻译中容忍“不顺”,为的是“输入新的表现法”和改进中文的文法、句法。他还多次论述了“欧化”的问题。针对刘半农反对“欧化”的言论,他主张中国语法有加些欧化的必要。他不主张译文“完全归化”,并且认为这是不可能的。他认为,翻译必须兼顾两面,一则力求易解,一则保存原作的风姿。他强调翻译首先要看本身的质量,而不管是直接或间接,以及译者的动机是否“趋时”等。他也论述了复译的意义,而且提出了“非有不可”的必要性:一是“击退乱译”的唯一好方法,二是提高整个新文学水平的需要。

一、请将下列句子译成英语，注意适当运用“直译”和“意译”的方法。

1. 我对他简直佩服得五体投地。
2. 吃一堑，长一智。
3. 不料半路杀出一个程咬金。
4. 我是半路出家，可能干不好这工作。
5. 我们非要把这件事查个水落石出不可。
6. 他吓得屁滚尿流。.
7. 你别狗拿耗子多管闲事。
8. 我不知道他葫芦里卖的是啥药。
9. 血浓于水。
10. 打架斗殴成了这伙人的家常便饭。
11. 这个数字虽然已经挤掉了一些水分，仍然有水分。
12. 他挺有修养的。
13. 听君一席话，胜读十年书。
14. 他们没有把谈判内容向你们公布，只是向你们吹吹风。
15. 我们不能出卖我们的国格，不能出卖我们的人民。

二、请为下列谚语的译文填空（一空一词），并口头回答它们分别是“直译”还是“意译”。

1. 狗咬吕洞宾！ You bite the hand that ________ you.
2. 你这是癞蛤蟆想吃天鹅肉！ You are craving for what is ________ your reach.
3. 差之毫厘，失之千里。A ________ is as good as a mile.
4. 佛要金装，人要衣装。Fine ________ make fine birds.
5. 捡了芝麻，丢了西瓜。________ wise, pound foolish.
6. 竹篮打水一场空。________ water in a bamboo basket.
7. 打蛇先打头，擒贼先擒王。If you want to kill a snake you must first hit it on the head and if you want to catch a ________ of robbers you must first catch their leader.
8. 东风压倒西风。The East wind ________ the West wind.
9. 饿了糠也甜，饱了蜜也咸。Hungry ________ will eat dirty puddings.
10. 桃李不言，下自成蹊。The peach and plum trees cannot talk, yet a ________ is

trodden out to them.

三、请在下列译文的空白处填上一个适当的单词，确保译文忠实通顺地传达原文的意思及文体特征。

土地及其费用（节选）

1. 合营企业使用场地，必须贯彻执行节约土地原则。所需场地，应当由合营企业向所在地的市（县）级土地主管部门提出申请，经审查批准后，通过签订合同取得场地使用权。合同应当订明场地面积、地点、用途、合同期限、场地使用权的费用（以下简称场地使用费）、双方的权利与义务、违反合同的罚则等。
2. 合营企业所需场地的使用权，已为中国合营者所拥有的，中国合营者可以将其作为对合营企业的出资，其作价金额应当与取得同类场地使用权所应缴纳的使用费相同。
3. 场地使用费标准应当根据该场地的用途、地理环境条件、征地拆迁安置费用和合营企业对基础设施的要求等因素，由所在地的省、自治区、直辖市人民政府规定，并向对外贸易经济合作部和国家土地主管部门备案。

Land Use and Land Use Fees (Excerpt)

1. Joint ventures must ____1____ the principle of economizing ____2____ land in their use of sites. A joint venture shall ____3____ an application for the use of a site to the local land ____4____ authority at ____5____ (county) level and shall, ____6____ approval from the ____7____ authority, ____8____ the right to use the site through the ____9____ of a contract. The contract shall ____10____ the area, location and purpose of the site, the ____11____ of the contract, the fee for the right to use the site (____12____ referred to as the site use fee), the rights and ____13____ of the ____14____ to the contract, and the ____15____ for breach of contract.
2. If the right to use the site ____16____ by a joint venture is already owned by the Chinese ____17____, it may ____18____ such right as its investment in the joint venture. The amount ____19____ for such right shall be ____20____ to the site use fee ____21____ for obtaining the right to the use of a site of the same kind.
3. The ____22____ for the use of a site ____23____ be determined by the people's government of the province, autonomous region or ____24____ directly under the Central Government where the site is located in ____25____ of such factors as the purpose and geographical and environmental conditions of the site, expenses for land

____26____, demolishing of the houses on the site and ____27____ of the residents, and the joint venture's requirements in respect of the infrastructure, which shall be ____28____ with the ____29____ of Foreign Trade and Economic Cooperation and the ____30____ land administration authority for the record.

四、请将下列公告译成英语，注意灵活运用所学知识。

北京市人民政府通告

市政府决定，自2007年8月17日起到20日止，每天6时至24时，对本市行政区域内道路采取临时交通管理措施。现就有关事项通告如下：

1. 对本市核发号牌机动车按车牌尾号实行单号单日行驶、双号双日行驶（单号为1、3、5、7、9，双号为2、4、6、8、0，下同），“二00二”式号牌机动车按双号管理。但以下机动车不受单、双号行驶措施限制：
   1) 特种车（警车、消防车、救护车、工程救险车）；
   2) 公共电汽车及大型客车；
   3) 出租汽车和小公共汽车（不含租赁车辆）；
   4) 邮政车；
   5) 各国驻华使、领馆和国际组织驻华机构机动车（“使”字号牌车辆）；
   6) 持“2007好运北京”标识车证的机动车；
   7) 持公安交通管理部门核发的各类货运通行证（含危险品运输通行证）的保障城市正常生产、生活的机动车。
2. 货运机动车、摩托车、拖拉机、三轮汽车和低速货车除遵守上述规定外，仍执行现有限行措施，即：四环路以内道路（含四环路），每天6时至23时，禁止货运机动车行驶；四环路以内道路（不含四环路辅路），全天禁止京B号牌的摩托车行驶；五环路以内道路（含五环路），全天禁止拖拉机、三轮汽车和低速货车行驶。
3. 渣土运输车辆全天禁止在本市行政区域内道路行驶（持公安交通管理部门核发的此期间专用通行证、承担奥运工程渣土运输任务的车辆除外）。

第十四课

香港首富李嘉诚给年轻人的忠告

1. 我17岁就开始做批发的推销员,就更加体会到挣钱的不容易、生活的艰辛了。人家做8个小时,我就做16个小时。
2. 我们的社会中没有大学文凭、白手起家而终成大业的人不计其数,其中的优秀企业家群体更是引人注目。他们通过自己的活动为社会作贡献,社会也回报他们以崇高荣誉和巨额财富。
3. 精明的商家可以将商业意识渗透到生活的每一件事中去,甚至是一举手一投足。充满商业细胞的商人,赚钱可以是无处不在、无时不在。
4. 我凡事必有充分的准备然后才去做。一向以来,做生意处理事情都是如此。例如天文台说天气很好,但我常常问我自己,如5分钟后宣布有台风,我会怎样,在香港做生意,亦要保持这种心理准备。
5. 精明的商人只有嗅觉敏锐才能将商业情报作用发挥到极致,那种感觉迟钝、闭门自锁的公司老板常常会无所作为。
6. 我从不间断读新科技、新知识的书籍,不至因为不了解新讯息而和时代潮流脱节。
7. 即使本来有一百的力量足以成事,但我要储足二百的力量去攻,而不是随便去赌一赌。
8. 扩张中不忘谨慎,谨慎中不忘扩张。……我讲求的是在稳健与进取中取得平衡。船要行得快,但面对风浪一定要捱得住。
9. 好的时候不要看得太好,坏的时候不要看得太坏。最重要的是要有远见,杀鸡取卵的方式是短视的行为。

10. 不必再有丝毫犹豫,竞争既搏命,更是斗智斗勇。倘若连这点勇气都没有,谈何在商场立脚,超越置地?
11. 对人诚恳,做事负责,多结善缘,自然多得人的帮助。淡泊明志,随遇而安,不作非分之想,心境安泰,必少许多失意之苦。

***Reference Version*:**

Lee Ka-Shing's Admonitions for the Youth

1. At the age of 17, I took up wholesale promotion and began with a deeper taste of the difficulty of earning money and bread. For others, 8 hours made a working day; for me, 16 hours.
2. In this society, there are innumerable successes of great achievements who hold no college diploma and started from scratch. Among them, some excellent enterprisers are even more conspicuous. On the one hand, they are contributors to society; on the other hand, they are reapers of great honor and substantial wealth.
3. Shrewd businessmen show their business sense in every life detail, even in every bit of their carriage. A man full of business sense always finds that opportunities for making money are ubiquitous and omnipresent.
4. I always make full preparations for every undertaking, no matter whether it is a business deal or whatever else. Even if the observatory has forecast a fine day for us, I would always ask myself what I should do if a typhoon warning were to arrive in five minutes. To do business in Hong Kong, one needs to be more prepared for such uncertainties.
5. Only a sensitive businessman can give full play to commercial information. Those bosses short of sensitivity and open-mindedness often turn out to be mediocre.
6. In order not to be ill-informed or lag behind the times, I always remember to read books on new knowledge and new developments of science and technology.
7. Even if I had enough strength to fulfill something, I would rather act only after a successful accumulation of double power than trust chances

blindly.

8. Expand and caution, caution and expand. ... I very much value the equilibrium of steadiness and progress. A fleeting boat is desirable, but it should ride over torrents and gusts.
9. Neither be too optimistic in fine weather, nor be too pessimistic in foul weather. Foresight is most important. He is short-sighted who kills the goose that lays the golden eggs.
10. Don't be the least hesitant any longer. Competition means not only defiance of destiny, but also rivalry of wisdom and bravery. Without such bravery, how could we gain a firm footing in the business world and transcend our settlement?
11. Many a person lends his hand to those who are sincere, responsible, and on good terms with others. One must be free of many frustrations if he reconciles himself to situations and feels comfortable and peaceful with his gains rather than seek fame and wealth or crave for undeserved benefits.

译注：

1. 翻译名人名言，又如翻译谚语、格言等，应当力求理解准确、表达上乘，特别要注意选词精当，句式工整，结构平行，用语洗练上口，具有较强的传诵功能。
2. 李嘉诚是世界名人，早就声名远播，在国际上有专用的英文名Richard Lee，译者不要想当然地用汉语拼音拼写其名，否则，会让译文读者误以为是一个新人或陌生人。遇上此类情况，应遵循只“查”不“翻”的原则。另外，标题中的“香港首富”是不用翻译的，否则，非但标题显得不够简洁，而且也似乎无意中降低了李嘉诚的知名度。
3. “开始做批发的推销员”若翻译成“began to be a wholesale promoter”不及“took up wholesale promotion”准确、地道，因为前者有一种“从此以后终生做推销员”的意味。
4. “挣钱的不容易、生活的艰辛”中的“不容易、艰辛”有语义上的重复，而英语是很少表达重复的语言，所以译文中用了“the difficulty of earning money and bread”这一比较地道、简洁的表达。
5. 翻译“人家做8个小时，我就做16个小时”时，最好不要用“人家”和“我”来作前后两个分句的主语，那样谓语动词的时态选择似乎也难以令人满意。比较而言，译文中用“8 hours”和“16”来作主语，让整个句子的表达显得地道、别致多了，而且也达到了简洁、上口的效果，有较强的平行美。

6. 在翻译"他们通过自己的活动为社会作贡献，社会也回报他们以崇高荣誉和巨额财富"这节时，要大体遵循英语思维的连贯性、逻辑性的原则，译文主语最好统一为"they"，译文中这样的处理方式显得语言表述比较简练、连贯，而且因为用了"contributors"和"reapers"这样的词语，体现了译者词性转换和逆向思维的灵活思维痕迹，这也比较符合英语的表达习惯。另外，译文中"On the one hand"和"on the other hand"的增添也是很有必要的。
7. 原文第三句中的"渗透"不宜翻译成"permeate; infiltrate"等，结合上下文，其实就是"show"的意思。这再次说明，翻译选词不能死扣词典或机械地逐字对应。在这里，"carriage" 和"bearing"都可以用来表达"举手投足"的意思。另外，"商业细胞"决不能翻译成"business cell"，" 赚钱"应该翻译成"opportunities for making money"。
8. 在翻译原文第四句时，"然后才去做"是理当省译的，"处理事情"在这里处理成"whatever else"似乎更显全面、准确。在翻译"如5分钟后宣布有台风，我会怎样"这节时，要注意用虚拟语气。另外，将"如5分钟后宣布有台风"翻译成"if a typhoon warning were to arrive in five minutes"也体现了思维上的转换，显得比较灵活自然。将"亦要保持这种心理准备" 翻译成"one needs to be more prepared for such uncertainties"显得表述比较具体、明晰，在语义上也与前面的表述比较连贯。
9. 原文第五句中的"精明"二字是无需翻译的，用"give full play to"来翻译"将……发挥到极致"是很准确的。"商业情报"也可译成"business intelligence" 。特别要说明的是，"感觉迟钝、闭门自锁的" 不宜按字面直译，毕竟身为公司老板，再怎么说也不可能是绝对的"感觉迟钝、闭门自锁"，因此译文中用了"short of sensitivity and open-mindedness"这样的逆向思维的表达形式，而且这也较好地照应了前面的"sensitive"一词。将"无所作为"翻译成"mediocre"在这里也是比较确切的。
10. 在翻译第六句时，有必要适当改换一下句序。"从不间断读……书籍"千万别翻译成"never stop reading..."，因为再勤奋的人，都是需要放下书休息或干别的什么的。因此，译文中将其处理成"always remember to read..."。另外，请体会译文中"developments of"这一增译的必要性。
11. 翻译第七句时，要注意对"一百"、"二百"两个数字的处理。另请注意原文中的"功"和"赌一赌"在译文中的措词，千万别翻译成"attack"和"gamble"。
12. "扩张中不忘谨慎，谨慎中不忘扩张"恐怕很容易被处理成很复杂的句式，窃以为，这里的"Expand and caution, caution and expand"足以传达其中蕴意。这里的"讲求"其实是"看重"的意思，因此将其翻译成"value"。请特别注意"船要行得快，但面对风浪一定要捱得住"这句话的译文表达方式及其成功之处。

13. 所谓的“看得太好”、“看得太坏”的意思就是“过于乐观”和“过于悲观”，这一点是很多译者都能理解和表达的。但是“好的时候”和“坏的时候”的翻译恐怕就不是简单处理就能准确达意和令人满意的。这里用“in fine weather”和“in foul weather”来译是比较巧妙地道的，具有很好的修辞效果。
14. “杀鸡取卵的方式是短视的行为。”的译文主语、句型的选择也是一个值得译者仔细思考的问题。这里用“He is short-sighted who kills the goose that lays the golden eggs.”是比较妥当的，在句型上，有点类似于英语谚语：“He laughs best who laughs last.”而且译文主语选择“He”，更能起到对该语受众的警醒作用。
15. 译者在翻译原文第十句中的“搏命”时，最初将其翻译成“risk of life”，后经反复思考，总觉得理解不够准确，反复斟酌后，还是倾向于将其处理成“defiance of destiny”。于此，再请读者仔细解读鉴别之。需要提醒的是，该句中的“商场”决不可翻译成“shop”、“store”之类的。
16. “对人诚恳，做事负责，多结善缘”在汉语中属于主谓或动宾结构的词语，如果按照汉语的思维处理，很容易将其翻译成复杂冗长的分句等，从而大大降低译文的可读性和流利程度。因此，译文中用了“sincere, responsible, and on good terms with others”这样的相对抽象、简明的词语。另请体会译文中“Many a person lends his hand to those”放在句首后达到的表达效果。
17. 请注意译文中对“淡泊明志，随遇而安，不作非分之想，心境安泰，必少许多失意之苦”这节的语序调整和四字词组的翻译。遇上此类问题，重要的是译者要平心静气和信息十足，要相信“功到自然成”。

翻译汉语词语的基本要求

汉译英的质量优劣，首先取决于译词的质量过关与否。只有把译词这一关过好了，才有可能进而推求句子翻译和语篇修整的技巧，才有可能使翻译的整体质量从一开始便得到最大程度的保证。一般说来，翻译汉语词语时要力求满足如下要求：

1. 确切(Exactness)：包括词的轻重、范围、褒贬、语体色彩、政治含义、搭配及同义词、近义词的选择等，如：

1) 和这里的人一样，他也喜欢吃土豆。Like most people here, he likes to eat potatoes.（不是“Like all people here”，因为不可能人人都喜欢吃土豆。）

2) 这个人私贩鸦片。This man is a trafficker of opium.（如果将“私贩”译为“secretly sell”就没有体现原文的贬义，轻重程度也不够。）

3) 别了，司徒雷登 Farewell, Leighton Stuart!（这是毛主席批判美国白皮书的一篇文章的标题，译文选用了“farewell”一词。若用“Goodbye”，则不能表现出原文所具有的特殊语气和轻蔑口吻。）

4) 必须坚持“农林牧副渔相结合”的发展方针。We must stick to the principle of combining farming, forestry, animal husbandry, side occupations and fishery in rural development.（很明显，这里的“农”的词义范围要比“农业”小得多，不能译成“agriculture”。）

5) 这就点燃了武装斗争的燎原之火。This kindled the prairie fire in revolutionary armed struggle.（若把“点燃”译为“lighted”，就显得搭配不当，因为它往往意味着有形的点火，而这里的“点火”明显是比喻意义，而“kindled”一词道出了这个“点火”的真实含义，用得十分到位。）

6) 反动派的暴行激起了人民极大的愤怒。The atrocities of the reactionaries roused the people to great indignation.（若是把“indignation”换成“anger”，词义的强烈度就大大降低了。）

7) 女诗人知道春天就要到了，因为她看到了一些燕子。The poetess knew spring was coming, for she saw some swallows.（这里的“因为”不宜翻译成“because”。“for”主要用于解释前一句所说的话，起补充交代作用，比用“because”的语气要轻得多，后者用于表示强烈或必然的因果关系。）

2. 简洁（Conciseness）：包括去掉可有可无的词、不言自明的词、空泛虚夸的词等。

1) 我们的目的，一定能够达到。Our goal will be attained.（加上“certainly”反倒会减弱语气。）

2) 我们应该大力加快经济改革的步伐。We should accelerate economic reform.（加上“make great efforts”显得多余，因为做事情自然要努力；另外，“accelerate”本来就是“increase the pace of”的意思，所以译文中也不应有“accelerate the pace of”的表述。）

3) 他们你一句，我一句，说个没完。They talked on and on.（如果将其翻译成“They took turn to say one word after another, without stop.”不但不够确切达意，而且也显得语义重复。）

4) 吸烟是他的习惯，对他的健康损害很大。Smoking, his habit, has done considerable harm to his health.（如果翻译成“which is his habit”这个定语从句，就显得不够简洁和书面化。）

3. 生动（Vividness）：除了应译出词的基本含义外，还要译出它的分量、感情色彩、使用场合以及它所包含的特殊气氛等。

1) 这种论点目前还有一定的市场。This argument has some appeal at present.（没有用“market”，而用“appeal”，真可谓一语中的，生动地表达了原意。）
2) 他儿子当时还是一个小不点儿。His son was only knee-high to a grasshopper.（如果译为“only a little boy”就显得很平淡，无生动形象感。）
3) 他总算把记者招待会对付过去了。After all, he survived the press conference.（“survive”一词，有“好不容易熬到头”的意味，把他在记者招待会上的不安、被动状态乃至窘态表现得淋漓尽致，如果用“deal with”则达不到如此效果。）

谈到“生动”，笔者不禁想起2009年夏天为重庆科技馆翻译展馆介绍时的一段插曲：在展馆中，有个名为“暴风体验”的展区，介绍的是风的成因，以及暴风(风力达到10级以上)的威力如何如何强大等。为了让游客们直观感受暴风的威力，允许他们可以按照操作说明亲身体验一下。于是，在展区的正上方，豁然挂着四个大字：“暴风体验”。笔者当时面对这个标题时，第一反应就觉得将其翻译成“Storm Experience”有些不妥，不足以符合语境需要。我想，这个标题应该具有足够的呼唤功能，应该激发游客们积极应对挑战的心理，让他们有一种跃跃欲试的冲动，于是，我的最终译法是“Storm Survival”。窃以为，这个译文非但因顾及了前述理由而显得生动有趣，而且还能达到“押头韵”的修辞效果。有意思的是，科技馆开馆的当天晚上，重庆电视台新闻联播居然给了这两个字一个特写镜头，难道是英雄所见？

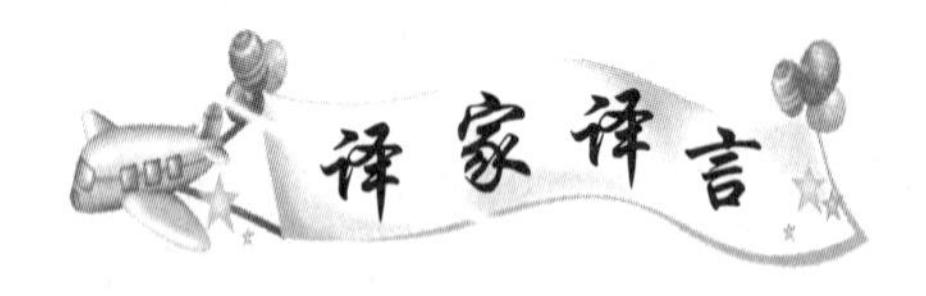

泰特勒的“翻译三原则”

英国翻译家泰特勒（A. F. Tytler）在其于1790年所作的*Essay on the Principles of Translation*（《论翻译的原则》）一书中，提出了著名的翻译三原则：

- 译作应完全复写出原作的思想(The translation should give a complete transcript of the ideas of the original work.)

- 译作的风格和手法应和原作属于同一性质;(The style and manner of writing should be of the same character with that of the original.)
- 译作应具备原作所具有的通顺。(The translation should have all the ease of original composition.)

练　习

一、请将下列校园标语译成英语,注意灵活运用所学知识。

1. 倾听花开的声音,端详树长的足迹。
2. 时代风云,悉收眼底;天下大事,尽在心中。
3. 学习的意义只有一个:即让自己臻于完美。
4. 形象如花朵,品德似花香。
5. 我们创造如诗如画的青春。
6. 文明是校园流动的风景。

二、请为下列各句的译文选择一个最佳单词或短语。

1. 我校目前尚未设博士点。Our university hasn't yet had any doctoral ______.

   A. point　　B. dot　　C. program　　D. position

2. 这所全国重点大学为社会输送了大批的人才。The national key university has ______ batches of qualified ______ for the society.

   A. sent...talent　　B. transferred...students

   C. prepared...graduates　　D. delivered...talent

3. 我们相信用不了多久我们的产品就会走向世界。We believe that it will not be long before our products ______.

   A. leave for the world　　B. go global

   C. walk to the world　　D. go to the world

4. 他吹着口哨沿着海滨漫步。He was ______ as he ______ along the beach.

   A. blowing a whistle...walked　　B. whistling...passed

   C. blowing the whistle...ambled　　D. whistling...sauntered

5. 这个人私贩鸦片。This man ______ opium.

   A. is a trafficker of　　B. secretly deals in

C. secretly sells D. secretly smuggles

6. 这个贫困县年年从省里得到救济粮。Every year this poor county gets ____ from the ______.

A. relief food...province

B. relief grain...province

C. relief material...provincial government

D. grain handouts...provincial authorities

7. 这些工人都是篮球的热心观众。These workers are ______ watchers of ______.

A. warmhearted...basketball

B. warmhearted...basketball players

C. enthusiastic...basketball

D. avid...basketball matches

8. 月亮从一朵云彩后露出脸来。The moon ______ from behind a cloud.

A. bared its face B. appeared

C. poked out its face D. peered out

9. 我走在厚厚的地毯上,一点脚步声也听不到。The thick carpet ______ the sound of my footsteps.

A. made me unable to hear B. made it impossible for me to hear

C. killed D. was so fine that I couldn't hear

10. 无人喜欢失望,但是,失望却是经常发生的事情。Disappointments are unwelcome, but ______.

A. they often happen to people

B. they are things which happen frequently

C. regular visitors to everyone's life

D. disappointments often occur

三、请将下列谚语译成英语,并请加强此类知识的储备。

1. 病从口入。
2. 穷在闹市无人问,富在深山有远亲。
3. 欲加之罪,何患无辞。
4. 小心驶得万年船。
5. 穷则思变。
6. 死得其所,流芳百世。

7. 察其人，观其友。
8. 少壮不努力，老大徒伤悲。
9. 君子之交淡如水。
10. 站着说话不腰疼。

四、请将下列毛主席语录译成英语，注意灵活运用所学知识。

1. 解决人民内部矛盾，不能用咒骂，也不能用拳头，更不能用刀枪，只能用讨论的方法，说理的方法，批评和自我批评的方法，一句话，只能用民主的方法，让群众讲话的方法。
2. “精兵简政”。讲话、演说、写文章和写决议案，都应当简明扼要。会议也不要开得太长。
3. 人民，只有人民，才是创造世界历史的动力。
4. 一切所有号称强大的反动派统统不过是纸老虎。
5. 在阶级社会中，每一个人都在一定的阶级地位中生活，各种思想无不打上阶级的烙印。

第十五课

品牌意识

品牌常被认为是西方广告业发展的产物，然而，最早的"品牌"可追溯到中国和埃及的早期文明。数千年前中国制造的陶器上面就有陶器艺人留下的符号或印记，古埃及的壁画上也有身上印有标记的牲畜，这些可能就是历史上最初的"品牌"。

时过境迁，如今美国人有"卡迪拉克"，日本人有"丰田"，德国人有"奔驰"，他们都以自己拥有的优质名牌而骄傲。中国的民族品牌与世界级品牌相比相形失色，这就是我们不可否认、必须面对的现实。随着品牌全球化的到来，国际竞争国内化，洋品牌不断向中国的市场发起攻击。在这种情况下，我们必须回答的一个问题便是：中国品牌如何才能迎战洋品牌呢？

我国的许多企业一心只想抢滩国际市场，只顾迈向大都市，看似风光无限，其实很不明智。我们应该看到，中国已成为全球最大的开发市场，中国有13亿人口，占世界人口的20%，消费支出的增长速度比任何一个发达国家都快。我国的本土市场才是民族品牌发展的真正机会，尤其是拥有9亿人口的农村市场。也正因为如此，许多国外强势品牌都在千方百计围绕中国农村市场大做文章。

品质是品牌的生命，消费者总是以良好质量的产品为选择对象。中国企业的产品质量忽上忽下，国人难以建立信心，严重影响了品牌的塑造。因此，对于立志迎战洋品牌的民族品牌来说，当务之急就是提升自己的产品品质。企业必须清楚地认识到，产品1%的缺陷，对于买到产品的消费者来说，就是100%的损失。只有创造出超越洋品牌的产品品质，民族品牌才能在竞争中立于不败之地。

Reference Version:

Brand Awareness

Brand is generally regarded as a result of western advertising industry. However, the earliest brand can be traced back to the early stages of ancient China and Egypt. In China, the porcelain of thousands of years ago shows signs or marks left by the craftsmen, and the frescos of ancient Egypt bear animals with marks imprinted on their bodies. Possibly, all these findings are the earliest brands in the human history.

But time sees the change. Today, Americans, Japanese and Germans all take pride in their respective famous brand Cadillac, Toyota or Mercedes. Undeniably, China must face the fact that the Chinese domestic brands are eclipsed by the world-famous foreign brands. With the globalization of brands, international competition is more and more prevalent within the territory of a certain country. As a result, foreign brands are launching their attacks into the Chinese market every day. In such a situation, we have to answer such a question as "How can the Chinese brands stand firm before the challenge of foreign brands?"

In China, many enterprises tend to go all out for gaining a foothold in the overseas markets, and even they only consider some metropolitan markets. Seemingly, they are very successful, but indeed their efforts are very insensible. We should realize that China has become the largest profitable market in the world. With a population of 1.3 billion, 20% of the world's total, China ranks ahead of any developed country in terms of the increase rate of consumption. The home market, especially the rural markets open to a population of 900,000,000, provides the real opportunity for the development of domestic brands. Due to all the above, many foreign competitive brands are exhausting their wits to take the best advantage of the rural markets of China.

Quality is the life of a brand. Customers always choose products of high quality. Pitifully, the quality of the Chinese products experiences occasional fluctuations, which makes the Chinese have little faith in the products and also greatly harms the popularization of a brand. Therefore, for the domestic brands which are determined to embrace the challenge of foreign brands, the urgent task is to improve the quality of their products. The manufacturers must be clear that a 1% defect of the product is a 100% loss to the customer. Only when the quality of domestic brands is higher than that of their competitors, can they remain invincible.

译注：

1. “早期文明”中的“文明”在这里是不需要翻译的。
2. 之所以我们知道“数千年前中国的陶器和古埃及的壁画是什么样子的”，是因为后来或现在的考古发现，说明时至今日，还有相应的实物存在。所以，原文第一段的最后一句在翻译成英语时，最好用现在时态，这样一来，“数千年”前就应该处理成定语，而不是状语。
3. 为了更好地转承上文，在翻译“时过境迁”时，最好在前面加上“But”一词。
4. 在很多汉英词典里，“时过境迁”一般都译成“Circumstances change with the passage of time”之类的，但若直接放在该译文里，恐怕稍嫌拖泥带水，不及“time sees the change”来得简明、利索。
5. 为了避免繁复，对“如今美国人有‘卡迪拉克’，日本人有‘丰田’，德国人有‘奔驰’，他们都以自己拥有的优质名牌而骄傲”这句的处理，完全应该综合考虑，采用“合译”的方法。
6. 不要一见到“与……相比”，动不动就翻译成“compared with”这样的俗套用语。这里用的“be eclipsed by”就已经彰显了“与……相比”的含义，而且有很好的修辞效果。
7. 注意“品牌全球化的到来，国际竞争国内化”在这里不是并列关系，而是一种隐含的因果关系。而“洋品牌不断向中国的市场发起攻击”更是基于前面提到的大背景。所以，翻译成英语时，最好处理成两句。而“国际竞争国内化”的意义表述需要做到明确和避免歧义。
8. 翻译“我国的许多企业一心只想抢滩国际市场，只顾迈向大都市”这节时，增添“tend to”来作谓语动词，效果会更好。另外，有个理解问题，那就是“只顾迈向大都市”是紧承“抢滩国际市场”的，它的逻辑主语是“企业”，而非我们日常心目中的“某一城市”。
9. “开发市场”在这里若翻译成“development market”，恐怕意义不够明朗。就整个句子来看，“开发”是可以不翻的。若真要译出，那就首先要理解过关。在这里，“开发市场”的确切意义是“值得开发的市场”，再进一步思考，“值得开发的市场”当然就是

"profitable market"。

10. 翻译"中国有13亿人口，占世界人口的20%，消费支出的增长速度比任何一个发达国家都快"这句时，为使句义关联度体现得清晰明了和整个句子显得紧凑、简练，前面用了介词短语，这样一来，主语就不能是"消费支出增长率"，而应是"China"。这再次说明了，英语句子对"形合"的要求非常严格。
11. 把"……市场是……机会"翻译成英语"The ...market is an opportunity for ..."是行不通的，这里的"是"要翻译成"provides"。
12. 请注意对"围绕中国农村市场大做文章"的透彻理解，切忌译文表达在字面上盲目顺从原文，而让译文语义含混不清、不知所云。
13. 结合上下文，最好在"中国企业的产品质量忽上忽下，国人难以建立信心，严重影响了品牌的塑造"对应的译文前面增添"Pitifully"一词来表示一定的转折含义。
14. "品牌的塑造"在这里的意思是"品牌的推广"，翻译成"the popularization of a brand"比"the establishment of a brand"合理些。
15. 在翻译原文最后一段里的两个百分比时，切莫把它们分别拿来作主语和表语，这里，若是翻译成"1% of the defects of the product is 100% of the loss to the customer"，那就错了。正确的译法是用"defect"和"loss"来分别作英语句子的主语和表语，而把两个百分比拿来作定语。另外，在译文里的两个百分比前，务必加上不定冠词。
16. 原文最后一句翻译成英语时，由于句首有"Only when"引导的状语从句，后面的主句要用倒装语序。另外，在译文的结构和用语上，最好做到简练。

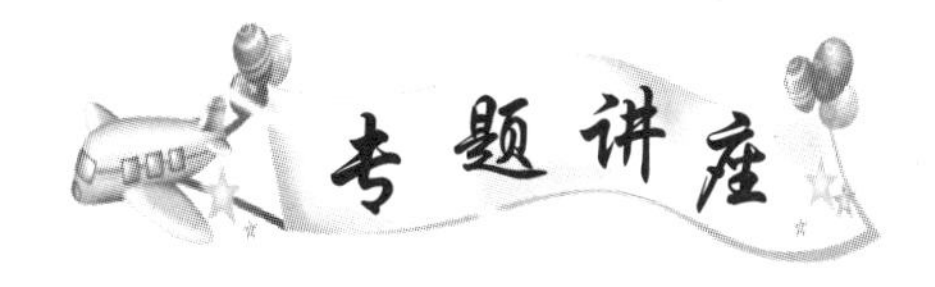

译文优劣判断

我们都知道，同样一个意思的表达，我们可以有不同的语言表达方式。但无论如何，几种表达方式放在一起，总有高低优劣之分。在翻译中，同样一个原文，不同的译者也会有不同的译法，即便是同一个译者，也会想到多种处理方式。面对各种不同的译文，我们究竟该做何选择呢？或者，我们怎么去鉴别不同译文的优劣呢？

一般说来，如果是面对别人的译文，可以从以下几个步骤去考察：一、首先排除有错误的译文（包括理解错误、表达错误、语法错误、句法错误等）；二、基本可排除第一个闪现在脑海里的译文；三、基本可排除表现形式大同小异的几个译文；四、基本可排除逐字对译的译文；五、深入解读、挖掘原文，重点品读未经排除的所有译文，特别重视想不到的译文，反复逐一比对原文和译文，特别重视细微之处的差异；六、在确定有多个译文同时说得通的情况下，重视译文的整体效果，如逻辑性、语言表现力、语言档次及其语境适用程度、层次感、主次关系、句式结构、通顺度、简洁度、地道感、衔接性等等。

如果是自己的多种无语言、语法瑕疵的译文，那就重点考察上述第六点提到的方方面面的内容，经过认真筛选之后，一般会找到一个力所能及的最好的表达方式。下面，我们就通过一些译例来具体讲解如何鉴别不同译文的优劣。

1. 他昨天擦破了皮，现在到医院换药去了。

A. He had a scratch yesterday and now has gone to the hospital to change medicine.

B. He had a scratch yesterday and now has gone to change dressings in the hospital.

C. He broke his skin yesterday and now has gone to the hospital to replace medicine.

该题的最佳答案是B，因为译文A与C中的“medicine”都属于选词不当，显得不够具体、确切。这里的药明显不是“口服药”，而是“外用药”。另外，译文C里面的“broke his skin”既不地道，也有歧义，好像是说他整个皮肤都破了；另外“replace”一词也是用得不合适的。

2. 佃农家庭的生活自然是很艰苦的。可是由于母亲的聪明能干，却舒服。

A. The life of a tenant farmer’s family was of course hard, but we somehow managed to scrape along because Mother was a clever and able woman.

B. Naturally, the life of a tenant farmer’s family was hard, but because Mother is clever and competent, it was comfortable.

C. The life of a tenant farmer’s family was of course hard, but it was somehow comfortable because Mother was a clever and able woman.

上题的最佳答案是A，因为既说生活很艰苦，当然也就没“comfortable”可言，另外，译文B中的“competent”是表示有“竞争力的”，用在这里明显不合适。译文A里的“scrape along”表示的是“勉强过得下去”的意思，用在这里比较符合语境需要。

3. 自周秦以来，中国是一个封建社会，其政治是封建的政治，其经济是封建的经济。

A. From the Zhou and Qin Dynasties onwards, China was a feudal society, its politics was feudal politics and its economy was feudal economy.

B. From the Zhou and Qin Dynasties onwards, Chinese society was feudal, as were its politics and its economy.

C. From the Zhou and Qin Dynasties onwards, Chinese society was feudal. Its politics was feudal and its economy was feudal, too.

本题最佳答案为B。译文A是典型的逐字翻译，表述跟汉语一样，显得重复，而且说中国是"a feudal society"在英语中也是说不过去的,中国是国家,不是"society"。同样译文C也显得表达累赘,而译文B的句型显得灵活、轻盈、自然多了。

4. 我们应该按照公认的国际规则,本着互谅互让的精神,通过对话协商,共同寻求解决分歧之道。

A. We should work together to explore ways to resolve disagreements through dialogue and consultation in accordance with internationally recognized principles and in the spirit of mutual understanding and accommodation.

B. We should obey the internationally recognized principles and bear in mind the spirit of mutual understanding and accommodation to explore ways to solve disagreements through dialogue and consultation.

C. We should obey the internationally recognized principles and be based on the spirit of mutual understanding and compromise, so as to explore ways to settle disagreements through dialogue and consultation.

本题的最佳选择是A。这是一个典型的需要调整句序的译例。因为,不管是说一千还是道一万,寻求解决分歧之道才是我们的出发点和落脚点,因此,译文有必要以一个松散句的形式来突出这部分内容。而译文B和C几乎都是顺序翻译,显得有点本末倒置,还有就是译文C里的"be based on"也是与主语"we"不搭调的。

5. 邓小平的经济思想给中国改革开放一股巨大的推动力,为中国改革开放做出了历史贡献。

A. Deng Xiaoping's economic thought has given huge impetus to Chinese reform and opening-up and made a historical contribution in this regard.

B. Deng Xiaoping's economic thought, giving huge impetus to Chinese reform and opening-up, is a historical contribution in this regard.

C. Deng Xiaoping's economic thought has given huge impetus to the reform and opening-up of China, thus making a historical contribution in this regard.

上题的最佳选择是B。译文A看似很忠实于原文,其实是一个有点Chinglish的译文。按照英语的逻辑思维,"thought"是不可能做出贡献的,真正做贡献的应当是人才对,另外前后之间简单地处理成并列关系也稍嫌不妥。译文C刚好是把原文前后两截的主次关系颠倒了,当然也犯了与A一样的中式英语的错误。译文B最大的亮点就是"is"一词的灵活选用。

6. 这个国家规定:偷税漏税要处以罚款及至判刑。

A. This country has stipulated that tax stealing and evading is fined and sentenced to imprisonment.

B. This country has decided that those who steal or evade taxation will be fined or put into prison.

C. According to law in this country, tax cheats will mean fines or jail terms.

本题只有一个正确译法，那就是C。译文A是一种典型的中式英语，一点都经不起逻辑分析。照理说，“fine”和“sentence”的对象都应是“偷税漏税的人”，而这里居然成了“tax stealing and evading”这种行为；还有，“偷”这里是不能想当然地译成“steal”的。译文B中的“steal or evade taxation”也是一种错误搭配。译文C的处理方式，看得出译者真正理解了原文。

7. 这些工人都是篮球的热心观众。

A. These workers are avid watchers of basketball matches.

B. These workers are enthusiastic watchers of basketball.

C. These workers are warmhearted watchers of basketball.

应该说，该题的正确译法只有A。因为，B和C的最大问题在于译者没有真正理解原文中的“篮球”。试想，谁会那么无聊去盯着“篮球”这个不说话的东西看呢？所以，工人们观看的肯定是“篮球比赛”了。另外，“热心(的)”翻译成“warmhearted”也是典型的理解错误所致。这里的“热心(的)”不是与“冷血(的)”相对的，而是“很有兴致、很热衷”的意思。

8. 利润可能下降，但赞助活动仍方兴未艾。

A. Profits may be falling, but sponsorship lives.

B. Profits may be falling, but the activities of sponsorship are just unfolding.

C. Although profits may be falling, the activities of sponsorship are still in the ascendant.

本题的最佳选择是A。译文B和C都机械地将原文中的“活动”翻译成了“activities”，这是很不符合英语的表达习惯的。在英语中“sponsorship”本来就可以表示具体的赞助行为或活动。要知道，汉英翻译时，很多诸如“现象”、“活动”、“状况”、“问题”之类的范畴词是需要在译文中省译的。另外，译文B和C对“方兴未艾”的处理与原文的本义也有一点距离。此处应理解为：尽管情况不妙，还是有个人或商家愿意赞助，所以A里的“lives”算是比较妥帖的处理方式。

9. 几天工夫，由于抢购，商店的货物销售一空。

A. Within days, all the goods in the store were sold out due to the purchase rush.

B. Within days, panic buying emptied store shelves.

C. With an effort of just a few days, all the goods in the store became empty because of the rush for buying.

该题的最佳选择是B。首先,C是典型的理解错误,译者把"工夫"当"功夫"了,而后面的"became empty"也是不能与主语"all the goods"搭配的。译文A虽说没有什么明显的问题,但相较B,就显得在表达上逊人一筹了。译文B可算是精华的浓缩,巧妙地再现了原文的因果关系。

10. 可能没有其他地方会比一月份的哈尔滨更寒冷彻骨,但这并不意味着人们会因此只呆在家里不出门。

A. Perhaps no other place is colder than Harbin in January, bit it does not mean that people will stay at home because of that.

B. Perhaps no other place equals or exceeds Harbin in terms of the bone-cutting cold in January. But it does not mean that people here have to be confined to their homes all day.

C. Perhaps Harbin is the coldest place of the world in January, but it does not mean that people will therefore stay at home.

不难看出,上题的最佳答案应是B,因为首先A与C的表达都未把"寒冷彻骨"的意味传达出来,而且整个句式表达显得比较守旧且意义不够确切,而B整个译文意义表述更明晰、准确、语言档次得到了提升,不致显得俗套。

11. 这是一座奇特而又美丽的城市。// 山,巍峨;水,鲜活;夜,流光溢彩;城,朝气蓬勃。

A. This is a peculiar and beautiful city. // The mountains are lofty, the water is fresh and dynamic, the night view is colorful, and the city itself is energetic.

B. This is a peculiar and beautiful city. // This city boasts lofty mountains, rushing rivers, kaleidoscopic night view and teems with vigor and vitality.

C. In this peculiar and beautiful city, the mountains are lofty, the water is fresh and alive, the night view is colorful, and the city itself is vigorous.

比较而言,上题的最佳选择应是B,因为首先A与C里面都有理解和表达的问题,主要体现在对"水,鲜活"的处理上,很明显,这里的"水"应指"江河";其次,原句用了双斜线将前后两个分句隔开是因为在原文中他们分属两段,所以C开头的处理方式也是不妥的。而译文B的整体句式结构简洁、轻松得多,最重要的是后句译文的主语很好地呼应、顺承了前句,让整个表达有话题中心可言,选词也要确切些,"rushing rivers"、" kaleidoscopic night view"和" vigor and vitality"也有较好的修辞效果。

12. 他说的大意是我们都应该为环保事业做出贡献。

A. The general meaning of his words is that we should contribute to the cause of environmental protection.

B. He spoke to the effect that we should all make our contribution to environmental protection.

C. He roughly meant that we should all make our contribution for environmental protection.

上题的最佳答案也是B，首先A里的“the cause of”是多余的词语，而译文C误用了介词“for”，B不仅没有语言瑕疵，也在句式上远比其他两个高级、地道一些。

13. 他们的婚姻是“老夫少妇”式的婚姻，最后吵得一塌糊涂，以离婚而告终。

A. Their marriage was one of old husband and young wife, and eventually they resulted in so stormy a quarrel that their marriage ended in divorce.

B. It was a marriage between an old man and a young woman. That's why they ended in divorce after repeated stormy quarrels.

C. Their “May-December” marriage ended in a stormy divorce.

本题的最佳答案是C，因为译文A后半句的意思是“他们只大吵了一次就离婚了”，这不怎么符合情理与事实；而译文B用“That's why”来表达就未免显得太绝对了，毕竟现实生活中，也有很多“红颜白发”而相伴一生的老夫少妻。译文C的表达显得灵活有趣，有一种生动、诙谐感，而且也简洁、明快。

14. 要使中国的贸易体制与现行的国际贸易体制接轨。

A. We should bring China's trade system in line with that internationally prevailing.

B. We should connect China's trade system with that internationally prevailing.

C. We should link the rail of China's trade system with the prevailing trade system of the world.

上题的最佳答案应是A，译文B的“connect”一般是“有形的连接、链接”的意思，而译文C里的“rail”是典型的死扣汉语表达的结果，在译文里显得不知所云，并且“link”一词表示“联接、联系”的意思，用在这里也不准确，而译文A里的“bring ... in line with”表示的是“路线一致、操作方法一致、原则一致”等意思，既准确，也地道。

15. 世界上每五个人中有一个喝不到生存必需的清洁饮水，每五人中约有二人没有健康所必要的公共卫生条件，还有几亿人食不果腹。

A. There are one in five people around the world who lacks access to clean water, a necessity of life. There are nearly two out of five people who live without adequate sanitation, a necessity for good health. There are hundreds of millions of people do not have enough to eat.

B. One in five people around the world lack access to clean water, a necessity of life. Nearly two out of five people live without adequate sanitation, a necessity for good health. Hundreds of millions of people do not have enough to eat.

C. Around the world, one in five people cannot drink clean water, a necessity of life; nearly two out of five are living without adequate sanitation which is very important for good health and hundreds of millions short of food.

本题的最佳答案是B。首先,译文A里的“There be”结构让整个句子表达显得复杂化了,而其译文里的最后一个分句更是一种语法结构错误。顺便指出的是:一见到“有”就翻译成“There is/are”,这是很多人的通病。其次,译文C里前后几个分句的表现形式各不相同,这也不符合英语表达注重前后参照的思维习惯,另外,“which”引导的定语从句也显得冗长。而译文B的表达总体上说具备思维的连贯性,表达的简洁性。

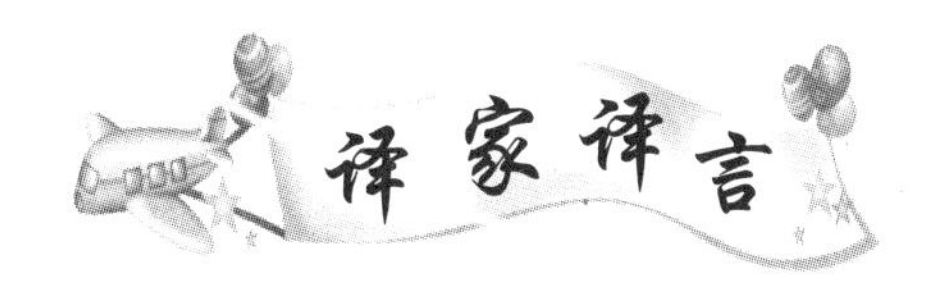

杨宪益

杨宪益(1915—2009),天津人,祖籍安徽省泗州。1936年,在只用了5个月学习希腊文和拉丁文后,顺利考取英国牛津大学,与文学名家梁实秋同学。从留学开始,他就热衷于把中国的古典文学译成英文,陆续把《楚辞》、《聊斋志异》、《老残游记》及部分《资治通鉴》等介绍到了国外,推动中国古典文学走向世界。24岁时,他一口气把《离骚》按照英国18世纪的英雄双行体的格式翻译了出来。1940年回国任重庆大学副教授。1941年至1942年任贵州贵阳师范学院英语系主任,1942年至1943年任成都光华大学教授,1943年后在重庆北碚及南京任编译馆编纂。

1940年他与英国一位传教士的女儿戴乃迭(Gladys Margaret Tayler)订婚并共同返回中国。戴乃迭是当年杨宪益留学时的同窗,两人在生活、情致和事业上志趣相投,相互赏识,终于喜结连理。日后共同从事翻译工作,可谓珠联璧合,实乃译界的一对神仙眷侣。

杨先生译作丰硕,中译英著作主要有《离骚》、《红楼梦》、《儒林外史》、《长生殿》、《牡丹亭》、《宋元话本选》、《唐宋诗歌散文选》、《魏晋南北朝小说选》、《十五贯》、《鲁迅选集》等等。他是把《史记》推向西方世界的第一人;他翻译的《鲁迅选集》是外国的高校教学研究通常采用的蓝本;与夫人合作翻译的三卷本《红楼梦》,和英国两位汉学家合译的五卷本(译名《石头记》)一并成为西方世界最认可的《红楼梦》译本……1982年,杨宪益发起并主持了旨在弥补西方对中国文学了解的空白"熊猫丛书"系列,重新打开了中国文学对外沟通的窗口。这套丛书里,既有《诗经》、《聊斋志异》、《西游记》、《三国演义》、《镜花缘》等中国古典文学经典,也收录了《芙蓉镇》、《沉重的翅膀》以及巴金、沈从文、孙犁、新凤霞、王蒙等人的中国现当代文学作品。

2009年9月,中国翻译家协会授予杨宪益翻译文化终身成就奖。该奖项于2006年设立,是表彰翻译家个人的最高荣誉奖项。杨宪益是继季羡林后获得该奖项的第二位翻译家。有人说他"几乎翻译了整个中国"。

中国拥有诸多外国文学翻译名家,比如林纾、鲁迅、周作人、傅雷、季羡林、王道乾,他们的存在,为"外译中"的历史研究提供了一串长长的名单。与"外译中"的阵容相比,"中译外"显然要势单力薄很多,尤其像杨宪益这样堪称翻译界国宝级的人物,更是为数甚少。他的可贵之处在于,用自己在中西方文化方面的博学,打通了两种语言的障碍,为将中国古典名著尽可能原汁原味地介绍到国外,作出了不可磨灭的贡献。

杨宪益的翻译观是超前的,有研究者认为,杨宪益倾向于文化翻译观,即翻译行为不再是一种单纯的语言转换活动,而是一种以文化移植为目的的跨文化活动。杨宪益早在20世纪50年代就用他的行动,把他的事业定义在了文化输出而非语言转换的更高层面上。杨宪益的翻译思想也是既轻灵又厚重的。轻灵一面体现在对于中国古典名著的举重若轻,在他看来,"似乎没有什么是不可以翻译的",前提是要自己看得懂,在此基础上再想方设法怎么让陌生的读者也看得懂,就是这两个"看得懂",就令多少有志在翻译界一试身手的人头疼不已,但杨宪益用他的扎实功底、超然的学术和人生态度,轻松解决了这个问题;厚重一面在于:他在翻译过程中不仅注重消弭文化差异带来的理解偏差,还注重让历史原因、社会元素和心理感受参与到翻译过程中去,因而他的译作,很大程度上具备了语言表达和情感表达的双重分量。

一、请翻译下列常用经济生活词汇,注意加强此类词语的积累和记忆。

1. 畅销货
2. 国际品牌
3. 国内知名度
4. 品牌潜力
5. 品质优良
6. 生意兴隆
7. 规格
8. 通融
9. 售后服务
10. 要求索赔
11. 受理索赔
12. 脱销
13. 专卖店
14. 主打品牌
15. 滞销货
16. 消费市场
17. 完好无损
18. 流通渠道

19. 管理技术　　　　20. 供货能力

二、请为下列各句选择最佳译文。

1. 富华家具带给您典雅的欧陆风情。

A. You will be enchanted by the unique European amorous feelings of Fuhua furniture.

B. Fuhua furniture will give you a graceful continental flavor of Europe.

C. You will be enchanted by the unique European style of Fuhua furniture.

2. 轻纺工业产品的花色品种增多,质量继续有所提高。

A. The designs and variety of light industrial and textile products have increased and their quality has continued to improve.

B. Light industry and textile products are now available in better designs and quality and richer variety.

C. There is an increase of the designs and variety of light industrial products and a continued improvement of their quality.

3. 上海近几年发生的巨大变化,赢得全世界人民的赞叹。

A. The great changes of recent years in Shanghai have won admiration from people all over the world.

B. The great strides of Shanghai in recent years have drawn praises from people all over the world.

C. Shanghai has won admiration from people all over the world due to its great changes of recent years.

4. 在我们这个时代,任何人想要在社会上起作用,就必须接受必要的教育。

A. In our times, substantial education is indispensable for anyone to play his role in society.

B. In our times, anyone in hope of playing his role in society has to accept necessary education.

C. In our times, anyone who wants to play his role in society must receive substantial education.

5. 在零售和烹调行业方面,家办企业的买卖完全超过了国家办的。

A. In the retail and catering sectors, household operations have completely out-marketed the state.

B. In the retail and catering sectors, the business of household operations has surpassed that of the state.

C. In the retail and catering sectors, the dealings of household enterprises have completely gone beyond that of the state enterprises.

6. 我厂生产的112升和145升电冰箱，造型美观，质量可靠，噪音小，耗电少，使用方便安全。

A. The model-112 and model-145 refrigerators produced by our factory are graceful in style, reliable in quality, low in noise, little in power consumption, convenient and safe in use.

B. The refrigerators of 112 and 145 liters manufactured by our plant are noted for their graceful styles, reliable quality, low noise, low power consumption, easy operation and safety.

C. Our plant manufactures refrigerators of 112 and 145 whose model is graceful, quality reliable, noise low, power consumption little, use convenient and safety great.

7. 港内水域宽阔，水深浪静，万吨轮船通行无阻，5万吨轮船可以乘潮自由进出。

A. The inner harbor has a vast, deep and calm expanse of seawater. Ships of 10,000 tons can pass without any obstruction and 50,000-ton ships can enter or leave with the flood tide at will.

B. In the harbor where the seawater is broad, wide, calm and deep, vessels of 10,000 tons can pass without any obstacle and 50,000-ton freighters can go in or out with the flood tide very freely.

C. In its inner harbor, the broad and wide seawater is calm and deep. Vessels of 10,000 tons can enter or leave the port with ease and 50,000-ton freighters can call at or depart from the port with the flood tide.

8. 我们的企业一般不重视经济效益，广泛存在着劳动无定员，生产无定额，质量无检查，成本无核算的现象，造成人力、物力、财力的很大浪费。

A. Our enterprises do not usually put much emphasis on their economic efficiency. There exists an extensive phenomenon of no fixed workers for a job, no fixed quota for production, no check of quality, no verification of costs, which causes a big waste of manpower, material strength and financial power.

B. Usually, our enterprises do not emphasize their economic profits. The number of workers needed for a job is not fixed. Production quota is not fixed. The quality of products is not checked. The cost is not accounted. All these phenomena have already led to a big waste of man strength, material and money.

C. Our enterprises, in general, pay little attention to their economic returns. The number of workers needed for a job is not fixed. Production quota is not fixed. The quality of products is not checked and cost accounting is not earnestly practiced. All these Nots have already incurred a big waste of manpower, material resources and money.

9. 人们的健康与空气的优劣有关，而空气的优劣又与森林的多少有关。

A. Man's health is closely related to the quality of the air, which in turn is decided by the size of forests.

B. Man's health has something to do with the goodness or badness of the air, and the latter has much to do with the amount of forests.

C. Man's health has some relationship with the quality of the air, and the quality of the air is linked to the number of forests.

10. 如果资本主义在港台得不到保障，那里的繁荣与稳定就不能维持，和平解决问题也就不可能了。

A. If capitalism cannot be secured in Hong Kong and Taiwan, prosperity and stability there will not be kept and a peaceful solution to issues will be impossible.

B. If a capitalism society is not guaranteed in Hong Kong and Taiwan, prosperity and stability cannot continue there, and it is ever more impossible to settle issues in a peaceful way.

C. If the capitalist system is not guaranteed in Hong Kong and Taiwan, prosperity and stability there cannot be maintained and a peaceful settlement will become impossible.

三、请按括号里的具体要求将下列句子译成英语。

1. 我认为资金的问题是我们目前最大的困难。(用插入语)
2. 地球的周围是一层厚度莫测的空气。(用倒装句)
3. 她虽然年纪大了，可腿脚灵便、耳聪目明。(用系表结构的简单句)
4. 年轻人顶着风，冒着雨，出去骑马。(用一个动词)
5. 他在报上说这场罢工不好。(用被动式)
6. 水积不厚，无以负舟。(用简单句)
7. 古今中外，这种情况概莫能外。(用“There be”结构)
8. 我看当然像这么回事。(用“It”作主语)

9. 那时我激动得说不出话来。(用"excitement"作主语)

10. 我一时记不起他的名字了。(用"name" 作主语的肯定句)

四、请将下列短文译成英语,注意灵活运用所学知识。

起死回生的十二个字

在北方的某个城市里,一家海洋馆开张了,50元一张的门票,令那些想去参观的人望而却步。海洋馆开馆一年,简直门可罗雀。

最后,急于用钱的投资商以"跳楼价"把海洋馆脱手,洒泪回了南方。新主人入主海洋馆后,在电视和报纸上打广告,征求能使海洋馆起死回生的金点子。

一天,一个女教师来到海洋馆,她对经理说她可以让海洋馆的生意好起来。按照她的做法,一个月后,来海洋馆参观的人天天爆满,这些人当中有三分之一是儿童,三分之二则是带着孩子的父母。三个月后,亏本的海洋馆开始盈利了。

海洋馆打出的广告内容很简单,只有12个字:儿童到海洋馆参观一律免费。

第十六课

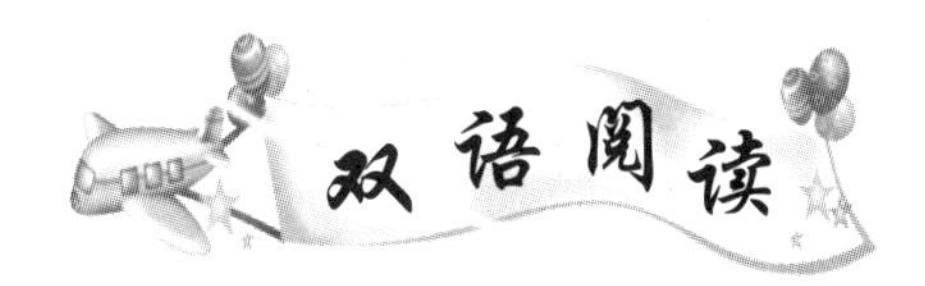

亚洲褐云

由于环境污染严重，如今亚洲南部的上空笼罩着污浊不堪的空气层，被称作“亚洲褐云”。科学家警告说这种情况将造成亚洲地区上百万人丧生，同时还会对全世界的环境造成威胁。

在这次大规模的研究中，200位科学家提出警告，认为这朵厚达三公里的“亚洲褐云”正是导致每年成千上万人死于呼吸道疾病的真正“杀手”。

科学家们说，这层令人窒息的烟雾阻挡住了10%到15%射向地面的阳光，而且业已改变了南亚地区的气候，使得地面温度下降而大气温度升高。

联合国环境署主席克劳斯·特普费尔8月11日在伦敦一个新闻发布会上说：“全世界范围内的环境污染已经初见端倪，仅仅亚洲上空这一片三公里厚的乌云，就可以在一周之内迅速蔓延，笼罩半个地球。”

8月26日将要在南非约翰内斯堡召开地球首脑会议，届时与会各国将共同商讨如何为我们生活的星球“减负”。联合国的初步环境调查报告将于大会召开前三周提交。

全球风声鹤唳

印度国家物理实验室称，如今这片污浊的烟雾已经蔓延到了世界其他地区，包括美洲和欧洲，科学家们对这片褐云能够覆盖如此大的范围深感吃惊，此外，还有烟雾里面的黑色碳的含量之高也是让人触目惊心的。

这片烟雾里夹杂着悬浮颗粒、灰尘、煤烟灰和其他污染物。如今这片褐云的覆盖范围早已超出了印度半岛的研究地带，正在向亚洲东部和东南部蔓延。

从前许多科学家认为只有那些较轻的能够引起温室效应的气体，例如二氧化碳，才能够围绕地球游动，但是现在看来带有悬浮颗粒的烟雾也是可以的。

研究发现，除了亚洲大城市中一些污染环境的工业之外，森林大火、植被清除和燃料燃烧对环境同样造成了严重的污染，因而也是这片亚洲褐云形成的原因之一。

这片烟雾中的悬浮颗粒主要是由于燃料的不充分燃烧造成的，因为亚洲许多地区人们还在使用牛粪和煤油作燃料来做饭，这样的燃料往往是不能充分燃烧的。

酸雨横行肆虐

科学家们通过飞船、飞机和卫星发回的1995年到2000年亚洲北部冬季期间的有关气象数据来对亚洲脏雾进行分析研究。研究发现，这片烟雾不仅仅能阻断阳光射入和引起大气层升温，而且还能够引起酸雨，这就对农作物和树木构成了威胁，而且还会对海洋造成污染，对农业造成伤害。

研究报告分析这样的环境污染能够造成印度冬季稻米减产10％。

此外，据报告统计，这片脏雾能够使得巴基斯坦西北部、阿富汗、中国西部和中亚西部的降雨量减少40％。

尽管对脏雾的研究还需要更多的科学数据，但是科学家们认为这片亚洲脏雾对亚洲地区乃至全球的恶劣影响将会在今后的30年内逐渐恶化。

这项研究计划的下一个阶段中，科学家们将从整个亚洲地区收集数据，扩大观测季节和观测地点的范围，并且使用更先进的科技手段。

但是由于污染物的存活时间短，而且能够被雨水冲洗掉，因此科学家们认为，如果亚洲人民在使用燃料的时候能够换用更为有效的方法，例如使用更高级一些的火炉，改用更为清洁的能源等等，这样人类就还能有时间拯救我们的地球。

***Reference Version*:**

Asian Brown Cloud

Due to the aggravation of environmental pollution, over South Asia today hangs a filthy layer of air, which is called "Asian Brown Cloud." Scientists warn that there will be a death toll of about 1,000,000 for Asian people and a great threat to the global environment.

As two hundred scientists devoted to the large-scale research have pointed out, the three-kilometer-in-diameter Asian Brown Cloud is the real killer of thousands of respiratory patients every year.

According to the scientists, the suffocating cloud holds back the penetration of 10—15% sunshine onto the earth and has changed the climate of South Asia, leading to a fall of land temperature and a rise of air temperature there.

Klaus Toepfer, chairman of United Nations Environment Programme, declared on a press conference held in London on August 11, "The global environmental pollution has made a faint appearance. The Asian Brown Cloud alone can spread quickly enough to cover half the earth in just one week."

On the Earth Summit to be held in Johannesburg, South Africa, on August 26, all the participants will discuss the ways to reduce the burden of our planet. The UN's preliminary report on the environmental investigation will be submitted three weeks before the summit.

The Crying Globe

The Indian State Physics Laboratory asserts that the filthy smog has now spread to regions beyond Asia, including America and Europe. Scientists are startled by the reach of the Brown Cloud. In addition, they find the carbon content in the smog is equally appalling.

In the smog is a mixture of floating particles, dust, coal ashes, and other pollutants. Today, the coverage of the Brown Cloud has long been beyond the research belt of the Indian Peninsula, and it is extending into eastern and southeastern Asian regions.

Many scientists believed that only those lighter gases with greenhouse effect, such as carbon dioxide, are able to float around the earth. But now the smog with floating particles is proved to be able to do the same.

The research results show that, apart from some polluting industries in Asian big cities, forest fire, vegetation damage, and fuel combustion have also heavily polluted the environment. Therefore, they are also responsible for the formation of the Brown Cloud.

The floating particles in the smog mainly come from the incomplete combustion of fuel in many Asian countries and regions where people still cook by burning semi-combustible cow droppings and kerosene.

The Devastating Acid Rain

Through a detailed analysis and study of the meteorological data about the winter conditions of north Asia from 1995 to 2000 sent back from spacecrafts, airplanes and satellites, scientists find out that the smog can not only obstruct the penetration of sunshine and cause the rise of air temperature, but also result in the formation of acid rain, which is a threat to crops and trees, a pollutant to oceans, and a great harm to agriculture.

According to the analysis results of the report, such environmental pollution will bring about a 10% reduction to the winter rice output of India.

In addition, the statistics in the report show that the foul smog may cause a 40% precipitation decrease to northwestern Pakistan, Afghanistan, western China and western central Asia.

Though the study of the filthy smog calls for more scientific data, scientists believe that the terrible impact of the Asian Brown Cloud upon Asia and even the globe will go for the worse in the next three decades.

During the next period of the research program, scientists will collect data from whole Asia, make observations in different seasons and at more bases, and resort to more advanced technological means.

Nevertheless, due to the fact that the pollutants in the smog have a short life and can be easily washed away by rainwater, scientists believe that we still have time to rescue our planet as long as all the Asians burn their fuel by more efficient means, such as the use of more advanced stoves and cleaner energy.

译注：

1. “由于环境污染严重”中的“严重”在这里的确切含义为“加重”，所以将其翻译成“Due to the aggravation of environmental pollution”，而不是“Due to the serious environmental pollution”。
2. “科学家警告说这种情况将造成亚洲地区上百万人丧生，同时还会对全世界的环境造成威胁”这句中，有“警告、说、造成、丧生”等多个动词，翻译成英语时，务必要有词性转换意识。否则，译文会显得冗长、别扭。
3. “在这次大规模的研究中”往往会被处理成介词短语作状语，但若进一步思考和努力，把它翻译成“200位科学家”的后置定语会让译语更显自然，表现力会更强。
4. 大可把原文第二自然段里的“提出警告”翻译成“have pointed out”，因为紧随其后的信息本就暗含警示作用。
5. 若把“是导致每年成千上万人死于呼吸道疾病的真正杀手”翻译成“is the real killer which causes thousands of people to die of respiratory diseases every year”，就有比较明显的“翻译腔”，让人觉得废话连连。
6. “科学家们说”，在这里不要翻译成“The scientists said”之类的。另外，要注意译文中“leading to...”这个非谓语动词短语的句法功能以及最后“there”这一增词的必要。
7. 翻译“联合国环境署主席克劳斯·特普费尔8月11日在伦敦一个新闻发布会上说”这节时，首先要注意语序的调整，另外，这里的“说”字不能简单地翻译成“said”，译文中的“declared”一词在这里是选用得比较合适的。还有，翻译名人的名字时，译者最好还是去网上查查，切忌拼写错误或想当然。
8. 注意译文中对“初现端倪”的表达形式。类似于这种四字短语，译者只要理解了，往往会有办法的，无需望而却步。
9. 翻译“仅仅亚洲上空这一片三公里厚的乌云”这节时，完全应该省译“三公里厚的”这一定语，因为前文有所交代了。另外，请注意译文中“enough”一词的作用。
10. 结合上下文，“8月26日将要在南非约翰内斯堡召开地球首脑会议”这节最好不要处理成一个句子，译文这里用介词短语是比较巧妙而得体的。
11. “与会各国”不要翻译成“participating countries”。
12. 要知道“全球风声鹤唳”在这里是文中的小标题，翻译时可别翻译成一个句子。在这里处理成“The Crying Globe”是很符合标题的语体特征的。同样，下文的“酸雨横行肆虐”也应翻译成短语。
13. “已经蔓延到世界其他地区”中的“到世界其他地区”翻译成“to regions beyond Asia”比“to other regions of the world”要好些，前者更能体现译者的语境思维、连贯思维。
14. 用“reach”去翻“覆盖如此大的范围”比用常规的“scope”去译“范围”要省事得多，也更显灵活、巧妙。

15. 翻译“此外,还有烟雾里面的黑色碳的含量之高也是让人触目惊心的”这节时,要考虑该句与前句的衔接关系。考虑到前句译文出现了“Scientists”作主语,所以该句译文宜加上“they find”这样的词语。另外,“之高”与前句的“如此大”在译文中是可以意会的,因此将其省译为好。
16. 注意译文中对“夹杂着”这一动词的词性转换处理方法以及译文中倒装句的整体效果。
17. 注意“如今这片褐云的覆盖范围”这节里的“范围”照样没有翻译成“scope”,而是将“覆盖范围”整个翻译成“coverage”,这也是一种灵活而简明的处理方式。
18. “从前许多科学家认为”这节中的“从前”可以不译,毕竟“believed”一词已有明确的时态标志,况且下一句的译文中还有“now”这样的衔接、参照性词语。
19. “能够引起温室效应的气体”最好不要翻译成带定语从句的结构,这里用“with greenhouse effect”这一介词短语就简要地传达了原文的意思。
20. 要注意“但是现在看来带有悬浮颗粒的烟雾也是可以的”这节中的“看来……也是可以的”这一语义的理解与传达,译文中用“is proved to be able to do the same”应该说是一种确切的表达。
21. 把“研究发现”翻译成“The research finds”是不怎么符合英语的逻辑思维习惯的,请注意本译文中“The research results show”里面的增词技巧和动词“show”的选词。
22. 译文对“因而也是这片亚洲褐云形成的原因之一”这节的处理更显语篇翻译的难度及其对译者的语境意识的要求。一般情况下,“……之一”就翻译成“one of...”,但在这里,明显前面说了“forest fire, vegetation damage, and fuel combustion”好几种污染源,再加上他们在译文前句作主语,因此,译文在这里才巧妙地用了“they are also responsible for ...”去翻译原文中的“……之一”。
23. 译文在翻译“这片烟雾中的悬浮颗粒主要是……往往是不能充分燃烧的”这段时,只用了一个语义完整而关系紧凑的句子。可以说,译文的成功在于译者理清了原文的层次关系,而在翻译“因为……”时,也没有机械地用“because”引起的从句去翻,而是用了一个“where”引出的一个形式上是定语从句,而实质上是在解释原因的从句。另外,在第二次翻译“不能充分燃烧”时,译者选用了“semi-combustible”一词,既是为了简便行文的需要,也是为了避免与前面的思维表达方式雷同或相似。另外,在对“这样的燃料往往是不能充分燃烧的”这节的处理上,其实涉及一个汉语外位语的翻译技巧。很明显,这里用到了省略融合法。
24. 有意思的是,译者将原文中“科学家们通过飞船、飞机和卫星发回的1995年到2000年亚洲北部冬季期间的有关气象数据来对亚洲脏雾进行分析研究”这一长句的内容，在译文中就用了一个较长的介词短语来表达，这样做得目的在于，便于用“scientist”来作主语引出下文。从整体上来说，这更有利于驾驭句子，突出前后分句的语义主次，也比较符合英语的表达方式。

25. “引起酸雨”在翻译时有必要增译“the formation of”。
26. “这就对农作物和树木构成了威胁，而且还会对海洋造成污染，对农业造成伤害。”这节其实也关系到汉语的一个外位语结构。译文中用“which”引导的定语从句去处理，应该说是很合适的。要特别说明的是，原文中的“构成了威胁”、“造成污染”、“造成伤害”一般情况下可能要翻译成动宾短语，而这里的译文却用的是系表结构，特别是“pollutant”这一名词的选用，让译文的并列结构的处理大大地松了一口气。
27. 将“研究报告分析这样的环境污染能够造成印度冬季稻米减产10%”翻译成“The research reports analyzes that ...”在英语里显得主谓搭配没逻辑性可言的。因此，翻译这句时，要注意恰当选用句型和确定主语。
28. “据报告统计”本来可以翻译成“According to the statistics of the report”，但考虑到前面刚刚用了一个“According to...”，这里就改用“the statistics”来作主语，避免了表达形式单一、重复的毛病。
29. 就效果而论，将“尽管对脏雾的研究还需要更多的科学数据”里的“需要”翻译成“calls for”比“needs”要好一些。
30. 若将“扩大观测季节和观测地点的范围”翻译成“expand the observation seasons and the scope of observation spots”是不行的，因为季节本身是不以人的意志为转移的，没法扩大或延长，而具体的观测地点的大小也是一定的，也无法扩大其范围。这就是汉语的特点，说话总是显得不可理喻但又众口一词。译文这里的处理就是译者深刻理解原文本义的结果。
31. 原文最后一段的信息量较大，但只要理清了句内各成分的关系，是完全可以翻译成一个结构合理、语义明晰的英语句子的。需要指出的是，译文中增译了“in the smog”，并将“人类”翻译成了“we”、地球翻译成了“planet”。

新闻及新闻述评的翻译

新闻报刊的翻译对学习翻译的人来说，也是一个重要的课题。一方面，它有别于其他类型的翻译而需要译者特殊的处理技巧和方法，另一方面，它也是译者增长见识、了解时事的重要途径。作为译者，首先得明白新闻文本的词汇特点：偏爱短词、惯用新词、喜欢造词、使用行业用语及外来词、大量使用套语、多用缩略词等，而这些特点在英语中表现得尤其突出。同样，英语新闻文本的句法特点也比汉语表现得更突出一些，主要有句式多样，富有弹性、多直接引语和间接引语、多被动语态、多用现在时、多省略句（这一特点主要见于新闻标题中，被省掉的部分常为冠词、助动词、介词等）。在语篇层次上，新闻报道有其惯用的布局方式：先是标题，接着是导语，然后是正文。标题总是十分简洁，有时甚至简洁到意义不明，而这又多是作者的有意安排。导语一般由一个信息高度浓缩的句子构成，通常要回答"who, what, when, where, why/how"等五个问题。正文是导语后的段落，是对整个事件作进一步的详细说明。在正文中，作者最常用的写法是将重要的事项前置，较为次要的后置。

新闻报刊文体汉译英的要点是准确使用新闻词语，普通名词、新词最好采用意译，因为它比音译或直译更便于理解。近年来，英美的新闻报道倾向于多用会话式英语（Conversational English），而不使用正式英语（Formal English）或庄严体英语（Frozen Style），目的是为了使听众对新闻报道感到亲切自然。由于新闻报道以提供事实和信息为主，因此应尽量避免使用感叹句和嘲讽语气等过激言辞，译者在翻译时，不要情绪化，而应做一个客观而冷静的叙述者（to be an objective and calm fact-teller）。说得更具体点，英译汉语新闻文本应注意以下事项：

1. 标题应尽量简短达意

无论是写文章，还是搞翻译，文章的标题都应简短、醒目。英译汉语的新闻标题，更当如此。如：

北京将向南太平洋发射试验火箭（Peking to fire test rocket to South Pacific）、车祸造成3死9伤（Three Killed and Nine Injured in Traffic Accident）。

2. 导语的翻译要注意格式

常见的导语有标签导语和摘要导语两种。摘要导语是将新闻内容的梗概和盘托出，放在新闻标题之下。这样的导语无特殊的格式要求。而标签导语虽说无什么实质内容，只是正文的前导或过渡，但有一定的格式。如：

新华社北京1月1日电，今天《人民日报》发表了新年祝辞，全文如下：

Beijing, January 1 (Xinhua) —The following is the full text of *The People's Daily's* New Year Message:

3. 必要时采取解释性翻译

在英译汉语新闻报道的过程中，常常需要对有关历史事件、地理名称、我国特有的机构、节日、习俗、行话、套话、历史典故等采用解释性方法。比如：

将“老舍、巴金”译成“Chinese writers Ba Jin and Lao She”，将“努力实现祖国的和平统一”译成“strive for a peaceful reunification of our motherland”，其中的“reunification”就涉及一个解释性的翻译。同样，“三通”往往就需解释性地译成“three links / exchanges (links / exchanges of mails, trade, air and shipping services)”

4. 正文可以全译或编译

全译正文时要遵照语篇翻译的一般要求，内容翻译要正确，句间连接要自然，全篇用词要统一。编译是指根据新闻价值的高低而进行的浓缩处理，通常有译成标题新闻、译成简明新闻的做法。

新闻述评属于中间新闻的范畴，是一种集议论、记叙、描写和抒情等为一体的论述文章，常用来赞美新风尚或批评社会时弊。从广义上讲，新闻述评可以归属于散文的范畴，但它一般更强调文章的新闻价值，具有较强的时效性。下面我们就谈谈汉语新闻述评的语言特点及其英译问题。

一、新闻述评的语言特点

除了具有新闻文体的词汇和行文特点之外，新闻述评还具有自己的一些特点。新闻述评的写法灵活自由，文体广泛多变，内容轻松活泼，语言诙谐幽默，具有知识性、趣味性和文艺性等特点。新闻述评不像社论那样端庄稳重、以理服人，而是以自己独具的魅力吸引和感动读者，使读者在轻松愉悦的心境中不知不觉地接受作者的观点。

二、汉语新闻述评的英译

新闻述评注重逻辑论证，因此在翻译前必须反复通读原文，分析其中心思想、篇章结构，理清文章的逻辑推理层次。也就是说，要在完全“吃透”原文的基础上才能动手翻译。新闻述评的英译除了要在整体上保持原作的风格和行文端庄之外，还要注意以下几点：

1. 词义选择要准确得当

在词义选择时，不仅要看词语选择是否准确，还要考虑前后的搭配需要。有时，还需要采用增词、减词或换词等手段加以适当变通。如：

1) 说是文明的尴尬，有些客气，其实应该说是文明的遭遇。It’s a bit too polite to use the expression “embarrassment” here. Actually, it is more proper to use “a bitter

experience."(原句中两个"说是……"在译文中均译作不定式作主语,但将"说"改译为"use","应该"译作"it is more proper",比"should"要好。)

2) 根据联合国开发计划署的统计数字,中国目前的基尼系数为0.45。According to statistics of the United Nations Development Programme, China's current Gini coefficient is 0.45. ("统计数字"译成"statistics"就足够了,若译成"the statistic figures; the figures of statistics"都不符合英语的表达习惯。)

3) 老外说这话时,脸色是严肃的,严肃中透着理直气壮,且他又是个外国人,他那样子就显得有点儿傲慢。The foreigner looked serious and felt confident with justice on his side when he was speaking. And, as a foreigner, he seemed to be a little arrogant. (前半句译文用"The foreigner"作主语,将原主语"脸色"改作谓语动词"looked";后半句则将谓语部分"是个外国人"译作方式状语"as a foreigner"。)

4) 在国家林业局宣传办公室,这里是每天要处理大量文字、复印大量文章的地方。The Information Office of the SFB is a place where a lot of scripts are processed and documents are photocopied every day.("宣传办公室"一般不要译成"propaganda office",故改译为"information office";"文字、文章"在这里改译成了"scripts and documents",而不是"words and articles"。)

2. 译句结构要符合英语表达习惯

许多中文句子直译成结构一样的英文句子往往不符合英语表达习惯,这时,需要在透彻理解原句深层含义的基础上,对译句结构作必要的调整或重组。如:

1) 改革开放以来,中国社会经济迅速发展,取得了举世公认的成就。Ever since the beginning of reform and opening-up, China has made great achievements in its social and economic development, which have won worldwide recognition. (译者对原句的改动较大,原句主语为"社会经济",而译句用"China"作主语,以"成就"作宾语,将副词"迅速"译成形容词"great",改作"achievements"的定语,将"社会经济发展"译为介词短语作状语,将原句的并列谓语"取得了举世公认的……"部分改译为非限定性定语从句。)

2) 就其原因,大致有这样几个。This may be attributed, in the main, to the following reasons. (英译时对原句的结构做了较大的调整,比较符合英语的行文习惯。)

3. 段落结构要符合英语行文习惯

有时候,如果直接将原文的段落结构直译成英语,也会不符合英语段落的行文习惯,会使译文的语篇水平和质量大打折扣。此时,应该按照英语的行文习惯,对原文段落结构做出适当调整。如：

已经看得越来越清楚了，市场不是万能的，也有它的局限。因此，采取立法手段，或使用国家宏观调控手段，对涉及国计民生的某些领域进行社会调节，就是非常必要的了。如：

病疗问题、住房问题、教育问题。It has become more and more clear that the market is not all-powerful and that it has certain limitations. In view of this fact, legislative or state macro-control measures should be taken to implement social regulations in fields such as medical care, housing problem and children's schooling, all of which have a direct bearing on the nation's economy and the people's livelihood.（原文共三个句子，译文将第三句改译成一个名词词组，与第二句合并，从而让整个译句顺畅自然而重点突出。）

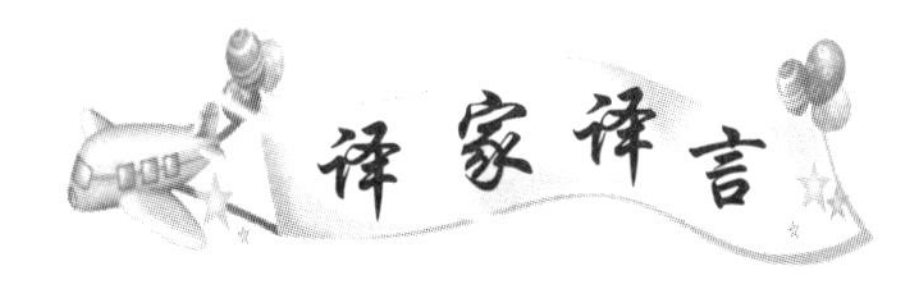

徐光启

徐光启（1562—1633），上海吴淞人，我国明末清初著名的科学家、科技翻译家，是我国最早将翻译的范围从宗教以及文学等扩大到自然科学技术领域的出类拔萃的人物。他关心国家命运，希望发展科技，利民强国，专务实用之学，这在以八股取士、空谈唯心理论的明末，实属难得。他与意大利传教士利玛窦合译了德国数学家克拉维斯编著的欧几里得《几何原本》13卷中的前6卷。其中许多名词，如点、线、直线、曲线、平行线、角、直角、锐角、三角形、四边形等都是由他首定，沿用至今，并影响到日本、朝鲜等国。他还与利玛窦合译了《测量法义》，首次引进经纬度的精确概念，并与意大利传教士熊三拔合撰了《农政全书》，所译《泰西水法》也收入此书，他还主持了新历法的修定。他认为译书的目的是求知和"裨益民用"。"臣等愚心以为：欲求超胜，必须会通；会通之前，先须翻译。"这一名言道出了他光彩耀目的翻译思想。

练 习

一、请结合本节所学的专题知识，恰当地将下列句子译成英语。

1. 为了节约时间，我们想买点食品带到食堂外吃，工作人员告诉我们不供应一次性餐盒，需自带饭盒。
2. 同国民经济发展幅度相比，中国的社会保障事业以及社会转移支付表现出一种明显滞后的情形。
3. 在我看来，问题出现在某些专家、学者所患“市场崇拜症”上。
4. 一些借助国家特许经营的垄断行业就获得了“暴利”。
5. 但一个明显的事实是，同经济发展相比，社会发展明显滞后。这突出表现为贫富差距的拉开幅度过大。

二、请在下列译文的空白处填上一个适当的单词，并请用心比较汉英表达的异同。

两辆公交车在行驶中猛然相撞，造成客车严重毁损，97名乘客和司售人员不同程度受伤，其中37人因脑外伤、脾破伤、骨折、肝挫伤、脑震荡等被医院收治。这一罕见的重大交通事故发生在昨天清晨闸北公园南首的共和新路干道上。(《文汇报》1992. 4. 8)

A ___1___ of 97 people were ___2___, 37 ___3___, when two buses ___4___ in Shanghai's Gonghe Xinlu Monday ___5___. Traffic on the roads was ___6___ two hours later ___7___ the two ___8___ buses were ___9___, the local *Wen Hui Bao* ___10___.

三、请为下列各句选择最佳译文。

1. 他总是以积极态度处理各种问题。

   A. He takes a positive attitude in dealing with all kinds of problems.

   B. He approaches various problems with a positive frame of mind.

   C. He is always active in dealing with all types of problems.

2. 他客气而冷淡地接待了我们。

   A. He received us politely but coolly.

   B. He received us with civility but no warmth.

   C. He received us with polite indifference.

3. 对他这种人就是不能客气。

A. You cannot afford to go soft on a man like him.

B. You must not be too soft when dealing with someone like him.

C. You must be tough with people like him.

4. 中国地处东亚，幅员辽阔，人口众多，历史悠久。

A. China is an East Asian country with a large territory, a huge population and a long history.

B. China lies in East Asia. It has a large territory, a huge population and a long history.

C. Located in the East of Asia, China is a time-honored country with a broad territory and a great population.

5. 他说自己才疏学浅，这只不过是中国人的客气罢了。

A. He says that he is a man of little learning and talent. That is merely self-depreciation, considered as politeness by the Chinese.

B. He describes himself as incompetent and unlearned. That is merely typical Chinese modesty.

C. When he says he has little learning or talent, he is only being modest in accordance with the Chinese rules of politeness.

四、请将下列短文译成英语，注意灵活运用所学知识。

水是人类赖以生存和发展的重要资源，但并非取之不尽，用之不竭。中国多年平均水资源总量约27000亿立方米，居世界第6位，但人均水资源不到2400立方米，仅为世界人均水资源的1/4，属缺水国家。另一方面，我国水的浪费和污染情况又十分严重，农业灌溉用水的有效利用率只有30%—40%；城市工业万元产值耗水量高于发达国家数倍；七大江河水系已有30%—70%的河段被污染。这些使得本已紧张的水资源供需矛盾更为突出，并对我国的经济与社会发展产生了不利的影响。如不采取有效措施，这种影响随着我国人口的增加和经济、社会的发展将会越来越严重。因此，唤起全民的水资源危机意识，在全社会大力开发利用有限的水资源，已变得至为重要。

第十七课

今年房价还要涨

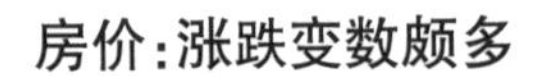

房价:涨跌变数频多

全国人大代表吴菊仙认为“今年房价总体来讲还要涨”。

权威预测:今年初,国际铁矿石价格大幅上涨,钢材价格上涨几成定局,从而会带动包括建筑业在内的一大批下游产业价格上升。目前,高房价问题已引起有关部门高度重视,有的地方已出台相应规定抑制房价过高过快增长。

(选摘自2005年3月5日《重庆晨报》03版)

***Reference Version*:**

Housing Price to Trend Upwards

Housing Price: Subject to Many Variants

According to Wu Juxian, a NPC (National People's Congress) representative, "Generally speaking, housing price is to trend upwards this year."

As is predicted by the authority, a price rise in steel is almost inevitable as a result of the substantial price increase in iron ores in the world market early this year. Consequently, it will result in a price rise in real estate and many other downstream industries. At present, the high price of real estate has aroused the serious attention of the departments concerned. In some places, regulations have been issued to check the rapid and excessive growth of housing price.

(Excerpted from *Chongqing Morning Post*, March 5, 2005, page 3)

译注：

1. 标题的翻译：如果纯粹地就忠实、达意的标准来看，将标题翻译成“A Price Rise in Real Estate Is to Be Expected Again This Year”或“A Rise in Housing Price to Be Expected Again”也是不错的。但鉴于这是报刊标题，应特别注意力求简短醒目。如：房屋起火四死五伤(Four Killed and Five Hurt in a House Fire)；足球开赛拳打脚踢(Soccer Kicks off with Violence)；东北煤矿透水12人确定死亡(12 Confirmed Dead in NE China Coal Mine Flood)等。
2. “涨跌变数很多”明显不宜翻译成“There be”句型，另外，“涨跌”二字也不宜机械地对译过来，只要如参考译文那样灵活适当地添上“subject to”之类的词语，就完全把“涨跌”二字的含义蕴涵其中了。
3. 很明显，如果将第一句翻译成“Wu Juxian thinks ...”这样的句式就很不符合新闻语体的特征。另外，要注意英汉语同位语在位置上的不同而灵活地换序处理。
4. 将“今年房价总体来讲还要涨”翻译成“Generally speaking, there will be a rise in housing price again this year”本来是无可厚非的，但鉴于此新闻标题基本上是直接引用了被采访者的原话，所以为了突出采访内容的真实性、权威性，就要求译者和记者一样，在处理此类信息时，要努力达到前后一致，语出同人的效果。
5. 为了自然地引出下文，译文第二段用了“As is predicted by ...”这样的非限定性定语从句；另外，后半句的换序处理也是十分必要的，这样句子才更有重心可言，而且不宜将“今年初，国际铁矿石价格大幅上涨”处理成句子形式，这里的“as a result of...”的短语式处理既显得简洁自然，也体现了译者理清了汉语分句的相互联系后的合理增词的技巧。
6. “定局”本来是个名词，在译文中用形容词“inevitable”，体现了词性转换的技巧。
7. “建筑业”本来对应的英语是“building industry; construction industry”，但考虑到本文的话题是“房地产”，因此译文适当地把“建筑业”这一概念范围缩小到了“real estate”。另外，恐怕有人看到“包括”就会用“including”之类的词去对应，这里避免了这一用法的好处是突出了“real estate”这一中心概念，而后面的“and many other”完全表达了“包括”的含义。
8. “高房价问题”中的“问题”二字在汉语中被称为“范畴词”(category word)，翻译时一般可以不译或要求不译，因为“the high price of real estate”本身已经是一大让人头疼的问题了。类似的例子有：贫富差距的问题(the gap between the rich and the poor)；落后状态(backwardness)；失业现象(unemployment)；自卑心理(self-depreciation; self-abasement)；旷课现象(absence from class)；说教工作(preaching)等。

9. “高度重视”翻译成“high attention”或“serious attention”在这里都是说得过去的。
10. 翻译“有的地方已出台……”时，不宜用“some places”作主语，这里的语态转换非常符合英语思维的习惯。另外“相应”二字不用翻译。
11. 《重庆晨报》是报刊名，本已有确定的官方的英语称谓，就不需自己想当然地翻译成“*Chongqing Morning Paper*”之类的，而是直接照搬或查找即可，此所谓翻译工作中的“只查不翻”原则。否则，硬翻之后有可能张冠李戴或不知所云！另外，汉译英时遇上书名、报刊名、影视名称等，打印稿都要用斜体，如果是手写稿，就要加下划线，因为英语中没有书名号。

广告文本的翻译

随着我国改革开放的深入实施，对外广告宣传愈发显得重要与迫切。广告在沟通中西经贸文化交流方面的作用不可小觑。遗憾的是，很多汉译英的广告因为拙译、误译等各种原因，并未真正达到理想的推广宣传作用，甚至产生适得其反的作用。比如，有人把“有限责任公司”译成“Limited Responsibility Company”、“大酒店”译成“Big Wine Shop”、“国际大都会”译成“International Capital”、“白象牌电池”译成“White Elephant”等等。因此，这里专门谈谈广告文本的翻译。

广告的主要作用可以概括为：提供信息、争取顾客、保持需求、扩大市场、确保质量等。广告的基本功能有：信息功能(informative function)、祈使功能(vocative function)、美感功能(aesthetic function)、表情功能(expressive function)等。包括广告口号(slogans)、广告语句(catch phrases)等在内的广告语是一种非常特殊的语言。他们通常都有一些共同的特点，如语言引人入胜、说服力强，修辞手段的运用也别具一格，如语义双关、文字游戏等，使人感到幽默中见智慧，平淡中显新奇。广告语言在形式上也极具鲜明特色，或行文工整、对仗押韵，或节奏感强、朗朗上口，或一鸣惊人、耳目一新，可以收到耐人寻味、经久不忘的效果。它往往具有如下主要特点：吸引力(attractive—catch the reader’s attention)、创造力(creative—project an image)、说服力(persuasive—urge the reader to act)、影响力(impressive—produce an impact)等。

汉语广告文本的语言特点可以从词汇、句法、修辞等三方面来分析。

1. 词汇特点

广告文本所使用的词汇往往都具有鼓动性和感染力。特别是汉语广告口号的用词，更是丰富多彩。广告用词倾向于美化所述产品，频繁使用大量的褒义形容词，常用形容词比较级、最高级来修饰和突出自己的商品或服务。广告中有时也会使用一些杜撰的新词、怪词，以突出产品或服务的新、奇、特，比如“中华的创芯突破”。广告用词不拘一格，翻译时要尽可能贴近原文。具有描述性和鼓动性的形容词，一定要译得好、译得巧；新词、怪词不必生译、硬译，重要的是将词的意思表达清楚。原文用词优雅精致，译文就不能用俗语、俚语；原文为轻松随意的口语体，译文也应通俗易懂、朗朗上口。另外，用词要简洁，能用缩略词的时候就用缩略形式。

2. 句法特点

为了使广告醒目易懂和为了节约时间和篇幅，汉语广告语句一般都高度凝练，经常使用简单句或省略句，比如“一切皆有可能”(李宁服饰)，“疼痛到此为止”(感冒药芬必得)。有时广告中会使用祈使句，使广告具有强烈的鼓动色彩，如“保护嗓子，请用金嗓子喉宝”，也会使用并列或平行结构，以加强受众对商品的印象，如“霜飞点点，秀色年年”(霜飞化妆品)，偶尔也会使用否定句，那是为了用其他商品来反衬自己的产品，或从反面来突出自己产品的特性，如“不是所有牛奶都叫特仑苏”。翻译时要充分考虑原文的这些句法特点，在译文中加以再现，力求在句型、时态、语态等方面尽量取得一致。当然，有时也需要变通，以使语义更加明确，表达更流畅，从而达到深入人心、有利促销的目的。

3. 修辞特点

汉语广告中经常会使用“比喻、双关、夸张、拟人、重复、排比、对偶”等修辞手段，具有一定的文学特征。由于双关语具有简洁凝练、风趣幽默、新颖别致等修辞效果，能够突出广告的特点，因而在广告中大量使用。比如，“咳不容缓”(咳嗽药)、“冰力十足”(冷饮)等，就是典型的谐音双关。此外，“听世界，打天下”(海尔手机)是夸张，“美味蹦出来”(大白兔奶糖)是拟人，“一册在手，纵览全球”(《环球》杂志广告)是对偶。在翻译这种富含修辞的广告时，往往困难较大，这是因为汉英两种语言的差异和文化背景的不同，汉语用词的奥妙之处有时在英语中很难再现。因此，译者应分析两种语言之间的异同，在译文中尽可能采用相同或相似的修辞手段。但也不要一成不变而因文害义，可以根据英语表达习惯和英语读者的审美情趣，在译文中做一些相应而适当的变化。

在具体的翻译过程中,由于不同类别的广告文本具有不同的目的与功能,因此需要灵活采取不同的翻译策略。但是,无论如何,都要遵循“功能相似”的原则,“既不能因词害义,也不能因意损文”。汉语广告英译,单纯强调译文“语义对等”是不够的,更须突出“以情传意”的原则。至于究竟如何翻译汉语的广告文本,可以大致有如下几种常用的方法:

1. 直译法

1) 一切皆有可能。(李宁服饰) Anything is possible.
2) 给我一个机会,还你一个惊喜。(嘉亨印务) Give me a chance, and you'll have a big surprise.
3) 海尔,真诚到永远。Haier is sincere forever.
4) 中国河南——功夫的摇篮。Henan province in China—the cradle of Chinese martial arts.

2. 意译法

1) 本品可即开即食。Ready to serve.(这则广告若直译为 Opening and eating immediately,会让外国人误以为该品不宜存放,所以采用意译法以便使国外消费者产生相同的联想。)
2) 接天下客,送万里情。(天津出租汽车公司广告口号)Give you a pleasant ride all the way.(如果将其翻译成“Ready to meet guests from all over the world, ready to speed them on their way”,非但让人觉得冗长不堪,而且其中的“guests”和“them; their”均为第三人称,在情感上与广告语言脱节,让人觉得有点不近人情。)

3. 音意兼顾法

这种翻译方法一般比较适合翻译广告中的商标名,它要求译者充分发挥想象力和创造力,所选的英语词汇既要与汉语商标谐音,又要具有美好的联想。比如,乐凯胶卷(Lucky)、狗不理包子(Go Believe)、实达电脑(Star)、乐百氏饮料(Robust)等。

4. 删减译法

位于上海九江路的金融广场,雄踞黄浦区商业中心的心脏地带,交通方便,商贸往来繁盛,地点理想适中。In the heart of Huangpu district, Financial Plaza on Jiujiang Road is a well-situated Shanghai office tower.(英译中只用了“well-situated”一个词代替了原句中所有划线部分的套语,言简意赅、干净利落。)

5. 仿译法

1) 爱你一辈子。(绿世界化妆品) Love me tender, love me true.

2) 条条大道通罗马，款款百羚进万家。All roads lead to Rome, all Bailing lead to home.

3) 随身携带，有备无患；随身携带，有惊无险。(速效救心丸) A friend in need is a friend indeed. (Instant-effect pill for heart care)

上述译例中，译文1)的灵感来源于英美文化中广为人知的谚语“Love me, love my dog”，译文2)的后半句可以说是基于前半句谚语的顺势而为，而译文3)则巧妙地借用了英语的又一个谚语，真可谓言简意赅，异曲同工。

最后要指出的是：在英译汉语广告文本时，要注意克服某些汉语广告只从企业角度出发而忽视广告对象的倾向，要按照英语广告惯用的行文方式和英语读者的欣赏习惯对译文进行构思，避免无的放矢，造成译文立足点上的感情错位。国外英语广告非常重视顾客至上的原则，言必称顾客，无处不有“您”（You）的存在，原因在于：它可使广告直面顾客，针对性强，有利于情感的交流，也可显示广告对受众的尊重，语气亲切，满足人们的自尊心理。比如，比较而言，下面的译文2就更符合英语的广告语行文风格。

原文：我部以良好的信誉、雄厚的资金实力和一流的服务质量，竭诚为广大客户提供全面的优质服务。

译文1：The Department is ready to provide the customers with all-round perfect service on the basis of good credit, financial strength and quality service.

译文2：Our department offers you all-round services with good credit, financial strength, and best quality.

杨 绛

杨绛（1911—），江苏无锡人，著名作家、英国文学专家、翻译家。建国后，历任清华大学教授、北京大学文学研究所研究员、中国科学院文学研究所研究员、中国社会科学院外国文学研究所研究员、中国外国文学学会第一届理事、中国翻译家协会第一届理事。

和夫君钱锺书一样，杨绛先生学贯中西，文学造诣极高，著有剧本《风絮》、《称心如意》、《弄真成假》、论文集《春泥集》、散文《干校六记》、长篇小说《洗澡》等，同时她精通英、法、西班牙语，译有西班牙作家塞万提斯的《堂吉诃德》、《1939年以来的英国散文选》、西班牙著名流浪汉小说《小癞子》、法国勒萨日的长篇小说《吉尔·布拉斯》等。2003

年出版回忆一家三口数十年风雨生活的《我们仨》，96岁成书《走到人生边上》。

1978年，由杨绛翻译的《堂吉诃德》正式出版，作为我国首部从西班牙文翻译的中译本，文字流畅，注释详尽，受到我国读者的热烈欢迎，是我国译界公认的优秀翻译佳作，也是该书中译本中发行量最大的译本。西班牙方面也对杨绛赞赏有加，1986年授予她由西班牙国王颁发的骑士勋章。

杨绛女士称"翻译是一仆二主"，译者要"同时伺候两个主人：一是原著，二是读者"。这说明翻译活儿并不好干，弄不好会两头受气。

一、请参照本节的专题知识，试将下列汉语广告或商标译成英语。

1. 康师傅方便面，好吃看得见。
2. 要想皮肤好，早晚用大宝。
3. 轻身减肥片。
4. "金鸡"长鸣。（钟表广告）
5. 这里有美丽的风景，激动人心的奇观，一流的设施，高效的服务。

二、请将下列房地产词汇翻译成英语，并请注重此类常用词汇的储备。

1. 物业
2. 产权
3. 售后回租
4. 开发费
5. 融资成本
6. 销售收益
7. 建筑面积
8. 室内运动场
9. 便利设施
10. 土地使用证
11. 商住综合楼
12. 土地使用权出让合同
13. 容积率
14. 建筑密度
15. 土地使用期
16. 项目许可
17. 规划许可
18. 许可证
19. 公共设施
20. 财政拨款
21. 出让或转让
22. 市土地管理局
23. 公开招标
24. 土地效益
25. 地段等级
26. 规划参数
27. 印花税
28. 标书

29. 预征土地
30. 主管部门
31. 办手续
32. 按揭贷款
33. 按揭购房
34. 抵押放贷者
35. 房屋空置率
36. 安居工程
37. 板式楼
38. 搬迁户
39. 财产税
40. 拆迁补偿费
41. 维修费
42. 折旧费
43. 城镇住房公积金
44. 房产估价师
45. 房产证
46. 房屋置换
47. 炒房者
48. 公租房
49. 房改
50. 房产市场

三、请认真改进下列各句的译文中存在的问题。

1. 他对经理说了坏话，使我期待已久的加薪化为泡影。Because of his vicious talk to my manager, my plan of getting a rise in salary which I had expected for a long time pricked the bubble.
2. 一想到头天晚上发生的不愉快，他的脸就阴沉下来。As soon as thinking of that annoyed matter which happened in the last night, he put on a grave expression.
3. 解放前，他既没有生活的权利，也没有工作的权利。Before liberation, he neither had no right to live nor no right to work.
4. 这个孩子答应今后不粗心大意了。The child promised that he would not be so careless forever.
5. 任何人都不能阻挡历史潮流。Anyone cannot withhold the trend of history.

四、请将下列短文译成英语，注意灵活运用所学知识。

我国房产市场经过2010年一系列政府调控，现状依然火爆，房价依然坚挺，房价上升的势头并未被明显抑制。进入2011年后，从中央到地方，各职能部门又一轮针对房地产市场的调控以组合拳的方式逐步展开。

房产市场是否健康序发展，是国家经济产业结构调整布局的重要目的之一，政策方面是十二五规划的重头戏、是国家经济领域举足轻重的风向标，事关民生、稳定等多项重要因素。所以此轮以政策导向为手段的调控，如果仍不能达到平抑房价上涨速度、打击房产投机、逐步解决住房需求紧张等目的，更深层次更广泛领域的政策还将陆续出台。

第十八课

中国人的婚姻最需要什么？

托尔斯泰说:“幸福的家庭都是一样的,不幸的家庭却各有各的不幸。”在中国,幸福家庭的共性就是:拥有以下的东西……

童心

众多国人对一些中老年人喜欢手舞足蹈、载歌载舞不理解,甚至斥之为“精神病”。这些人忽视了童心不泯能增加许许多多生活情趣。其实,只有童心不泯,青春才可常驻,爱情才可历久弥新,所以最好能保留多一点儿天真、单纯,多拥有一点儿爱好、好奇心,多玩一点游戏。不管是中年人还是老年人,在外尽管当“正人君子”,可回到家,大门一关就最好当大孩子。

浪漫

不少中国家庭太注意实际,而缺少浪漫。也许有人碰上这样的提问“工作、家务忙了一整天后,一家人为什么不去散散步呢?”会回答说:“我很累。”然而这些说“很累”的人过不了一会儿就垒起“四方城”来,甚至彻夜通宵打麻将。可见,能否浪漫的关键在于是否拥有浪漫情怀。不要以为浪漫无边就是献花、跳舞,不要以为没有时间、没有钱就不能浪漫。要知道,浪漫的形式是丰富多彩、多种多样的。

幽默

许多人把喜欢开玩笑看成油嘴滑舌、办事靠不住,认为夫妻之间讲话应该讲求实在,用不着讲究谈话艺术。殊不知,说话幽默能化解、缓冲矛盾和纠纷,消除尴尬和隔阂,增加情趣与情感,让一家人乐融融。

亲昵

许多夫妻视经常亲昵为黏黏糊糊，解释“不当众亲昵”是不轻浮的表现。但专家研究发现，亲昵对提高家庭生活质量有着妙不可言的作用，而长期缺少拥抱、亲吻的人容易产生“皮肤饥饿”，进而产生“感情饥饿”。因此，家庭生活最好能多点儿亲昵的举动。例如，长大了的女儿仍挽着父亲的手；夫妻出门前拥抱、接吻；一方回来迟了，不妨拍拍忙碌的另一方的“马屁”，等等。

情话

心理学家认为：配偶之间每天至少得向对方说三句以上充满感情的情话，如“我爱你”、“我喜欢你的某某优点”。然而，不少国人太过注意含蓄，有人若把“爱”挂在嘴边，就会被说成是浅薄、令人肉麻。不少中国夫妻更希望配偶把爱体现在细致、体贴的关心上。这固然没错，但如果只有行动，没有情话，会不会给人以“只有主菜，没有作料”的缺陷感呢？

沟通

经常在影视片中听到夫妻某一方说：“我想找你谈谈！”于是，双方会找一个机会把心中的不快全倒出来。而不少中国夫妻把意见、不快压抑在心里，不挑明，还美其名曰“脾气好，有修养”。其实，相互闭锁只能导致误会加深，长期压抑等于蓄积恶性能量，一旦爆发，破坏性更大。人们不时可见，一些平日相处不错的夫妻一旦吵起架来就翻陈年旧账，把陈谷子烂芝麻的事儿一股脑儿全倒出来，结果“战争”升级，矛盾激化，有的甚至导致劳燕分飞。正常的做法应该是加强沟通，有意见、不快应诚恳、温和、讲究策略地说出来，并经常主动地了解对方有什么想法。吵吵架也不一定是坏事，毕竟它也是一种沟通手段，只是吵架时千万别翻旧账、别进行人身攻击。

欣赏

人们常用欣赏的眼光看自己的孩子，所以总觉得“孩子是自己的好”；又因为常用挑剔的眼光看配偶，所以总认为老婆（丈夫）是别人的好。例如，一方全身心扑在工作上，另一方既可以欣赏：“他（她）事业心强！”也可以指责：“一点也不把家放在心里！”这说明了，用不同的眼光去评价同一件事，结论会大相径庭。如果你不假思索就能数出配偶许多缺点，那么，你多半缺乏欣赏眼光。如果你当面、背后都只说配偶的优点，那么，你就等于学会了爱，并能收获到爱。

只要能用童心和浪漫、幽默的情怀对待家庭生活，用欣赏的眼光看待配偶，并且能把对配偶的感情（尤其是爱意）用情话说出来，或用亲昵的举动表达出来，幸福美满的家庭就不难拥有。

***Reference Version*:**

Essentials for Happy Chinese Couples

As Leo Tolstoy pointed out, "Happy families are all alike; every unhappy family is unhappy in its own way." In China, happy couples have the following points in common:

Innocence

Many Chinese can hardly make sense of aged people's enthusiasm in singing and dancing and even brand them as lunatics. Such people might have neglected the fact that keeping innocent will add plenty of sauces to the life of the elderly. In fact, nothing but perpetuating innocence can keep youth unfading and love ever-refreshing. Therefore, it is advisable for married people to be a bit innocent, simple-minded, interest-extensive, inquisitive and game-enthusiastic. At whatever age, they should learn to be childlike once at home although they have enough reason to be genteel outside.

Romance

Many Chinese couples are too pragmatic to be romantic. When asked "Why not go out for a walk with your family after a full day's work?" some people might explain, "I'm exhausted." But usually people with such a reply will soon be found at a mahjong table and even enjoy the game till dawn. Therefore, to be romantic is all a matter of the inclination for romance. Don't always equal romance with sending flowers or going to a ball. Don't think that romance absolutely demands time and money. As you must get to know, romance finds expression in various forms.

Humor

In the eyes of many Chinese, people fond of playing jokes are simply glib talkers and bad trustees, and talk between couples should be pragmatic instead of artistic. Pitifully, they hardly realize such a truth: humor can resolve or cushion disputes and conflicts, and eliminate embarrassments and misunderstandings; moreover, humor enhances matrimonial closeness and colorfulness, leaving every member of the family in boundless happiness.

Affectionate Behavior

Many Chinese regard affectionate behavior between couples as shocking glutinousness and they refuse to behave amorously to their spouses in public. They explain that they don't want to appear flippant. According to some experts, however, affectionate behavior plays an indescribably wonderful role in improving the quality of family life, and a long-time lack of embracing and kissing will throw us in a state of skin hunger and love thirst. Therefore, affectionate behaviors should be encouraged in family life. For example, an adult daughter may still hold her father by the hand, husband and wife may hug and kiss good-bye before leaving home, and flattery may be prepared to welcome the one returning late from work.

Verbal Expression of Love

Psychologists suggest that couples should express love to each other verbally at least three times a day. For example, they may say to their spouses "I love you," "I love your faithfulness," "I love your consideration for me" and so on. However, many Chinese are too reticent to say that, for repeated utterance of "love" in couple talk sounds frivolous and creepy in China. As a result, most Chinese couples would rather find their spouses be considerate and show concern for them through practical actions. Certainly, no fault can be found with that. But if every action is free of verbal expression of love, isn't it a course without condiments?

Communication

In films or teleplays, we often hear couples saying to their spouses "I want to have a talk with you." Then they will find a good opportunity to pour out all their displeasures to each other. But many Chinese couples choose to suppress and swallow their dissatisfactions and displeasures. Otherwise, they will be regarded as bad-tempered and uncultivated. In fact, indiscriminative silence will step up misunderstanding and long-time suppression will build up vicious power, and all this might be more destructive in case of outburst. It's not uncommon to see couples ever in good harmony recall and shout out all their pent-up grievances and unpleasant trifles in quarreling. Such a case often results in aggravation of confrontation and intensification of conflict and even divorce. Indeed, a more proper solution to matrimonial problems should be frequent communication whereby any dissatisfaction or displeasure can be made known to each other in a frank, mild and artful manner. In addition, couples should always feel ready to ask about each other's thoughts. Quarrel is not necessarily a bad thing, for it is also a kind of communication. Of course, in case of quarreling, they must take care not to mention unpleasant bygones or hurl personal abuse.

Appreciation

Usually, people tend to appreciate their children and assume them superior to any other kid. Conversely, they are always censorious with their spouses and regard them inferior to any other wife or husband. As a matter of fact, judgments about a certain matter may vary considerably due to different evaluation perspectives. For instance, if your spouse goes all out for work, you may feel appreciative of his or her enterprising spirit and you may also blame him or her for neglecting the family. If you can point out a lot of your spouse's shortcomings without the least hesitation, then you are most likely to be a person with poor appreciation ability. If you always mention your spouse's merits, despite their presence or absence, you must be a good love sower and love reaper.

To sum up, it's easy to have a happy and harmonious family if couples learn to be innocent, romantic, and humorous, treat each other appreciatively, express love to each other verbally and behave in front of each other affectionately.

译注：

1. 多数时候，标题的翻译都要好好下番工夫，总的要求是不仅要准确精炼、而且要尽可能顾及文章内的中心意思，哪怕源语标题在这方面有所欠缺！比如说，该译文标题就有必要增译“Happy”一词。
2. “幸福的家庭的共性就是：拥有以下的东西”这节的译文主语不宜用“happy families”，因为通读全文后会发现，本文几乎全都在谈“夫妻之间该怎么相处才能收获幸福”。因此,这里的主语最好用“happy couples”。

3. 想必有译者会把“众多国人对一些中老年人喜欢手舞足蹈、载歌载舞不理解”这节译成“Many Chinese cannot understand why some aged people like to ...”这样的句式。当然这样的译文不算有错误什么的,但这里提供的译文是不是显得更书面、更像笔译呢?
4. 请注意原文中的“精神病”不应理解成一种“病”,而是指“精神病人”。
5. 按汉语语法的理解,在“忽视了童心不泯能增加许许多多生活情趣”这节信息中,“忽视”后所有的内容都是它的宾语,但译成英语时,习惯上有必要在“neglect”后加上“the fact”作其宾语,而后再由“that”引出一个“fact”的同位语从句。
6. 很显然,这里将“童心不泯”译成“keeping innocent”是运用到了“逆反译法”,达到了精要、简明的效果。另请注意下文第二次出现的“童心不泯”在译文里的表达方式有什么不同,并请体会其语言效果。
7. 将“增加许许多多生活情趣”译成“add plenty of sauces to the life of the elderly”有较好的修辞效果。另请注意该译文中的增译成分。
8. 原文中,“天真、单纯、爱好、好奇心,游戏”等都是名词,在这里为了整个译句语法和修辞效果的需要,全部译成了形容词,这是典型的“词性转换”技巧在翻译中的灵活运用。
9. 请体会“在外尽管当‘正人君子’,可回到家,大门一关就最好当大孩子。”这节信息在译文中换序处理的理由! 需要提醒的是,“大门一关”是切不可刻板对译的。
10. 汉语原文虽有“工作、家务”两个概念,但在这里,没必要字面对译,毕竟在英语中“housework”也是以“work”结尾的,因此该译文中的“work”可以大致认为是包含了“housework”这层意思的。加上“housework”反倒会让译文读起来不怎么好了,因为“家务忙了一整天”这种说法多数时候是不合情理的。
11. 或许,有译者一见着“垒起‘四方城’来”,就会马上思考“垒”用什么动词来译啊? 在教学中,笔者也经常看到学生在做翻译时,动不动就查词典! 当然,这样做,有它的积极意义,起码大家是认真负责的,但不好的就是他们不爱自己开动脑筋。其实,有经验的译者都知道,词典里面提供的译文多数时候是不能照搬的。重中之重还是要自己学会思考,努力寻找自己的良策,只有这样,翻译技能才会日渐长进! 否则,无论经过多少实践,恐怕都不外是语言知识的机械积累和生搬硬套!
12. 原文中的“跳舞”最好不要简单地译成“dancing”,“going to a ball”在这里应该要确切得多。
13. 请注意“不要以为没有时间、没有钱就不能浪漫”在译文中的处理方式和技巧。
14. 翻译“许多人把喜欢开玩笑看成油嘴滑舌……,用不着讲究谈话艺术”这节时,如果用“Many Chinese”来作译文的主语,恐怕译者就摊上麻烦了！笔者要与大家分享的是:因为当时自己想到了“In the eyes of many Chinese,”后边的译文在句式架构和表达选词上就有感觉、有办法多了。自认为,这是该译文的亮点之一,不知诸君意见如何?

15. 需要说明的是,“用不着讲究谈话艺术”中的“艺术”在这里译成了“artistic”,要比“artful”达意、确切得多。因为前者表示的是“艺术的、风雅的、有美感的”;而后者表示的是“巧妙的、狡猾的、有技巧的”。这里主要是想提醒大家在日常学习中,要对所谓的近义词在词义上的细微差别有透彻的理解,特别是同源近义词更需区别对待!
16. 请注意“殊不知”在这里的译文形式及其涉及的翻译技巧。
17. “许多夫妻视经常亲昵为黏黏糊糊”这节在译文中的主语不宜处理成“Many couples”,更为灵活而合理的译法是“Many Chinese”,而在译后边“亲昵”时,适当增译成“affectionate behavior between couples”。
18. 很显然,“许多夫妻视经常亲昵为……是不轻浮的表现”这节在处理成译文时又一次用到了“分译法”,从而让整个译文畅达明快,无翻译腔可言。
19. 如果将“但专家研究发现……”这节译成以“some experts”作主语的译文就未免有点受汉语的影响了,这里用“According to...”就更符合英语的表达习惯。
20. 请注意“而长期缺少拥抱、亲吻的人……,进而产生‘感情饥饿’。”这节在译文中的句型结构及主语的选择。
21. “情话”在汉英词典里给出的译文一般不外乎“lover’s prattle; lover’s honeyed words”等,个人认为,这样的译法在这里不宜照搬。毕竟,下文是告诉我们,“夫妻之间有必要把爱说出口”,正如中国有首歌曲《爱要说》里唱的那样。所以,笔者在这里将“情话”译成了“verbal expression of love”。
22. 虽说把“我喜欢你的某某优点”译成“I like your merits such as...”但也无妨,但毕竟这里是在举例说明夫妻之间有哪些情话可说,如果表达成“I like your merits such as...”或“I like your merits so and so.”总让译语读者感觉这不是当事人原话的真正内容。为了表达更切合语境,体现一种真实感、生动感,这里的“我喜欢你的某某优点”可以如这里的译文一样选几个夫妻之间相互最为看重的优点罗列一下即可。
23. 若将“如果只有行动,没有情话……”译成“If there is only..., but there is not...”类似的句式只能说没有错,但一点都不具有笔译所要求的书面感。另外,这节里的“缺陷感”是根本不用翻译的。
24. 很明显,把“还美其名曰‘脾气好,有修养’”译成“Otherwise, they will be regarded as bad-tempered and uncultivated.”是“逆反译法”发挥用武之地的有力例证。
25. 请注意“相互闭锁只能导致误会加深”这节在译文中的主语选择问题。

26. “翻陈年旧账，把陈谷子烂芝麻的事儿一股脑儿全倒出来”这节是典型的汉语习惯说法，在英译时，绝对不可字面翻译。请仔细品鉴这里的译文得失，看看原文和译文在表达上的“虚实”手法有何不同。
27. 在翻译“正常的做法应该是……，并经常主动地了解对方有什么想法”这节时，主语不宜简单地译成“A normal practice”之类的，这里要结合语境，将原文中的主语蕴含的意思深挖一下，才会让译文意思更加明晰易懂。请体会“a more proper solution to matrimonial problems”这样的主语选择是否恰当。
28. 在处理“例如，一方全身心扑在工作上……，结论会大相径庭”这节时，最值得考虑的问题就是：前后两个句子有无必要换序？不难发现，原文的“例如”是针对后边的“用不同的眼光去评价同一件事，结论会大相径庭”而举例的，因此，译文中的换序处理是很有必要的。
29. 很明显，在翻译“你就等于学会了爱，并能收获到爱”这节时，译者用到了“词性转换”的技巧，而且因为“sower”和“reaper”的对照措词，让整个译文凝练了不少。
30. 原文最后一段明显是在作总结了，因此，翻译时，要按英语的行文习惯加上“To sum up”。另外，原文虽是一个长句，在译文里也不宜断句处理。

汉语习惯说法的英译

不同的民族有不同的心理习惯和语言表达方法。一句话，一个词，在一个国家表达的是好意，引起人们好的联想和情感，很容易被人们接受，而在另一个国家传达的可能是坏意，可能引起人们不好的联想和情感，甚至让他们反感或排斥。如果翻译时不注意这些差异，就有可能引起误解或不快，甚至交际失败。而如果我们注意到这些差异，在译文中加以变通或克服，就可以收到较好的预期效果。在大多数情况下，如果我们面对的翻译只涉及生活习惯、日常用语时，在处理方法上，译者可以不必拘泥于原文文字，而要显得更灵活些，可以将很多“汉语特有的说法”按照英语的表达习惯对应过来。也就是说，在此种情况下，译者不用花太多时间去绞尽脑汁地“翻”，而是认真想想“英语民族的人们在同样的情境下会怎么说？”译文所要求的不是与原文文字上的对等，而是功能上的对能。

1. 见面问候

中国人见面时总喜欢问“吃过了吗?”、“到哪去?” 类似于这样的问候就不能简单地英译成“Have you had breakfast(lunch, supper)?”“Where are you going?”等。因为,这些都不是外国人在见面问候时会问的问题。如果见面就问外国人“Have you had breakfast(lunch, supper)?”人家会以为你想请他吃饭。如果问“Where are you going?”人家会以为你要了解他们的私事,因而会对你产生反感。在这种场合下,外国人喜欢问:“How are you?”“How do you do ?”“How have you been doing?”“Hello!”“Hey!”等。至于具体用哪一句来表达你的问候,取决于你与被问候人的关系的密切程度。总之,这一类的问候语,直译可能会让人感到莫名其妙,甚至无所适从,所以,还是按外国人的习惯来处理较好。

2. 对病人的问候

中国人喜欢对病人深表同情,面对探访者表示同情的言语和行动,病人也似乎得到了不少宽慰和关爱。但外国人不愿轻易表现出其病怏怏、羸弱的一面,如果对他们表达过分同情的话未必会收到好的效果。例如:中国人在听说一个人生病后可能会对他说“得知贵体欠佳,深感不安和关切”。如果将其直译为“I was rather disturbed by and concerned about your illness.”并对一位生病的老外说,他们会以为你在暗示他,说他的病情很重,这样一来,你的话非但不能安慰病人,反倒只能加重病人的顾虑,让其健康恶化。因此,按照英文的表达习惯,该句汉语可译为:“I am sorry to hear about your illness and wish you a speedy recovery.”这样翻译既表达了讲话者的难过心情,又表达了希望病人尽快康复的良好愿望。

3. 对待他人的表扬和感谢

“谦虚使人进步,骄傲使人落后”、“满招损,谦受益”,这些流传了几千年的中国古话一直告诫我们,在面对成绩功劳时,务必要保持谦虚低调的作风。因此,在受到别人的表扬或感谢时,中国人往往比较谦虚,会说“这没什么”、“这是我应该做的”、“您过奖了”“哪里,哪里,我还做得很差” 等等。如果将其分别直译成“It is nothing.”“This is my duty. /This is what I should do.”“Well, I have not done very well. There is still much to be improved.”在外国人听起来,都会显得做作而不诚恳,从某种意义上来说,也违背了美国著名语言哲学家格赖斯(H. P. Grice) 提出的言语交际的“合作原则”,该原则里面有一个重要的准则就是“不要说自知是虚假的话”。面对别人的称赞,西方人通常会说:“Thanks!”“Thank you for your kind words. I feel flattered.”而面对别人的感谢,他们会说:“You are welcome”或“It's my pleasure”。翻译此类话时,同样应根据西方的习惯来译。

4. 迎接外宾时

中国人迎接远道而来的客人时常常会说:“一路上辛苦了。累不累?”这句话如果照字面翻译成“You must have been tired after the long flight/journey.”老外听了,会暗自纳闷,“Am I looking tired or weak?”其实,外国人喜欢在别人面前显得年轻、有朝气,不喜欢被人认为体弱力衰,或有疲劳感。因此,上述问候语直译效果不好,可译成“How was the flight/journey?”“Have you had a pleasant flight/trip?”同样,中国人送客人走的时候喜欢说“慢走!”,但送行外宾时千万别说“Walk slowly!”,而只需说“See you!”就够了!

总而言之,在汉译英时,如果译者明显感到汉英的语言习惯、表达方式有很大差异时,那么就不要费力不讨好地“直译”或“硬译”(servile translation),而要遵循“入乡随俗”的基本原则,采取适当的“意译”或寻找英语中的“习惯用法”,以求言语的功能对等或语用对等。

茅　盾

茅盾(1896—1981),原名沈德鸿,字雁冰。浙江桐乡人。中国现代著名作家、文学评论家、文化活动家以及社会活动家,“五四”新文化运动先驱者之一,我国革命文艺奠基人之一。

1916年8月,茅盾到上海商务印书馆编译所工作,开始在英文部修改英文函授生课卷,继之和别人合作译书。这样,便有最初的翻译《衣食住》(卡本脱著)问世。不久,又到国文部编写《中国寓言》,一面也参与《学生杂志》的编辑工作。1920年初,“五四”文学革命深入开展中,茅盾开始主持大型文学刊物《小说月报》“小说新潮栏”的编务工作。这时连续撰写了《小说新潮宣言》、《新旧文学平议之平议》和《现在文学家的责任是什么?》等论述,表露了茅盾早期的文学见解。同年11月,茅盾接编并全面革新了《小说月报》;12月底,与郑振铎、王统照、叶绍钧、周作人等联系,并于1921年1月发起成立了“文学研究会”。当时,茅盾主要从事文学理论的探讨、文学批评和外国文学的翻译工作。据不完全统计,1921年度,茅盾发表的译著约130余篇。1934年9月,茅盾协助鲁迅创办《译文》杂志,为进步文学的翻译事业开拓了新路。

茅盾自20世纪20年代起,就对翻译问题发表过许多看法。他主张直译,同时又提倡保留“神韵”。他于1921年在一篇文章里说道:“翻译文学之应直译,在今日已没有讨论之必要;但直译的时候,常常因为中西文字不同的缘故,发生最大的困难,就是原作的'形貌'与'神韵'不能同时保留。……就我的私见下个判断,觉得与其失'神韵'而留'原貌',还不如'形貌'上有些差异而保留了'神韵'。"

关于直译,他在1922年写道:"直译的意义若就浅处说,只是'不妄改原文的字句';就深处说,还求'能保留原文的情调与风格'。"

1954年他在全国文学翻译工作会议上作了报告。他说:"对于一般的翻译的最低限度的要求,至少应该用明白畅达的译文,忠实地传达原作的内容。……文学翻译是用一种语言,把原作的艺术意境传达出来,使读者在读译文的时候能够像读原作时一样得到启发、感动和美的感受。……这样的翻译的过程,是把译者和原作者合而为一,好像原作者用另外一国文字写自己的作品。这样的翻译既需要译者发挥工作上的创造性,而又要完全忠实于原作的意图……。"

一、请在下列惯用语的译文中填上一个适当的单词,确保其表达准确、地道。

1. 我们又见面了,看来咱们俩有点缘分呵。 Nice to see you again. This is a small ______.
2. 胡闹! That's ______ business!
3. 你这是在找死! You're playing with ______!
4. 别催我!我正在做呢! I'm on it! Don't ______ me.
5. 随你怎么办,无所谓。 You can do what you want. ______!
6. 你别装蒜! Don't play ______!
7. 分摊吧! Let's go ______.
8. 分手吧! ______ up!
9. 你看吧,被我言中了吧? I told you ______!
10. 不要脸! ______!
11. 神经病! ______!
12. 免了吧! No ______!
13. 不骗你! Not ______!
14. 我请客。 My ______!
15. 去死啦! Go to ______!
16. 来单挑! Let's fight ______!

17. 正经点！ Have some ______!
18. 干脆点！ Make up your ______!
19. 清醒点！ Wake up and smell the ______!
20. 有眼光！ Good ______!

二、请认真改进下列各句的译文中存在的问题。

1. 他直到工作做完了才休息。He took a rest until he had finished his work.
2. 他从星期一到今天一直忙于搞调查。He has been busy with his investigation from Monday.
3. 他的演讲吸引了大批观众。His speech attracted a large number of audience.
4. 脚步声渐渐消失了。Gradually the sound of footsteps disappeared.
5. 你能给我介绍几本新出版的小说吗？Can you introduce me some newly-published novels?

三、请将下列惯用语翻译成英语，并请注重这方面知识的积累。

1. 跑得了和尚跑不了庙
2. 炒冷饭
3. 风凉话
4. 扣帽子
5. 咬耳朵
6. 扇阴风，点鬼火
7. 拍马屁
8. 杀风景
9. 放空炮
10. 绕圈子
11. 摆架子
12. 戴高帽子
13. 露马脚
14. 唱反调
15. 唱对台戏
16. 挖空心思
17. 穿连裆裤
18. 抱大腿
19. 敲竹杠
20. 走后门

四、请将下列短文译成英语，注意灵活运用所学知识。

男方拒付钱

钟本利介绍，2001年经朋友介绍，自己和彭有琴同居有了小孩，两人常分分合合。2004年9月，他们到民政局办了结婚证，可三个月后就协议离婚了。

钟本利和彭有琴都认同协议上有“每月给孩子300元的抚养费”，但在履行中却发生了分歧。“她只知道来要钱，娃儿都不给我看一眼。”钟本利心里很不舒服，因此从今年1月起就拒绝给钱。

“他生了娃儿又不养，我一个弱女子，又没有工作，不找他闹我找谁？”彭有琴心里也有委屈，“他不讲信用，就别怪我无情……”

第十九课

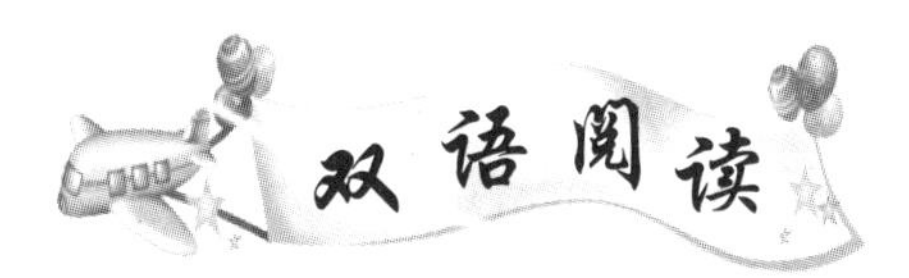

《骆驼祥子》(选段)

因有雪光,天仿佛亮得早了些。快到年底,不少人家买来鸡喂着,鸡的鸣声比往日多了几倍。处处鸡啼,大有些丰年瑞雪的景况。祥子可是一夜没睡好。到后半夜,他忍了几个盹儿,迷迷糊糊的,似睡不睡的,象浮在水那样忽起忽落,心中不安。越睡越冷,听到了四处的鸡叫,他实在撑不住了。不愿惊动老程,他蜷着腿,用被子堵上嘴咳嗽,还不敢起来。忍着,等着,心中非常的急躁。好容易等到天亮,街上有了大车的轮声与赶车人的呼叱,他坐了起来。坐着也是冷,他立起来,系好了纽扣,开开一点门缝向外看了看。雪并没有多么厚,大概在半夜里就不下了;天似乎已晴,可是灰绿绿的看不甚清,连雪上也有一层很淡的灰影似的。

***Reference Version*:**

Camel Xiangzi

(Excerpted)

Due to the whiteness of the snow, the twilight seemed to have made an earlier arrival. The morning crows of cocks were times more than usual because many households were preparing cocks for the approaching New Year. The snow, the crows from all directions—what a great symbol of auspice and harvest year! Xiangzi, nevertheless, had a bad sleep all the night. Well after the midnight, he couldn't help a few dozes. Being semiconscious and half asleep, he felt as if floating on the water, with sudden rises and sudden falls, which upset him a great deal. The declining night temperature plus the crows from all corners really pushed him to the limit of his tolerance. In consideration of sleeping Old Cheng, he kept lying in bed, with his legs curled up, and managed to dull his coughs by covering his mouth with the quilt. Enduring and waiting endlessly, he felt very impatient. After a long, long expectation, he noticed a trace of daybreak and heard the rumbles of wagons coupled with the loud urges of their drivers out in the streets. Now, he sat up in the bed. Feeling still cold and uncomfortable, he got off the bed and buttoned up carefully. Then, he pulled open the door slightly and peoped out. The snow was not very thick and might have stopped at midnight; it seemed a fine day, but all was a little invisible due to the gray green, and even the snow seemed to be covered with a film of light gray matter.

译注：

1.《骆驼祥子》是老舍的名著之一，可直译成“Camel Xiangzi”或意译成“Rickshaw Boy”。相比之下，直译反倒比较符合原作者的意思，因为里面带有暗喻的修辞效果，很容易让译文读者一看题目便隐约想象到祥子的悲惨生活状态。

2. 通读全段，不难看出，原文是始终围绕着“祥子大清早和夜里的所作所为，所听所见”展开的，原文作者也是在侧重“祥子的处境”，所以这里的翻译要注意选择好“视角”或“话题”，也要注意“句义连贯紧凑”的问题，不要简单地按顺序翻译和主次不分。

3. 在翻译“处处鸡啼，大有些丰年瑞雪的景况”这句时，有必要用上“换序”和“拆译”的技巧，毕竟，这句话完全是由前面提到的“雪”和“鸡的鸣声”引发出来的。因此，该句中的“雪”理应提到前面和“鸡啼”并列，而在其后将“丰年”和“祥瑞”的含义并列起来。另外，为了增强表达的效果，可以在句式上采用“破句”和恰当地运用标点。

4. 细细思量，“他忍了几个盹儿”恐怕该理解为“他忍不住打了几个盹儿”，一方面是因为，尽管天寒地冻，可怜的祥子睡不着，但是毕竟夜深了，他肯定是疲倦至极，很想合眼；另一方面，下文也说他“似睡不睡的”，看得出他并没有“忍住不打盹”。

5. 在处理“越睡越冷，听到了四处的鸡叫，他实在撑不住了”这句时，要把握好分句的内在联系。细加分析，不难看出，前两个分句是“他实在撑不住”的隐含的原因。另外，由于“撑不住”没有一个明确的宾语，所以在英译时，要有变通思维。本译者在这里的处理方法就是考虑了这些因素。

6. 请注意体会若将“不愿惊动老程”译成“Unwilling to wake up Old Cheng”或“Reluctant to disturb Old Cheng”,和参考译文中的“In consideration of sleeping Old Cheng”在效果上有何不同?这里的逆向思维是不是更能突显祥子的善良和可爱呢?
7. “蜷着腿,用被子堵上嘴咳嗽,还不敢起来”这节里有很多动词,但是在处理成英语时,不能简单地顺序交代和全部处理成谓语动词,毕竟它们并非全是并列的关系。还有,就是恐怕有人会简单地把“用被子堵上嘴咳嗽”翻译成“…covered his mouth with the quilt to cough”“…covered his mouth with the quilt and coughed”,“…coughed with his mouth covered by the quilt”等形式。殊不知,这样的译文读起来怪怪的,真可谓“貌合神离”!
8. 特别要说明的是,参考译文中对“还不敢起来”的处理又一次用到了反译法。试想,这里若将其照着字面译成“he didn't dare to get up”是不是完全变味了呢?难道原文是在说老程很厉害,如果被惊醒了,祥子会被他暴打,弄得个吃不了兜着走的下场吗?
9. 最后,参考译文中多处用到了“逆向翻译”、“词性转换”以及“增词”的技巧,请仔细识别和品评。

汉语小说的英译

小说种类繁多,有社会小说、心理小说、侦探小说、科幻小说和哲理小说等,西方小说中还有荒诞小说、意识流小说、魔幻现实主义小说等。然而,不管什么小说,都离不开人物、情节、语言和风格这些基本要素。

小说的创作离不开人物的塑造和情节的安排。小说作者总是把人物放在特定的环境或故事情节中加以刻画,总是按照自己的意图来安排小说的情节,以达到传达思想感情的目的。所以,人物形象是否丰满鲜明,故事情节是否引人入胜,常常是衡量一部小说写得成功与否的重要标志。小说的语言具有极大的包容性,往往需要吸收各种文学艺术形式的语言特长,作者驾驭语言的能力直接影响到小说的质量高低。作为一种语言艺术,小说的风格主要通过人物形象、故事情节和语言运用等来体现。

小说文体的上述主要特征,对小说的翻译提出了特别的要求和需要遵循的原则。小说翻译仅仅做到语言和表达的自然流畅,还远远没有达到文学翻译标准的要求,必须从内容到风格都贴近原文才行,译文的语言在风格上应达到"传神"乃至"化境"的标准。也就是说,在小说翻译中,语言除了达到通顺的要求外,还需有"雅"的成分,至少应具备选词用字的确切性、句式结构的合理性和音韵节奏的和谐性等。具体说来,小说翻译应该注意原作语境、人物个性语言以及原作艺术风格或写作技巧的传译。

1. 原作语境的传译(Context)

语境指的是运用语言进行交际的具体场合或情境。英国作家Jonathan Swift有句名言:"Proper words in proper places make the true definition of a style."这里的"places"就是"语境"。中国也有"词无定义,随文而释"的说法,其中的"文"指的也是语境。一般认为,文化语境对文学作品有广泛的影响,尤其是对词汇含义有重要的制约作用。所以,理解小说原作的文化语境是做好翻译的首要前提。正如纽马克所说,"语境在所有翻译中都是最重要的因素,其重要性大于任何规则、任何理论、任何基本词义。"①

小说语境的翻译,不仅要注意选词的问题,还要注意句式以及表达方式的选取。由于小说语境受到词语的选用、句式的调整、作者的意图和修养等许多因素的影响,在翻译时,译者必须根据原作的总体语境和个别语境,选用最佳表达方式忠实地再现原作的语境。如:

原文:小二黑和小芹相好已经二三年了。那时候他才十六七,原不过在冬天夜长时候,跟着些闲人到三仙姑那里凑热闹,后来跟小芹混熟了,好像是一天不见面也不能行。

译文:Little Erhei and Little Qin had been steady friends for the past two or three years. At about seventeen, he used to spend some of the long winter evenings in Third Fairy-maid's house, together with other visitors. But he grew so attached to Little Qin, he could not let a single day pass without seeing her.

小说《小二黑结婚》中对小二黑与小芹这两个青年之间感情基础的这段描写,是为他们最终冲破封建传统和思想落后的家长的重重束缚,终于结为美满夫妻的结局作好铺垫。因此,上述译文中用"had been steady friends"、"grew so attached to"等去翻译"想好"和"混熟了",以及对"那时候他才十六七,原不过在冬天夜长时候"这节的译文表达技巧等,都较好地顾及了原作的情境语境并较好地在译文中得以传达。

2. 人物个性语言的传译(Individualized Language)

小说中人物形象的塑造,有一个重要途径便是通过人物的会话来实现。人物会话不仅包括人物之间的对话,还包括人物的内心独白或自言自语等。"言为心声",小说中

① Newmark, Peter. *A Textbook of Translation* [M]. Shanghai: Shanghai Foreign Language Education Press, 2001.

的人物，常常因其家庭出身、社会地位、受教育程度、个人性情的不同，而在言谈举止上表现出显著的差异。这在推进小说情节的发展和人物性格的刻画方面，起着非常重要的作用。

英译中国小说时，一定要找准不同人物角色的语言特点，做到文如其人。比如，《水浒传》中李逵的说话粗野，《孔乙己》中孔乙己说话迂腐，《红楼梦》中王熙凤说话得体、甜美、泼辣、诙谐等。要突出这些人物的个性，英译时就得把他们的会话翻译得恰到好处。一般而言，要想在译文中再现原作人物的语言个性，需要做到三个吻合，即人物的语言必须"与人物的身份和角色相吻合，与人物习惯和个性相吻合，与所处的环境和场合相吻合"。[①]请看下面译例：

原文：量这个鸟庄，何须哥哥费力，只兄弟自带二三百个孩儿杀将去，把这鸟庄的人都砍了，何须要人去先打听。

译文：That frigging manor. Why trouble yourself? I'll take two or three hundred of the lads, and we'll carve our way in and cut all the wretches done. What do you need scouts for?

以上译文出自中国籍犹太人沙博理（原名Sidney Shapiro）翻译的《水浒传》，译文中"frigging"、"carve our way in"、"wretches"、"done"等词语的选用以及整个句式的安排等，很好地传达了李逵说话粗俗、鲁莽性急的人物个性。

3. 原作艺术风格的传译（Artistic Style）

文学作品（这里专指小说）的风格是否能在译文中得以再现？这个问题历来颇让人争议。事实上，在我国，不少译作不仅能忠实地传达原作的思想内容，而且能巧妙地再现原作的艺术风格。[②]钱锺书先生的"化境说"就包括了对原作风格再现的论述；翻译大家王佐良所译培根的《论读书》的译文就毫不逊色于原作：排比一样的工整，结构一样的紧凑，用词一样的精炼，表意一样的深刻。由此可见，风格的翻译不仅可行，而且应当作为衡量译作的标准，只不过这是一个高层次的标准罢了。

小说的艺术风格可以通过许多方面来体现，如小说的主题、人物形象、故事情节、使用的语言及创作的方法，等等。为了再现原作的艺术风格，译者首先必须把握住作者的创作个性，其次要弄清作者的创作意图和创作方法，同时也应了解作者的世界观、主要经历以及作品的创作背景等。请看以下例句：

原文：有一张脸渐渐吸引住霍大道的目光。这是一张有着矿石般颜色和猎人般粗犷特征的脸：石岸般突出的眉弓，饿虎般深邃的双眼；颧骨略高的双颊，肌厚

① 黄粉保. 论小说人物语言个性的翻译[J]. 中国翻译，2000(2)：

② 同上。

肉重的阔脸;这一切简直就是力量的化身。他是机电局电器公司经理乔光朴,正从副局长徐进亭的烟盒里抽出一支香烟在手里摆弄着。

译文:Then his gaze fell on a dark tanned face, tough and fleshy, with bushy eyebrows, deep eyes, high cheek bones. An image of strength! He was Qiao Guangpu, the director of the Electrical Appliance Company under the bureau.

上面的原文选自我国当代作家蒋子龙于1979年在《人民文学》第7期上发表的短篇小说《乔厂长上任记》。这里讲述的是机电工业局局长霍大道在其主持的党委扩大会议开始后,在与会者中搜寻理想的人选当重型电机厂厂长的事。当他的目光落到乔光朴身上时,心里一下子豁然开朗。译者丁帆深得原作的意图,在译文的遣词造句方面并未依照原文的字面逐一翻译,而是简练、巧妙、确切地反映了乔光朴的人物性格,比如译文中"a dark tanned face"和"tough and fleshy, with bushy eyebrows, deep eyes, high cheek bones"的描绘,再加上"An image of strength!"的概括,使主人公的人物形象跃然纸上,让译文读者有一种如见其人的感觉。

最后要顺便提及的是:汉语小说中有时会把几个人物的对话放在同一个段落中,而英语很少有这种现象,因此,英译时,一般都要按照英语的习惯把每个角色的会话都独立成段。

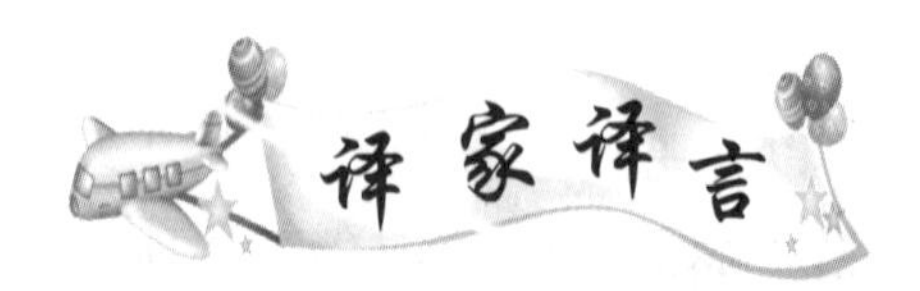

钱锺书

钱锺书(1910—1998),江苏无锡人,我国当代著名的学者和作家。他的学识之渊博,文学造诣之高,在当代中国可谓首屈一指,被称为"当代第一博学鸿儒"、"文化昆仑"。他不仅学贯中西,有深厚的中文造诣,还精通英、法、意、德、拉丁、西班牙等多种语言。著作有诗集《中书君诗》与《中书君近诗》、散文集《写在人生边上》、短篇小说《人·兽·鬼》、长篇小说《围城》和诗话《谈艺录》等,主要学术著作有《宋诗选注》、《管锥编》、《谈艺录(补丁本)》、《旧文四篇》、《也是集》、《七缀集》、《槐聚诗存》等。《围城》是其唯一一部长篇小说,也是他最为家喻户晓的一部现代文学经典作品。"城里的人想出去,城外的人想进来"不仅是对一种人生情境的形象概括,也是对一种心理意态的巧妙捕捉。许多钱著先后被译为多国文字,在海外各国出版,引起世界关注。

钱先生的英文造诣在中国译坛也是首屈一指的。我们耳熟能详并奉为经典的中国谚语“吃一堑，长一智。”和“三个臭皮匠，顶个诸葛亮。”的英译文“A fall into the pit, A gain in your wit”及“Three cobblers with their wits combined equal Zhuge Liang, the master mind”就是他的杰作。

1950年到1956年，钱锺书担任《毛泽东选集》英译委员会主任委员，负责英文翻译、审稿、定稿工作，四卷英译本包含着钱先生的心血和汗水。之后，他又同乔冠华、叶君健一起参加毛泽东诗词英译本的定稿工作。

在有关翻译的论述方面，他指出，文学翻译的最高境界是“化境”。对此，他作了十分精彩的论述：“文学翻译的最高理想可以说是‘化’。把作品从一国文字转变成另一国文字，既能不因语文习惯的差异而露出生硬牵强的痕迹，又能完全保存原作的风味，那就算得入于‘化境’。”这种造诣高的翻译，就像原作的““投胎转世”(The Transmigration of Souls)”，躯体换了一个，而精神依然故我。换句话说，译本对原作应该忠实得以至于读起来不像译本，因为作品在原文里绝不会读起来像翻译出的东西。当然，他又指出：“彻底和全部的‘化’是不可能实现的理想，某些方面、某种程度的‘讹’又是不能避免的毛病”；同时，他又提出一个新鲜的看法：“于是‘媒’或‘诱’产生了新的意义。翻译本来是要省人家的事，免得他们去学外文、读原作，却一变而为导诱一些人去学外文、读原作。它挑动了有些人的好奇心，惹得他们对原作无限向往，仿佛让他们尝到一点儿味道，引起了胃口，可是没有解馋过瘾。他们总觉得读翻译像隔雾赏花，不比读原作那么情景真切。”他指出，“译事之信，当包达、雅”；“依义旨以传，而能如风格以出，斯之谓信。”意思是说，严格按照原文的义旨和风格以译，就是达和雅，同时也就是信。他还论述了翻译中的“得”(得意)、“失”(失言)问题。他指出，在翻译中“‘本’有非‘失’不可者，此‘本’不‘失’，便不成翻译”。在《林纾的翻译》一文中，他谈到了“欧化”与“汉化”的两种翻译方法，但未对此明确表态；另外，他还在该文中论述了翻译作品在艺术上胜过原作的可能性的问题。他指出：“译者运用‘归宿语言’超过作者运用‘出发语言’的本领，或译本在文笔上优于原作，都有可能性。”他甚至提到自己宁可读林纾的译文，也不乐意读哈葛德的原文。

练　习

一、请将下列句子译成英语，注意参照本节的专题知识，确保译文的可读性或表达效果。

1. 合抱之木，生于毫末；九层之台，起于累土；千里之行，始于足下。

2. 我在学校读书的时候，有所谓“强迫运动”，我踢破过几双球鞋，打断过几只球拍。因而侥幸维持下来最低限度的体力。

3. 丹青不知老将近,富贵于我如浮云。
4. 他俩像所有年轻的情侣那样天生好赌气,可末了,总是她来找他,一般不出一个星期。他很有自信心。
5. 也许有些人很可恶,有些人很卑鄙。而当我设身为他想象的时候,我才知道:他比我还可怜。所以请原谅所有你见过的人,好人或者坏人。
6. 这是可怜的少女受了薄幸的男子的欺绐?还是不幸的青年受了轻狂的妇人的玩弄呢?
7. 我接着便有许多话,想要连珠一般涌出……但又觉得被什么当着似的,单在脑里面回旋,吐不出口外去。
8. 他捶了几下胸口之后,兴奋地接着说道:"是的,是的……乡下冷,你往人家门前的稻草堆上一钻就暖了哪……这街上,哼,鬼地方!……还有那些山里呵,比乡下更冷喔,咳,那才好哪!火烧一大堆,大大小小一家人,热闹呀!……"
9. 最令人触目惊心的一件事,是看着钟表上的秒针一下一下的移动,每移动一下就是表示我们的寿命已经缩短了一部分。
10. 如果想在有生之年做一点什么事,学一点什么学问,充实自己,帮助别人,使生命成为有意义,不虚此生,那么就不可浪费光阴。

二、请认真改进下列各句的译文中存在的问题。

1. 他的病情好多了。His sick condition is much better.
2. 经常给我写信。Write letters to me often.
3. 挑战者以0比4的比分输了与冠军队的那场比赛。The challengers lost the game by zero to four to the champion.
4. 在一次具有历史意义的表决中,北京赢得了申办奥运会的机会。In a historical vote, Beijing won the bid for the Olympics.
5. 你读没读过菲尔丁的经典长篇小说《汤姆·琼斯》?Have you ever read Fielding's classical novel *Tom Jones*?

三、请在下列译文的空白处填上一个适当的单词,确保译文忠实通顺地传达原文的意思。

我望着红叶,问:"这是什么树?怎么不大像枫叶?"

老向导说:"本来不是枫叶嘛。这叫红树。"就指着路边的树,说:"你看看,就是那种树。"

路边的红树叶子还没红,所以我们都没注意。我走过去摘下一片,叶子是圆的,只有叶脉上微微透出点红意。

我不觉叫:“哎呀！还香呢。”把叶子送到鼻子上闻了闻,那叶子发出一股轻微的药香。

另一位同伴也嗅了嗅,叫:“哎呀！是香！怪不得叫香山。”

老向导也慢慢说:“真是香呢。我怎么做了四十年向导,早先就没闻见过?”

____1____ at them, I asked, “What kind of trees are they? They don't look like maple.”

“They are ____2____ not maples; they're called red trees,” the old man ____3____. ____4____ at a tree by the road, he said, “Take a look. This is ____5____.”

This ____6____ had not turned red; ____7____ was why we paid no attention ____8____ it. I went over ____9____ broke off a leaf-round in ____10____ with ________ veins beginning to show red.

“Ah, it smells good!” I could not ____12____ exclaiming as I brought the leaf to my nose and detected a ____13____ scent resembling ____14____ medicine.

Someone else smelled it and said, “Oh, yes! It ____15____ smell good! No wonder it's called Fragrance Hill.”

“Really ____16____!” The old man also ____17____ in his slow manner. “How ____18____ in my forty years as a guide I had ____19____ noticed its ____20____?”

四、请将下列短文译成英语,注意灵活运用所学知识。

多收了三五斗

(节选)

旧毡帽朋友今天上镇来,原来有很多的计划的。洋肥皂用完了,须得买十块八块回去。洋火也要带几匣。洋油向挑着担子到村里去的小贩买,十个铜板只有这么一小瓢,太吃亏了;如果几家人家合买一听分来用,就便宜得多。陈列在橱窗里的花花绿绿的洋布听说只要八分半一尺,女人早已眼红了好久,今天粜米就嚷着要一同出来,自己几尺,阿大几尺,阿二几尺,都有了预算。有些女人的预算里还有一面蛋圆的洋镜,一方雪白的毛巾,或者一顶结得很好看的绒线的小团帽。难得今年天照应,一亩田多收这么三五斗,让一向捏得紧紧的手稍微放松一点,谁说不应该？缴租,还债,解会钱,大概能够对付过去吧;对付过去之外,大概还有多余吧。在这样的心境之下,有些人甚至想买一个热水瓶。这东西实在怪,不用生火,热水冲下去,等会儿倒出来照旧是烫的;比起稻柴做成的茶壶窠来,果真是一个在天上,一个在地下。

第二十课

母亲的梳妆台

我是一个从小生活在山村里的男士，对那些形形色色的化妆品似乎没有过多的接触。但提起母亲的梳妆台，我的心中依然酝酿着许多情愫，那是对岁月的追忆，更是对社会发展的感慨。

我出生于1977年，伴随我成长的不仅仅是改革开放，还有母亲的梳妆台。它是一个简简单单的木制家具，通体是油漆刷成的红色，下面有一个小抽屉，上面是一面大镜子。母亲年轻时，是村里数一数二的俏媳妇。记忆中，她每天早上都要站在梳妆台前梳理自己的长发，整理身上的衣着。那时候，我家里穷，母亲的梳妆台上除了一把梳子，还有一把梳子。尽管没有什么化妆品，但却映射了母亲爱美的心情……

1990年的暑假，远在城里上班的表姐来到我家住了一个多月。她随身带了几件化妆品，眉毛描得细细的、弯弯的，脸蛋抹得白白的、粉粉的，嘴唇涂得红红的、艳艳的，惹得村里一些小伙子总是借故到我家偷偷"养眼"。当然，那些年长的老人们却是不屑一顾，私下议论我表姐是城里来的妖精。暑假结束后，表姐就走了，但那套化妆品却遗落在我的家里。从此以后，母亲的梳妆台上第一次摆上了化妆品。

爱美之心，人皆有之。表姐走后的那几天，母亲每天晚上都会对着镜子学着化妆，有时候，还要扭过头问父亲，好看不？可是，次日一早，母亲还是要洗尽铅华，害怕别人指指点点。记得有一天，我们一家人要去参加一个亲戚的婚礼。临走时，父亲非要让母亲做一个简单的化妆。没想到回来后，思想封建的奶奶就斥责了父母，说母亲不学好，把脸抹得妖里妖气，丢光了家人的脸面。母亲一气之下,就扔掉了那些化妆品,但委屈的泪水却浸湿了整个夜晚……

从此以后,母亲的梳妆台上再也没有出现过化妆品。唯有严寒的冬季,才会增添几袋“抹脸油”。而梳妆台下面那个小抽屉,也成了父亲放置各种螺丝钉的工具箱。

岁月的飞逝,总会剥蚀女人靓丽的外表。渐渐地,母亲从一个年轻漂亮的媳妇老成了颇有沧桑的农妇。当时代的列车驶入新世纪的时候,为了美丽而化妆的风气也在山里人的心中氤氲。遗憾的是,母亲已年近五十了,留在镜中的只是憔悴的面庞和失落的神情。

2003年春节,我和妻子在老家过年。大年初一的早上,母亲坐在梳妆台前梳着头发,银丝依稀可见。“哎,又老了一岁!”母亲叹息道,随后又扭头问我们,“我看起来是不是很显老?”母亲的话让我和妻子惭愧不已,突然意识到我们遗忘了一种情感。究竟是一种什么样的情感,我和妻子一时都无法命名。

如今,经历改革开放,时过境迁,今非昔比,再看母亲的梳妆台,早已是油漆斑驳。我几次想换掉它,但母亲却不同意,说那是她结婚时的陪嫁礼品。不过,在妻子的鼓励下,母亲也开始了一些简单的化妆,看起来年轻了许多。而她的梳妆台,也摆满了各种各样的化妆品,什么染发的、防紫外线的、祛斑的、护肤的、养颜的等等,都是妻子精心为母亲选购的,这不仅是一种孝心的表述,更是一种时代的印证。

“我要重新找回自己的年轻!”站在梳妆台前,母亲总喜欢对父亲说这样的话。镜子里,年老的母亲露出了年轻的笑,自信而美丽……

***Reference Version*:**

Mum's Dressing Table

As a man with his childhood spent in a mountainous village, I seem to have had little access to a great variety of cosmetics. But the mention of Mum's dressing table is always to me a trigger of emotions, of memories, and to be more exact, a trigger of happy exclamation for social progress.

Since my birth in 1977, Mum's dressing table, together with China's reform and opening up, has accompanied me all the way into my adulthood.

The table is a crude red-painted woodwork, with a little drawer beneath the table face and a big looking-glass up in front. In her youth, Mum was a great beauty of our village. In my memory, she never missed a morning in doing up her long hair and tidying up her clothes before the dresser. At that time, our family was too poor to afford any cosmetics, but on the table always lay two combs—a vivid reflection of Mum's love and pursuit of beauty...

In the summer holiday of 1990, my cousin, a job taker in the city, paid a visit to our family and stayed with us for over one month. She came with a few cosmetics. Her brows were marked thin and crescent, her face was powdered fair and pink, and her lips were rendered scarlet and rosy. Her arrival caused such a sensation that quite a number of young men in our village kept coming to feast their eyes under the disguise of various excuses. Of course, those elderly villagers turned up their noses at my cousin and even privately labeled her as a siren from the city. The day my cousin left for her work, she forgot to take her cosmetics away. Hence, for the first time, some cosmetics appeared on Mum's dressing table.

Everybody hopes to look more beautiful, so does my mother. For quite a few nights right after the leave of my cousin, Mum was always seen standing before the looking-glass and trying makeup. Sometimes, she would even turn her head for my father's opinion of her look. But, for fear of others' criticism, she would wash everything off early in the next morning. I can still remember an incident of that time. One day, all the family went for a relative's wedding ceremony. Before we took to the road, Mum had a simple and light makeup at the earnest request of Father. Unexpectedly, as soon as we returned home, my feudalistic paternal grandmother gave both Father and Mum a good scolding. She insisted that Mum was morally corrupt and had disgraced all the family with her bewitching makeup. In a fit of humiliation and fury, Mum threw off all the cosmetics and sorrowful tears kept welling up all that night...

After that, not a single cosmetic could be found on Mum's dressing table. It was only in bitter winter that on the table would appear a few bags of "facial lotion." And the little drawer beneath the table face also became a screw box for my father.

Time is really a thief of women's beauty. With the passage of time, Mum has turned from a young married beauty into a weather-beaten countrywoman. With the advent of the new century, the pursuit of better look via cosmetics application becomes stronger and stronger among the villagers in my hometown. Pitifully, Mum is now near 50 and her mirror reflection looks haggard and disillusioned.

During the Spring Festival in 2003, my wife and I went to my hometown to spend the holiday with my parents. On the morning of the first day of the Lunar New Year, we noticed Mum's gray hair, little but visible, when she was sitting at the dressing table combing her hair. Looking at herself in the glass, she couldn't help sighing, "Hey, one year older!" Then she turned back to ask us, "Am I looking very old?" At her question, we both felt a vehement upsurge of guilt and suddenly realized our neglect of a certain feeling, a feeling hard to name for both my wife and me.

Now, after so many years of China's reform and opening up, the situation is different and far better than ever before. Mum's dressing table has long been worn and paint-mottled. More than once I offered to replace it with a new one, but Mum always declined, explaining that the dressing table was one of her dowries. To our comfort, with the encouragement of my wife, Mum begins to wear some light makeup and looks much younger now. Her dressing table is now filled with a diversity of cosmetics for various purposes such as hair dyeing, protection from ultraviolet, spot elimination, skin care, and youth preservation. All of them are the careful choices of my wife, an expression of filial piety and a verification of social progress.

"I will recall my youth!" That is Mum's pet saying to Father whenever she stands before her dressing table. Mum begins to show smiles in the glass, looking so young, so confident, and so beautiful ...

译注：

1. 梳妆台：dressing table, dresser；若梳妆台安放在卫生间也叫：toilet table。
2. “我是一个……男士”这节不宜翻译成单独的一个分句，否则，整个译文的句子既显得不够书面，也没突出句子的重心。该句译文中前半截的短语处理较为灵活地传达了隐含的原因。另外，“接触”若翻译成“contact”是不怎么准确的。还得注意的是，译文中“seem to”后面要用动词不定式的完成形式。
3. 原文第一段最后一句里有“提起”、“酝酿”、“追忆”、“感慨”等多个动词，若是不分青红皂白地对译成相应的动词和分句，句式未免太复杂冗长，也会大大降低译文的表现力。考虑到英语少用动词的特点，这里的译文选用了“mention”和“trigger”两个名词来分别作主语和表语，从而把整个句子有机地连缀在一起，省却了好多麻烦，而且也更具有文学味。另请注意译文中增添了“happy”一词，还有就是“社会发展”翻译成“social progress”比“social development”更准确。
4. 很显然，“我出生于1977年”也是不宜翻译成句子的。译文中将其处理成“Since my birth in 1977,”对全句的构架和驾驭（包括时态的确定）起到了很好的提示作用。
5. “简简单单的”不能翻译成“simple”，而应理解为“非精雕细作的”，所以译文选用了“crude”一词。请注意译文中对“通体是油漆刷成的红色”的简化和换序处理以及“woodwork”后介词短语的运用。特别要说明的是，“大镜子”不要翻译成“a big mirror”，而应译成“a big looking-glass”表示“穿衣镜”的意思。另外，翻译“下面”时要增译“the table face”，而“上面”在这里不能翻译成“on the table”，而要翻译成“up in front”。翻译时，请务必想到梳妆台的直观形象，否则，稍有不慎，就会犯错误。
6. “数一数二”在这里不宜照着字面翻译，“媳妇”也绝不可翻译成“daughter-in-law”，更不可翻译成“wife”。译文中用“a great beauty”来翻译“数一数二的巧媳妇”是比较合适的。
7. 将“每天早上她都要……”翻译成“she never missed a morning in...”显得语义更加突出。“梳理”不要简单地翻译成“combing”，因为毕竟还有“盘发”的动作等。
8. 翻译“那时候，……但却映射了母亲爱美的心情……”这节时，很有必要调换句序和综合语义。试想，如果就按原序字面翻译成“At that time, my family was poor, and there was a comb apart from another on Mum's dresser”会是什么效果？目标读者读了该句后难免会问：“既然穷，怎么又有两把梳子呢？”还有，“a comb apart from another”绝对是对原文表达的机械对应，很不符合英语的思维表达习惯。另请注意译文中“vivid”、“pursuit”两词的增译效果。
9. “城里上班”在这里处理成“a job taker in the city”作同位语比译成定语从句更合适些。“来到我家住了一个多月”千万别翻译成“came to our home for over one month”，因为“come”在英语中是不能和“for”引出的时间状语连用的。

10. 在翻译“眉毛描得细细的……艳艳的”这节时，请注意几个谓语动词的选择和平行结构的运用。
11. 翻译“惹得村里一些小伙子总是……”时，难点在于译文主语的选择和句型的确定上。这里的译文用“Her arrival”作主语和“such...that”这样的句型结构，较好地达到了语义明晰、句式紧凑的效果。另外，“sensation”一词的增译是充分挖掘原文蕴意的结果。最后，“养眼”和“借故”翻译成“feast their eyes”和“under the disguise of various excuses”是准确而地道的。
12. “当然，那些年长的老人们……议论我表姐……”这节里的“议论”不是“discuss”的意思，译文中用“labeled her as”应该说是十分准确的，它把村民们喜欢“扣帽子、贴标签”的意思充分地表达了出来。另外，译文中“turned up their noses at”也较为直观地译出了“不屑一顾”的形象含义。最后，请注意译文中“even”这词的增译。
13. 很明显，将“暑假结束后，表姐就走了，但那套化妆品却遗落在我的家里”翻译成“The day my cousin left for her work, she forgot to take her cosmetics away”，是跳出了原文的字面形式的，译者运用了省译的技巧，并进行了思维上的转换，从而让译文言简意赅、事半功倍。
14. 这里的“从此以后”是不能翻译成“Since then”的，因为这个短语要求用完成时态，而“表姐用过的化妆品”不可能到作者写文章时还摆在妈妈的梳妆台上。因此，译文中用了“Hence”一词来引出下文。另外，“摆”字的翻译恐怕也让一些译者颇为纠结，请判断译文中“appeared”一词是否确当。
15. 谚语“爱美之心，人皆有之”的常见译文是“The love of beauty is an essential part of all healthy human nature”或“ Everybody loves beauty”。但在这里，译者的这种处理似乎更为灵活而贴切。另外，在“Everybody hopes to look more beautiful”后面是十分有必要加上“so does my mother”的，因为有了这一增译，才能更好地统领和引出下文。
16. “母亲每天晚上都会对着镜子学着化妆”本来是个主动句，而在译文中却用了“Mum was always seen standing ...”这样的被动语态。这样的处理是不是更好地传达出了“全家人已经注意到母亲的变化”的意思呢？
17. “好看不”照理说是母亲的原话，但鉴于原文中没有加引号，译文也就无需将其翻译成直接引语。这里的译文处理明显不是原文字面的翻译，显得灵活但不失准确。
18. 翻译“可是，次日一早，母亲还是要洗尽铅华，害怕别人指指点点”这节时，主要是要注意一个换序的问题。
19. 原文“记得有一天”之后的段落剩余部分都是作者写文章时回想起来的内容，在译文中，是难以把其后所有的内容都放在“remember”后作宾语的。因此，该译文中用了

"I can still remember an incident of that time."来引出下文。译文的成功就在于用了"incident"这一概括性很强的词语,它在这里是"风波"的意思。

20. 翻译"父亲非要让母亲做一个简单的化妆"时,切不可用"Father"来作译文的主语,否则,译文就给人一种转换话题对象的嫌疑,毕竟通篇文章都在围绕"母亲"和她的梳妆台展开。再说,如果用"父亲"作主语对译下去,也让读者无从知道母亲是否接受了父亲的恳求。总之,前后的连贯性和语义的明晰度都会大受影响。
21. 请注意译文中对"说母亲不学好,把脸抹得妖里妖气,丢光了家人的脸面"这节的处理方式。需要说明的是,"说"在这里翻译成"said"远没有"insisted"好,"不学好"不宜翻译成"did not learn good things"。再请体会译文中将"把脸抹得妖里妖气"处理成介词短语并进行语序调换的好处。
22. 很明显,将"一气之下"翻译成"With a fit of humiliation and anger",是增译了"humiliation"一词的,想必这个增词是非常必要的。另请注意"但委屈的泪水却浸湿了整个夜晚"在这里的译法。若将其译成"but sorrowful tears soaked the whole night"恐怕就是典型的Chinglish,鲜有人懂了。
23. 跟前面提到的一样,"从此以后,母亲的梳妆台上再也没有出现过化妆品"这节里的"从此以后"也不能翻译成"Since then"。另外,这里的"出现" 翻译成"appear"似乎没有译文中的被动语态好。
24. "唯有严寒的冬季,才会增添……"中的"增添"似乎也不宜翻译成"add"。
25. 请注意译文中对"而梳妆台下面那个小抽屉,……的工具箱"这节中部分词语的省译。
26. 译文用"Time is really a thief of women's beauty"去翻译"岁月的飞逝,总会剥蚀女人靓丽的外表"显得灵活简洁,切中本义,而且有较强的修辞效果。
27. 结合上下文,把"渐渐地"翻译成"With the passage of time"是比较巧妙的,也可以说这里省译了"渐渐地",而把"岁月的飞逝"挪到了后面翻译。总之,翻译时,译者应具有很强的语境意识、篇章意识,灵活而又巧妙地解决每一个翻译问题。
28. "母亲从一个年轻漂亮的媳妇老成……"这节里的"媳妇"同样不能翻译成"daughter-in-law" 或"wife"。这也较好地诠释了英国语言学家Firth的名言,"Each word when used in a new context is a new word."①
29. 翻译"当时代的列车……风气也在山里人的心中氤氲"这节时,"时代的列车驶入"不宜直译,"美丽"也不要直接翻译成"beauty","风气"在这里可以灵活地译成"pursuit","山里人"切不可译成"people in the mountain"。
30. 若将"留在镜中的只是憔悴的面庞和失落的神情"译成"What leaves in the mirror is

① 转引自陈宏薇、李亚丹编著:《新编汉英翻译教程》,上海:上海外语教育出版社,2010年,第60页。

only a haggard face and a disillusioned look”就明显带有汉语思维的痕迹，不符合英语的表达方式。

31. 在翻译“银丝依稀可见”时，有必要增添“we noticed”这样的词语，一来是较好地照应了前句的主语，二来也体现了我们对母亲的关切。况且后面有句子云“随后又扭头问我们”，这说明我们确实是呆在母亲身旁，陪伴着她梳头的。
32. 翻译“‘哎，又老了一岁！’母亲叹息道”这节时，很有必要增添“Looking at herself in the glass”。
33. 翻译“母亲的话让我和妻子惭愧不已”时，不宜用“My mother’s question”来作译文的主语，毕竟这里整段文字都在说我和妻子的所见、所闻、所感。
34. 请注意译文中“a feeling hard to name for both my wife and me”这一同位短语的用法及其表达效果。
35. 在翻译“早已是油漆斑驳”时，有必要在译文中增添“worn”一词。
36. 请体会这里为什么将“我几次想换掉它，但母亲却不同意……”这节里的动词“想”和“不同意”翻译成“offered”和“declined”。另请注意译文中的增词“with a new one”和“one of”。
37. “不过，在妻子的鼓励下，……看起来年轻了许多”这节里的“不过”二字的翻译是很值得思量的。如果用“However”、“But”之类的传统表达总显得衔接别扭，于上下文总有点格格不入的感觉。译文中把它翻译成“To our comfort”应该说是比较确切而又意味十足的。因为它很好地照应了上段提到的“惭愧不已”。可见，在具体的翻译中，措词往往不是一个搜寻记忆或查阅词典的结果。另外，这里的“简单的”也最好别翻译成“simple”。
38. 请注意“Her dressing table is now filled with a diversity of cosmetics for various purposes such as ...”这节译文里“for various purposes such as”的增词技巧及其在句中起到的表达效果。另请注意其后的几个并列成分的措词。
39. “选购”在原文中本是动词，在译文中译成了“choices”这一名词，从而让整个译句在结构上轻装了不少。
40. 翻译“更是一种时代的印证”时，“时代”不宜翻译成“the times”，因为那样的表达显得意义模糊。在这里，最好将其翻译成“social progress”。
41. 请注意译文中对“母亲总喜欢对父亲说这样的话”的表达方式，体会其表达效果。
42. “年轻的笑”对译成“young smiles”也不怎么地道，译文中将“年轻的”换序处理，让“young”与“confident”、“beautiful”并列表达，读起来更脍炙人口。

特殊数词的翻译

汉语中有个有趣的现象:某些句子或短语表达中虽然含有数字,但本质上并不怎么表达确切的数量概念,因而也就在汉译英的过程中对译者带来了或多或少的困难。有的时候,数词与汉语的政治术语等连用,也会给译者带来些许麻烦。下面就针对这些现象分别谈谈翻译中的注意事项和处理方法。

一、有些数词只具有象征作用,不表示确切的数量,而只表示大小、轻重、程度、关系等概念,由其构成的短语常用作副词或形容词,翻译时,一般不要照实译出,也不可拘泥于汉语的表达形式,也就是说,译文里可以根本没有数字而换成了其他表达形式。如:

1. 千山鸟飞绝,万径人踪灭。Myriad mountains—not a bird flying, / Endless roads—not a trace of men.
2. 那大王已有七八分醉了。The bandit chief was almost drunk.
3. 有些国营商店的售货员态度冷若冰霜,拒人千里之外。Shop assistants in some state-run shops are frosty in manner, repelling customers from a distance.
4. 祝你百尺竿头,更进一步。Wish you make still greater progress.
5. 地质勘探队员们历尽千辛万苦,找到了不少新矿藏。After innumerable hardships, the prospecting team discovered a lot of new ores.
6. 这事十拿九稳。It is in the bag.
7. 别三心二意了,就这么办吧。Don't shilly-shally. Go right ahead.
8. 他一肚子坏心眼。He is bellyful of tricks.
9. 老师说:"此题应用此法来做。俗话云,'一把钥匙开一把锁'。"The teacher said, "This exercise should be done by this means. As the proverb goes, 'Open different locks with different keys'."
10. 金桂意谓一不做,二不休,越发发泼喊起来。Determined to go to any length, Jingui went on ranting more wildly.
11. 因此,这消息就一传十,十传百,所以聚集许多人。Thus the news passed quickly from mouth to mouth, so a great many people gathered here.
12. 白发三千丈,缘愁似个长。My whitening hair would make a long long rope, / Yet

could not fathom all my depth of woe.

13. 别笑他考不及格，你的得分不过是五十步笑百步。Stop laughing at his failure. The points you have got are like the pot calling the kettle black.
14. 他已把我的话忘在九霄云外了。He has forgotten what I had said completely.
15. 一听说他又要来，她七窍生烟。When she heard he would come again, she fumed with anger.

二、有时即便在译文中可能也要涉及数字，但也应按英语的习惯用法而有所变通，也就是说在数字的大小上有些变化。如：

16. 这简直就是半斤八两。It is simply six of one and half a dozen of the other.
17. 他的宿舍里乱七八糟。His dorm is at sixes and sevens.
18. 十有八九他在撒谎。Ten to one he is lying.

三、个别情况下，甚至可以直接省去或部分省去含有数字的部分而完全不翻。如：

19. 有一个让着点，也吵不起来。"一个巴掌拍不响。"If only one of them were more easy-going, their quarrel would never have started.
20. 一个篱笆三个桩，一个好汉三个帮。One man needs the help of others to succeed in something.
21. 洪太尉倒在树根底下，唬得三十六个牙齿捉对儿厮打，那心头——似十五个吊桶打水，七上八下得响。Marshal Hong lay beneath a tree, his teeth chattering, and his heart like fifteen buckets in a single well.

四、汉语中一些有关政治、生活、社会现象等的词汇常与数字连用，英译时，一般可以直译。但因其所指往往是中国的特有现象或事件，直译过去往往会让英美读者不太熟悉其具体所指，因此，在直译的基础上，往往还需加注。如果是比较简短的词汇也可以省译其中数字而译出其实际内容。如：

22. 一个中心，两个基本点 one central task and two basic points
23. 四项基本原则 the four cardinal principles
24. 四害 four pests (rats, bedbugs, flies and mosquitoes)
25. 四有 four haves (have ideals, morality, culture, and discipline)
26. 三纲五常 the three cardinal guides (ruler guides subjects, father guides son, and husband guides wife) and the five constant virtues (benevolence, righteousness, propriety, wisdom and fidelity)

27. 三座大山 the three big mountains (imperialism, feudalism and bureaucrat-capitalism)
28. 三反运动 movement against the three evils (corruption, waste and bureaucracy)
29. 三乱 indiscriminate fines, charges and assessments
30. 工业三废 industrial waste gas, waste water and waste solid matters

王　徵

王徵(1571—1644),明朝科学家、科技翻译家,陕西径阳县人。7岁起从其舅父读书,关心国家兴亡,喜欢研究机械。40岁以后和邓玉函(Jean Terrenz,瑞士人)、龙华民(Nicolaus Longobardi,意大利人)等四方传教士交游,与徐光启、李之藻、杨延筠同为最先接受西学的人,但是他不像他们那样在朝中做过较大的官,而且他是这些人中唯一懂一些外语的人。他是我国较早学习拉丁语,并用西方语言学知识研究汉语音韵的先驱者。他曾帮助法国传教士金妮阁(Nicolas Trigault)修订了供外国人学习汉语用的《西儒耳目资》,并著有《诸器图说》等书;他与邓玉函合作编译的《远西奇器图说录最》介绍了物理学、力学的基本原理及其应用方法。在编译过程中,他精心挑选"关切民生日用"、"国家工作之所急需"的内容,采用"不次不文,总期简明易晓"的翻译方法。他指出,哲理类书最难翻译,他把西方语言、科技、哲理三类书籍分别称为"资耳目"、"资手足"、"资心"之书,认为各不可偏废,都应认真翻译。他的这种翻译资用思想,在当时是非常深刻的。

一、请将下列句子译成英语,注意其中数词的适当处理。

1. 书店从各个出版社进书,得到的折扣从七五折到四折不等。
2. 成绩有两重性,错误也有两重性。
3. 深圳搞了七八年,取得了很大的成绩。

4. 她把蛋糕切成两半。
5. 原子电池能工作几十年而无需充电。
6. 他用尽了千方百计想调到商检局,最后还是没成。
7. 这里的交通四通八达。
8. 你不该对此事说三道四。
9. 他把工作分成三六九等。
10. 他三句话不离本行。

二、请将下列句子译成英语,注意巧妙选择译文的主语。

1. 成功者与失败者的区别就在于成功者坚持不懈,失败者半途而废。
2. 每到元宵节晚上,这条街总是张灯结彩,热闹非凡。
3. 知之为知之,不知为不知,是知也。
4. 只有发生奇迹才能挽救公司倒闭的命运。
5. 那些天里,只要一提到她儿子的名字,她就伤心欲泪。

三、请将下列中国改革开放后的新词、热词翻译成英语,并请加强这方面的词汇储备。

1. 走穴
2. 晒工资
3. 大哥大
4. 寻呼机
5. 倒爷
6. 下海
7. 下岗
8. 农民工
9. 房奴
10. 按揭
11. 炒股
12. 经济适用房
13. 菜篮子工程
14. 又好又快发展
15. 小康社会
16. 循环经济
17. 南水北调工程
18. 廉租房
19. "三步走"战略
20. 一国两制
21. 三通
22. 三个代表
23. 科学发展观
24. 保持党员先进性教育
25. 和平共处五项原则
26. 两岸直航包机
27. 人肉搜索
28. 保安
29. 跳槽
30. 红包

四、请将下列短文译成英语，注意灵活运用所学知识。

小镇的公路

一说到家乡的路，我立马就会想起小时候家乡小镇的柏油路，记忆中的柏油路总是坑坑洼洼的，没见过几天平整的，县城的交通局下派到各乡镇负责维修公路的单位叫道班，连小镇中心都难逃此劫，其他地方肯定更加惨了，当时我一直在想，道班自己门前的路应该很少有坑坑洼洼的时候吧。坑坑洼洼的柏油路一旦遇到下雨天，那柏油路能跟乡村的烂石泥巴路一比高下，要是经过一辆车，两边的行人跑得比兔子还快，生活在小镇的人们，大家只能用这种方法来逃避污水的嚣张横行，只能快闪快跑，要不就等着横行的污水泼上全身吧。

去年因父母坚持要在家过年，多年不回家，回去发现一切都变了，包括家乡的路。原先坑坑洼洼的柏油路不见了，由一条宽敞的水泥大道横贯小镇中心取而代之，新修建的衔接322国道的百灌二级公路从小镇的政府门前横穿而过直奔临县的一个小镇。一条仅离我们小镇几公里的全新高速公路正在修建中，当时回家刚好从这条正在修建的高速公路桥下通过，回头望去，几百米(其实我真不知道到底有多长)的高速公路桥梁很有气魄，很壮观。这条连接湖南、广西、云南、广东四省区的重要交通咽喉，已经在今年的10月份顺利完工。

交通是发展的命脉，对于农村的发展，要想富，真的更加先要修好路。现如今家乡的道路已经四通八达了，农民的生活水平跟过去相比，也明显提高了很多。要不是因为今年回家碰到冰冻雪灾，估计在回家的路上会更加顺利，更加神清气爽。

第二十一课

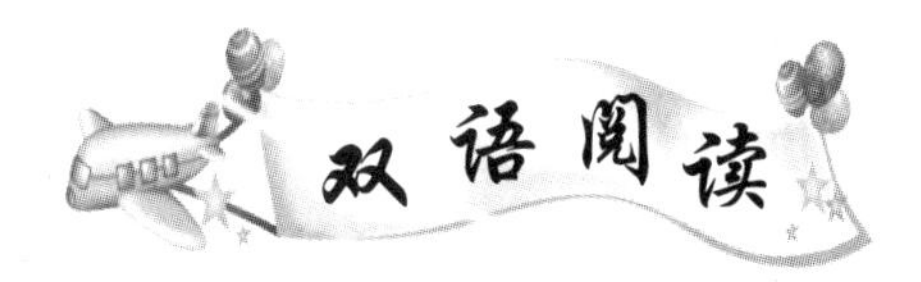

梦里又飞花

梦里又一度，落花纷纷。

是坐在你的车后，怀抱一束鲜红的玫瑰，那种血也似的欲滴的鲜红，一路长发迎空飘扬。在我们的身后，是一望无际的田野和蓝天白云，远处有一列拉着汽笛长鸣的火车，拖着浓浓的白烟，渐隐在遥远的天边，便有片片落花翩然入怀，世界五彩缤纷。

醒时在你身旁，却满脸的泪痕——是因为幸福漾得太满太满，以至于在心内有些承托不住？

那一日，我是你的新娘。

那一日，当妈妈满心欢喜地把我交到你的手里，我就知道：今生命定，不能再回头，从此每一个日夜，我都要与身边这个人共同拥有，无论幸福，无论苦难；而那个天真浪漫的少女时代，从此只能成为儿时窗前的风铃，摇响记忆的回音。

那一夜，满天的繁星在梦中流连，唯有两颗是同伴，彼此情依万千，彼此长久相守。

历经了近十年的爱情印证，我们所理解的爱不再是海誓山盟和大喜大悲，而是生活中的高山流水，轻风细雨，是每日你归来的脚步，是我手下烫洗干净的衣裤和在外面采撷的一把野草，是平淡又平淡的日日月月。

如果我们能够体会到这种平淡之中的幸福，能够在一粒沙中见世界，能够在锅碗瓢盆中品味出坦然，那么这就是生命中的一个大境界了。我们所期待的，不正是这样的一种德行？

爱情如是，人生亦如是，我们常常所自勉的淡泊明志，宁静致远，便在此罢了。

***Reference Version*:**

Flying Petals Recur in My Dream

I had a dream once again, a recurrent dream of flying petals.

Sitting behind you and holding to my chest a bunch of roses as scarlet red as dripping blood, I am on your swift motorcycle, with my long hair flying against the wind all the way. Behind us stretches a vast expanse of flat fields, white clouds, and blue sky. In the distance, a long-whistling train, puffing a long and white trail of heavy smoke, is fading beyond the horizon. And then, petals keep falling upon us, conjuring up a colorful world of fluttering petals.

When I woke, I found myself lying beside you, with my face tearstained all over. —Did all my tears come out for the surge and overflow of my happiness?

I recalled the day when I became your bride.

The day my mother handed me joyfully over to you, I told myself: My Mr. Right is determined and irrevocable; every day and night in the future, I must share everything, no matter whether it is happiness or bitterness, with the man beside me; yet my innocent and artless girlhood could only be relived by visualizing my childhood's wind bell on the windowsill.

On the very night, a sea of stars lingered in my dream, but only two of them were companions. They were so much affectionate to each other and eternally inseparable.

After the test of a marriage life of nearly ten years, love no longer means vows, joys, or sorrows to us. Instead, it means mutual appreciation and consonance, mildness and gentleness, daily expectation of your familiar footsteps, a tidy pile of clothes washed and ironed all by me, a handful of wild grass, and a ceaseless succession of ordinary days.

Life will become lofty if we can find happiness in commonplace, know about the world from a grain of sand, and taste ease and calmness from kitchen work. Aren't we expecting such a life?

So is love, and so is life. And so is the true meaning of our motto, "A simple life shows a great ideal; still waters run deep."

译注：

1. 本文标题的翻译难度较大。首先谈谈"又"的翻译。很多人看到"又"，马上就会想到"again, once more, for another time"之类的，很显然，这样的处理恐怕除了把标题弄得复杂不说，还很难做到意义确切。仔细想一想，既然是"梦里又飞花"，那说明"这样的梦作者做了很多次了，落花的景象在她梦里反复出现过"。这样一来，"recur, recurrent"这样的词就很容易被译者想到。另外，这里的"花"恐怕不能翻译成"flowers"，因为，常识告诉我们，"空中飞动的花"不再是"完好成朵的花"，而是"片片花瓣"，所以要将这里的"花"译成"petals"。最后，一般说来，标题采用短语为好，但在这里将其翻译成短句似乎比用短语更妥帖、生动。
2. 细读原文，不难发现，第二自然段是在叙述"梦中发生的一切"，为了生动起见，译文的时态最好采用现在时。
3. 或许有人把"坐在你的车后"翻译成"Sitting at the back of your car"之类的，还满以为自己做对了，殊不知自己犯了如下错误：首先，这里的"车"不应该翻译成"car"。联系上下文，合理的翻译应该是"bike"或"motorcycle"，从隐含交代的车速来看，极有可能就是"motorcycle"。另外，即便是翻译成了"Sitting at the back of your motorcycle"也是不完全对的，至少是没翻好的，因为，这样的表达未必意味着"你"也坐在车上。但细读原文，我们敢肯定的是"你"是坐在车上的。再说，这里明显是在交代作者和"你"在梦中的亲密和浪漫。所以，正确而优秀的译法应该是"Sitting behind you (on the motorcycle)"。最后要说明的是，其实"车"在该译文里是放在句子的后半部分才翻译出来的，这样的安排主要是统筹兼顾的需要，同时也能起到一定的悬念作用。
4. 翻译"远处有一列拉着汽笛长鸣的火车，拖着浓浓的白烟，渐隐在遥远的天边"这节时，要顾及整个句子的重心和英语句子结构紧凑、少用动词等特点，而确定一个谓语动词。
5. 一般而论，"disappear"是一个瞬间动词，所以把"渐隐"翻译成"disappear gradually"，就是一个矛盾的搭配，是很不恰当的。考虑到"渐隐"是一个过程，这里用了"is fading"这样的进行时态。
6. 初看上去，或许"——是因为幸福漾得太满太满，以至于在心内有些承托不住？"这句的参考译文的语义显得不及原文丰富、饱满，但似乎这样的表达比逐字对译显得更简练而地道，应该说“surge”和“overflow”等词的使用已经较为全面、灵活地传达了原句的蕴涵。当然，类似“Did my tears come out just because I was excessively overwhelmed with bliss and happiness deep inside?”这样的处理也是比较可取的。

7. 根据上下文，第五自然段里的“我就知道”适合翻译成“I told myself”，而“今生命定”中的“命”在这里也不宜翻译成“fate”、“destiny”之类的表示“整个人生命运或运程走势”的单词，应该说这里将其处理成“Mr. Right”是灵活而恰当的。
8. 要注意第五自然段译文的标点符号的正确使用。
9. “而那个天真浪漫的少女时代，从此只能成为儿时窗前的风铃，摇响记忆的回音。”这句汉语的意义比较晦涩、逻辑性不强，在翻译成英语时，不能死抠字眼。这里的翻译显得比较大胆灵活而语义明晰，完全跳出了原文的字面束缚。请特别注意“relived”和“visualizing”两词的表达效果。
10. 原文倒数第三自然段有个显著的特点，那就是，用了很多四字词组或成语。翻译成英语时，一定要在理解原词组本质意义的基础上，顾及英语中前后并列的成分在词性上的一致和字数上的对等等特点，根据英语的搭配或组合需要，做灵活、变通的处理，而切勿胡乱照搬词典里的相关译法或自我僵化地、孤立地逐字对译。
11. 原文中的“高山流水”和“轻风细雨”都有“具象”或“实体”可言，翻译成英语时，显然不可能将其再现，否则，读者会不知所云。其实，这两个词组在这里传达的都不是字面意义，而是一种比喻意义。前者比喻的是“人逢知己而相互赏识”，后者比喻的是“生活恬静而温馨”。所以，翻译这样的四字词组，要根据上下文而“取义舍形”。
12. 在英语中，“Love means your footsteps”是说不通的，所以，在译文中，有必要在“your footsteps”前增添“expectation of”。当然，此处译文里增添的“familiar”一词也不是多余的。
13. “野草”是从外面采撷而来的，是不言而喻的，所以“在外面采撷的”在翻译时完全可以省略。
14. 在这里，“锅碗瓢盆”喻指“煮饭烧菜”等家务活，无需照字对译，用“kitchen work”来翻译比较好。
15. 前后参照后会发现，将“德行”变通处理成“life”比较合适。
16. 最后一个自然段里的座右铭的翻译或许难度较大，处理时，一般有如下办法：1)借用目的语里的现成的、类似的、意义相同或接近的说法；2)照搬权威的、现成的翻译；3)结合上下文的需要，灵活变通权威的、传统的说法；4)自行用简洁、达意、上口的语言形式来翻译。这里的处理，既有借用，也有自译。

汉语散文的英译

汉语散文,又称"美文",是一种非常生动活泼的文学形式,也是一种涵盖类别十分广泛的文学形式,包括抒情散文、叙事散文、议论性的随笔和小品等等。散文的写法一般自由随意,篇章结构也十分灵活。刘士聪教授指出,汉语散文之美体现在四个方面:一是有内容;二是感情真;三是作者对事物看得远、看得深,对情感与事物之美有灵魂的感悟;四是语言自然,与主观的感情和客观的事物在风格上保持一致。一般认为,汉语散文最明显的特点是"形散而神不散"。由于"形散",便造就了其语言的多样性;因为"神不散",才吸引读者于色彩纷呈的语言中,随着作者的笔迹去追寻作者审美的轨迹。至于所谓翻译的要点,大概也就在于以多样化的语言之"形"来传达散居于语言之中的"神"了。

英语散文(Prose)可以分为正式散文和非正式散文两种类型。正式散文采取客观的态度讨论问题,结构严谨,用词讲究,风格凝重,说理透彻,逻辑性强;非正式散文则是个人思想感情的抒发,文章结构散漫,语言浅近,风格自由,生动幽默,作者的个性跃然纸上。按照写作目的和手法来分析,也可以大致分为记叙文、描写文、说明文、议论文四大类型。

总的说来,无论汉语散文还是英语散文,散文都特别讲究韵味,而这韵味又主要表现在声响与节奏(sound and rhythm)、意境与氛围(artistic ambience and ethos)、个性化的话语方式(individualized language)等三方面。这些都是散文翻译中,译者要密切关注并努力再现的重要因素。

在动手翻译前,译者应首先理解和领悟作者的"思想情调"和"审美倾向",以获得对于原文的审美感受,这个感受是确立译文叙事语气和行文风格的基础。翻译时,译者应对汉英两种语言做对照,做选择。这个"对照"和"选择"发生在语言的各个层面,包括词、短语、句子和篇章等。"对照"是为了找出相当于或对应于汉语的英语成分或单位。"选择"就是在可能适用的不同的英语成分或单位间找出最恰当的英语表达方式。"恰当"不仅仅是在相应成分或单位范围内的局部的恰当,还要考虑是否在篇章意义上恰当,比如上下文的衔接、语域的一致和行文风格的统一等。在涉及比喻时,还要考虑因文化差异而产生的译文对于译语读者的可接受性问题。有时,我们以为自己所选定的表达方式是很好的,但实际上还有更好的,只是因为我们英语语言实践的局限性而不甚了解罢了。因此,作为以汉语为母语的译者,我们不要轻易对自己的译文表示满足,要尽最大可能地改进自己的译文。

下面，我们来举例说明汉语散文英译的重要方法与技巧：

一、词语翻译力求简洁准确

1. 细数上海的美，不难发现，很多国际化都市拥有的要素，上海都有；而上海有的，很多城市却不一定拥有。A keen and careful observer can easily point out that Shanghai, apart from the essential traits typical of many international metropolises, has its exclusive features.（很明显，译语的用词比原文用词简洁多了，译文的成功在于"A keen and careful observer"、"apart from"、"typical of"、"exclusive"等词语的恰当选择。）

2. 不少国人太过注意含蓄，有人若把"爱"挂在嘴边，就会被说成是浅薄、令人肉麻。However, many Chinese are too reticent to say that, for repeated utterance of "love" in couple talk sounds frivolous and creepy in China.（很明显，"挂在嘴边"、"被说成"、"令人肉麻"等在译文里分别翻译成"repeated utterance"、"sounds"和"creepy"，既是准确的表达，也显得简洁明了。）

3. 远处有一列拉着汽笛长鸣的火车，拖着浓浓的白烟，渐隐在遥远的天边。In the distance, a long-whistling train, puffing a long and white trail of heavy smoke, is fading beyond the horizon.（不难看出，原文中的"远处有一列拉着汽笛长鸣的火车，拖着浓浓的白烟"是两个分句，但在译文里分别被简略地译成了一个名词短语作主语和一个分词短语作伴随状语，而只把后面的"渐隐在遥远的天边"译作了译句的谓语部分，较好地达到了行文简洁、主次分明的效果。而且，译文中的"puffing"、"trail"、"fading"等词语的选用，应该说也是生动准确的。）

二、句子翻译符合英语表达习惯

1. 是坐在你的车后，怀抱一束鲜红的玫瑰，那种血也似的欲滴的鲜红，一路长发迎空飘扬。Sitting behind you and holding to my chest a bunch of roses as scarlet red as dripping blood, I am on your swift motorcycle, with my long hair flying against the wind all the way.（很明显，原文的第二个分句开始后的所有内容都是"我在梦中坐在你的车后"的具体的姿态或样子的详细描述，所以译文里就分别用了分词短语和介词短语一前一后地放在主干成分"I am on your swift motorcycle"两端，让整个译句显得四平八稳，比较符合英语的表达习惯。）

2. 在体验快节奏交通的同时，还让乘客感受到旅途的愉快和惬意。As a result, passengers on the train find their trip not only speedy but also happy and relaxing.（不难看出，译文里并没有出现表示时间状语的短语或从句，而是照顾了英文书面语少用从句等复杂结构的表达习惯，让整个译文显得轻松自然。）

3. 生活的经验固然会叫人忘记许多事情。Lots of things are apt to fade from memory as one's life experiences accumulate.（不难看出，译文照顾了英语句子主语显著、多用松散句的这一特点，让原文中应该突出的信息在译文中作了主语和主句，较好地使译文符合了英语的表达习惯。）

4. 冬天，一个冰寒的晚上。在寂寞的马路旁边，疏枝交横的树下，候着最后一辆搭客汽车的，只我一个人。It was a cold winter night. The street was deserted. I stood alone under a tree with an entanglement of bare branches overhead, waiting for the last bus to arrive.（原文第一句并不含有"主谓"结构，译文中则将其改为主谓结构。原文第二句主语前面有三个修饰成分，是典型的头重脚轻的句式。译文对原句的结构和顺序都作了调整，把"树下"和"候汽车"等置于次要信息地位，而突出"I stood alone"这一信息，使译句符合英语句子的结构要求。）

5. 中华民族现在所逢的史路，是一段崎岖险阻的道路。在这一段道路上，实在亦有一种奇绝壮绝的境致。The Chinese nation is confronted now with a rugged and dangerous section of its historical course. Nevertheless, there is also in this section a spectacle of enormous magnificence.（原文第一句很像英语的"主系表"结构，而译文中却改成了被动结构。其中"史路、道路"这两个齐脚词合而为一的译法充分反映了在处理"神似"与"形似"关系时，如果"鱼与熊掌不可兼得"，译者更应重视"神似"。同样，对"奇绝"、"壮绝"的译法也很得体，将两者结合在了一起。）

三、译文应再现原文的风格

1. 马路两边，远远近近都立着灯窗明灿的别墅，向暗蓝的天空静静地微笑着。The street was lined with fine houses, their illuminated windows beaming quietly towards the dark blue sky.（原文采用了拟人的修辞手段。从字面上看，"向暗蓝天空微笑"的是别墅，而实际上读者一般都只会把"微笑"与"明灿的灯窗"联系起来，故译文采用了一个以"illuminated windows"为逻辑主语的独立主格结构。其中"beaming"一词有一语双关的功效，既可表示"微笑"，也可表示"发光"。应该说，译文在整体上较好地再现了原文的风格。）

2. 留在枝头的一两片枯叶，也不时发出破碎的哭声。A couple of withered leaves, still clinging to the branches, rustled mournfully from time to time.（原句中"发出破碎的哭声"采用了拟人的修辞手法，以烘托出一种凄凉的气氛。译文将"留在枝头"译作"clinging to the branches"，也是一种拟人的修辞手段，表现出枯叶害怕随风飘落的意境。至于用"rustle"一词来翻译"发出破碎的哭声"，主要是考虑到了与"leaves"的搭配关系，而且也因此有了拟声的修辞效果。因此，译文可谓是巧妙地再现了原句所传达的意境以及再现了原文本来的风格。）

傅 雷

傅雷(1908—1966),我国著名文学翻译家、文艺评论家。一生译著宏富,译文以传神为特色,更兼行文流畅,用字丰富,工于色彩变化。翻译作品共三十四部,主要有罗曼·罗兰获诺贝尔文学奖的长篇巨著《约翰·克里斯朵夫》,传记《贝多芬传》、《米开朗基琪传》、《托尔斯泰传》,巴尔扎克的《高老头》、《欧也妮·葛朗台》、《贝姨》、《夏倍上校》、《幻灭》等名著十五部。译作约五百万言,全部收录于《傅雷译文集》。他的遗著《世界美术名作二十讲》、《傅雷家书》等也深受读者喜爱,多次再版。

傅雷一再强调翻译工作是一种神圣的事业,强调翻译工作者必须认真了解对方(指原作及原作者)和了解自己,必须加强自身的学识修养。除了对译者的专业修养极为重视外,他还反复强调译者的人生经验、全面的学识修养对于文学翻译的极端重要性。他曾多次指出中西思维方式、美学情趣方面的异同,从而强调翻译绝不可按字面硬搬,而必须保存原作的精神和美感特征。他继承了中国近代鲁迅、茅盾、郭沫若等人关于艺术作品翻译须“传神”的观点,又结合自己对于艺术的深湛修养,反复强调了“重神似而不重形似”的翻译观。他在《高老头·重译本序》中认为文学翻译的标准当是:“以效果而论,翻译应当像临画一样,所求的不在形似而在神似。”又说“……原文的意义与精神,译文的流畅与完整,都可以兼筹并顾,不至于再有以辞害意,或以意害辞的弊病了。”

一、请将下列从散文中摘录的汉语句子译成英语,注意恰当运用本节专题讲座所介绍的知识和方法。

1. 巷,是城市建筑艺术中一篇飘逸恬静的散文,一篇古雅冲淡的图画。
2. 雨声渐渐地住了,窗帘后隐隐地透进清光来。
3. 严闭的心幕,慢慢地拉开了,涌出五年前的一个印象。
4. 作为一个中国人,经书不可不读。
5. 我自己就是浪费了很多时间的一个人。

二、请为下列各句选择最佳译文。

1. 贵阳的路又那么难走，公共汽车站排队往往等上一个半个钟头，天天为了票子去跑，实在吃不消。

   A. Moreover, it is hard to walk on the roads of Guiyang. If you wait for the bus at the bus stop, usually you will have to wait in line for half an hour or even a whole hour. I cannot stand going for the ticket every day.

   B. Going around is hard in the city of Guiyang. You have to queue up for at least 30 minutes or more to get on a bus. It would really be too much for me to go about for the ticket every day.

   C. Roads of Guiyang are too hard for me to walk. It usually takes us half an hour or more to wait in line at the bus stop. I am too tired to run for the ticket every day.

2. 逢到和旧友谈话，就不知不觉地把话题转到旧事上去，这是我的习惯。

   A. When chatting away with my old friends, I am in the habit of unwittingly channeling the topic of conversation toward things of former days.

   B. Whenever I am in a chat with old friends, I will unconsciously shift the topic to the past things, which is my habit.

   C. I will habitually and unknowingly change the topic of conversation to some past memories when I meet an old friend and chat with him.

3. 我与父亲不相见已二年余了，我最不能忘记的是他的背影。

   A. It was more than two years ago that I saw my father and the most unforgettable thing for me is the shadow of his back.

   B. I have not seen my father for more than two years and what I cannot forget most is his back.

   C. It is more than two years since I last saw Father, and what I can never forget is the sight of his back.

4. 近几年来，父亲和我都是东奔西走，家中光景是一日不如一日。

   A. In recent years, both Father and I have been living an unsettled life, and the circumstances of our family going from bad to worse.

   B. In recent years, Father and I kept moving around the country and the conditions of our home were going for the bad day after day.

   C. In recent years, both Father and I had to go about for livelihood and the situation of our home has been deteriorating with each passing day.

5. 每一个朋友，不管他自己的生活是怎样苦，怎样简单，也要慷慨地分一些东西给我，虽然明知道我不能够报答他。

A. Every friend of mine, no matter how bitter and simple their own life was, would generously distribute something to me, although they knew clearly that I couldn't reward them.

B. No matter how hard up and frugal my friends themselves were, they would unstintingly share with me whatever they had, although they knew I would not be able to repay them for their kindness.

C. All my friends, no matter how hard and simple a life they were living, they would be generous enough to distribute some articles to me, though they were quite aware that I could not give them anything in return.

三、请先认真阅读下列散文选段，然后在其译文的空格处填上一个适当的单词，确保译文忠实、通顺地传达原文的意思。

我所记得的故乡全不如此。我的故乡好得多了。但要我记起它的美丽，说出它的佳处来，却又没有印象，没有言辞了。仿佛也就是如此。于是我自己解释说，故乡本也如此，——虽然没有进步，也未必有如我所感的悲凉，这只是我自己心情的改变罢了，因为我这次回乡，本没有什么好心绪。

我这次是专为了别它而来的。我们多年聚族而居的老屋，已经共同卖给别姓了，交屋的期限，只在本年，所以必须赶在正月初一以前，永别了熟识的老屋，而且远离了熟识的故乡，搬家到我谋食的异地去。

The old home I remembered was not in the ___1___ like this. My old home was ___2___ better. But if you asked me to ___3___ its peculiar charm or describe its beauties, I had no clear ___4___, no words to ___5___ it. And now it seemed this was all there was to it. Then I rationalized the matter to myself, saying: Home ___6___ always like this, and although it has not improved, still it is not so ___7___ as I imagine; it is only my ___8___ that has changed, because I am coming back to the country this time ___9___ no illusions.

This time I had come with the sole object of saying goodbye. The old house our ___10___ had lived in for so many years had already ___11___ sold to another family, and ___12___ to change ___13___ before the end of the year, I had to hurry there before New Year's Day to say goodbye for ever to the familiar old house, and to move my ___14___ to another place where I was ___15___, far from my old home town.

四、请将下列短文译成英语，注意灵活运用所学知识。

白　发

许久储蓄在心里的诗料，今晨在理发店里又浮上心来了。

你年青的，年青的，远隔河山的姑娘哟，你的名姓我不曾知道，你恕我只能这样叫你了。

那回是春天的晚上吧？你替我剪了发，替我刮了面，替我盥洗了，又替我涂了香膏。

你最后替我分头的时候，我在镜中看见你替我拔去了一根白发。

啊，你年青的，年青的，远隔河山的姑娘哟，飘泊者自从那回离开你后又飘泊了三年，但是你的慧心替我把青春留住了。

第二十二课

中国的发展正在成为世界经济发展新的推动力量

在经济全球化趋势深入发展的条件下，中国及亚洲的发展正在成为世界经济发展新的推动力量，世界经济发展也将给中国及亚洲发展带来新的重要机遇。世界各国经济互利合作、相互依存的加深，必将给全球经济增长创造更加美好的前景。

1978年实行邓小平先生倡导的改革开放政策以来，中国发生了前所未有的深刻变革。中国的综合国力显著增强，人民生活不断改善。中国人民在继承和发扬古老文明的基础上创造了新的历史。现在，13亿中国人民正万众一心地在中国特色社会主义道路上开拓前进。

中国已经明确了本世纪头20年的奋斗目标，这就是紧紧抓住重要战略机遇期，全面建设惠及十几亿人口的更高水平的小康社会。

到2020年实现国内生产总值比2000年翻两番，达到40000亿美元左右，人均国内生产总值达到3000美元左右，使经济更加发展、民主更加健全、科教更加进步、文化更加繁荣、社会更加和谐、人民生活更加殷实。

为了实现这个目标，我们将坚持以科学发展观统领经济社会发展全局。我们将坚持以人为本，从最广大人民的根本利益出发，不断满足人民群众日益增长的物质文化需求，努力促进人的全面发展。

我们将坚持以经济建设为中心，把发展作为第一要务，推动经济建设、政治建设、文化建设与和谐社会建设全面发展。

我们将坚持社会主义市场经济的改革方向，进一步推动制度创新，不断深化改革，激发全社会的创造活力，增强经济社会发展的内在动力。

我们将坚持对外开放的基本国策，建立更加开放的市场体系，在更大范围、更广领域、更高层次上参与国际经济技术合作和竞争。

我们将坚持走新型工业化道路，着力调整经济结构和加快转变经济增长方式，提高经济增长的质量和效益，大力发展循环经济，建设资源节约型、环境友好型社会，走生产发展、生活富裕、生态良好的文明发展道路。

中国的发展同亚洲及世界的发展紧密相关。中国的发展已经并将继续为亚洲及世界各国带来合作共赢的机遇。

中国将继续稳步开放市场，创新引进外资的形式，完善有关鼓励和保护外商投资的法律法规，改革涉外经济管理体制，加强知识产权保护，努力为中国的对外经贸合作和外国来华投资提供一切便利，创造更好的环境。

***Reference Version*:**

China: A New Propeller of Global Economy

With the progression of economic globalization, the rapid development of China and other Asian countries is emerging as a new propeller of global economy; meanwhile, the advancement of world economy will keep bringing new and great opportunities to China as well as other Asian regions. The ever-increasing reciprocal cooperation and interdependence between countries will certainly bring about a brighter prospect for the growth of global economy.

China has witnessed unprecedented and profound changes since the implement of reform and opening up policy initiated by Mr. Deng Xiaoping in 1978. The comprehensive national power of China has seen a conspicuous increase and people's life is ceaselessly going for the better. On the basis of inheriting and enhancing the ancient Chinese civilization, the Chinese have created a new history. Today, 1.3 billion Chinese people, all of one mind, are marching in a pioneering spirit along the socialist road with Chinese characteristics.

China has set a clear goal for the first two decades of this century. To be specific, it will firmly seize the strategic opportunity to build in all aspects a higher-standard well-off society beneficial to its 1.3 billion citizens.

By the year 2020 China's GDP (Gross Domestic Product) will be the quadruple of that of the year 2000, totaling about $4000 billion, and about $3,000 for annual GDP per capita. By then, China's economy will be more developed, democracy more healthier, science and technology more advanced, culture more prosperous, society more harmonious, and people's life more substantial.

To attain that goal, we shall insist that a scientific outlook on development play a reigning role in overall economic and social development. We shall stick to the policy of "people foremost" and always act for the basic interests of the greatest number of people. We shall endlessly endeavor to meet the increasing material and spiritual needs of the people and promote the all-round development of every Chinese.

We shall always take economic construction as our central task and development as our first and foremost business. We shall push forward a comprehensive development of economy, politics, culture, and social harmony.

We shall keep following the reform direction of socialist market economy and further system innovation. We shall make ceaseless efforts to deepen the reform, stimulate the creativity of all circles, and enhance the intrinsic momentum in economic and social development.

We shall adhere to the basic state policy of opening up and establish an opener market system. We shall participate in a deeper, broader and higher international cooperation and competition in economy and technology.

We shall continue to take the new industrialization road. We shall make vigorous efforts to readjust the economic structure and speed up the transformation of the mode of economic growth. We shall improve the quality and efficiency of economic growth, give full play to recycling economy, try to establish a resource-efficient and environment-friendly society, and take a civilization road characterized by developed production, better-off life, and pleasant ecology.

The development of China is closely related to that of Asia and the world. Through developing itself, China has brought and will continue to bring numerous win-win opportunities to Asia and other parts of the world.

China will continue to steadily open up its market, innovate the means of attracting foreign investment, consummate laws and codes on encouraging and protecting foreign investment, reform foreign-related economic managerial system, and strengthen the protection of intellectual property, which all aim to foster a better development environment and facilitate international economic & trade cooperation and the introduction of foreign investment.

译注：

1. 翻译标题时要力求简洁、洗练，最好不要译成句子。
2. 在翻译第一句时，要注意省译“趋势”、“条件”、“力量”等词语。
3. “xxx先生”在翻译成英语时，一般要求只在“Mr.”后加姓，但文中“邓小平先生”有必要完全译出，特别是第一次提及的时候。这里再顺便列出一个译者见过的例子：27年前，邓小平先生就告诉卡特先生：在中国，freedom of worship, ok; Bible, ok; foreign missionary, no。→*As early as twenty-seven years ago, Mr. Deng Xiaoping had told Mr. Carter that, I quote, "In China, freedom of worship, OK; Bible, OK; foreign missionary, No."*
4. 结合上下文，“深刻变革”里的“变革”最好译成“changes”，而非“reforms”。
5. 根据常识，在翻译“人均国内生产总值”时要在之前加上“annual”一词。
6. “明确目标”翻译成“set a clear and definite goal”，运用到了词性转换的技巧，也避免了不容易找到一个恰当的英语动词来翻译“明确”的尴尬。
7. 翻译“坚持以人为本”时，要根据英语的搭配习惯增译“the policy of”。
8. “从最广大人民的根本利益出发”可灵活翻译为“act for the basic interests of...”。
9. 翻译“促进人的全面发展”时，要结合上下文，将“人”具体化。这里处理成“every Chinese”应该说不无道理。
10. 翻译“推动经济建设、政治建设、文化建设与和谐社会建设全面发展”一句时，要注意省译“建设”一词。另外，根据语境，此处的“和谐社会”应翻译成“social harmony”，而不要翻译成“harmonious society”，因为后者的含义是“社会早已和谐”。由此可见，翻译时务必要准确把握中心词。
11. “循环经济”常见译法有“recycling economy”、“circular economy”、“cyclic economy”、“recycle economy”，这里可以根据个人喜好，任选一个。
12. 翻译“中国的发展已经并将继续为亚洲及世界各国带来合作共赢的机遇”一句时，把“中国”选作主语似乎更合逻辑。

13. 深入分析一下最后一段，不难看出，“努力为中国的对外经贸合作和外国来华投资提供一切便利，创造更好的环境”应是前面所有拟采措施的目的所在。因此，译文有必要将其处理成一个非限定性定语从句。

政治文献的英译

政治文献是指党中央、国务院以及各级地方政府所发布的有关国家和地方社会与经济发展大政方针的文件，比如党代会的文献、人大的文献、政府工作报告等。政治文献属于政论文体，具有语言正式、用词规范、结构严谨、逻辑缜密和说理性强等显著特点。

汉语政治文献的英译要求译者不仅具有深厚的双语功底，还要能紧跟时代发展的步伐，深刻了解党和国家的大政方针以及国内外重大事件及其背景，以确保忠实、准确、严谨地传达原文的思想内容。译者应具备严谨的作风与态度，绝不能急于求成或草率行事。译者在动笔之前应反复认真仔细地阅读文献原文，悉心领悟文献的总体精神、思想脉络和结构层次。在翻译过程中，译者要努力做到用词准确、恰当、达意，掌握好分寸，不随意增减或发挥，并确保译文语句顺畅，符合政治文献本来的语言面目，也要符合译入语的表达习惯。

政治文献的翻译是一座沟通中国与外国读者的桥梁，其所涉及的有关中国的大政方针和各项重大治国措施等，代表中国政府的立场、观点和能力。因此，翻译时，不能有丝毫偏差，意义的准确传达是第一要务。其次，译文是给外国读者看的，译者要时刻注意汉英民族的文化、社会、政治等差异，译文表达上不能过于“Chinglsih”，要注意贴近英美读者的思维和表达习惯。具体点说，译者需要重点注意以下两方面的问题：

1. 译文应准确传达原文的精神实质

政治文献的英译必须准确传达原文的精神实质，这是因为政治文献的英译的目的在于帮助国外读者了解中国的方针政策，为中国的发展营造良好的国际舆论环境。忠实于原文是工作的出发点，着眼于国外读者则是其归宿。忠实于原文和服务读者，两者必须很好地统一起来。所谓“忠实于原文”，是指忠实于原文的精神实质而非表面文字。也就是说，不能盲目地逐字翻译或字面翻译，而要建立在充分、正确的理解的基础之上忠实地传达原义。如：

1) 目的是要使领导干部年轻化。The aim is to ensure that more young people will rise to positions of leadership.（如果将其翻译成"The aim is to make our leaders younger."就太失准确了。因为，译文给人的感觉是：要在岗的领导干部变得更年轻，鼓励他们化妆、保健什么的。这样的"年轻化"本来就是违背自然规律的蠢事，让译文读者读了感到中国政府真可笑。）
2) 宗教不得干预政治。It is impermissible to interfere with politics in the name of religion.（如果将其翻译成"Religion must not interfere with politics."也是典型的假对应，是极不准确的翻译。在英语读者看来，这句译文的主谓搭配毫无逻辑性可言。事实上，干预政治的只能是打着宗教信仰旗号而某些别有用心的人，不可能是宗教本身。）
3) 当今只有少数几个国家有资格打世界大战。Only a few countries can afford to fight a world war.（不能翻译成"Only a few countries are qualified to fight a world war."这里的"有资格"是一种比喻性的说法，指的是"打得起、经得住"的意思。）
4) 中央政府不干预香港特别行政区的事务。The Central Government has never intervened in the affairs of the HKSAR (Hong Kong Special Administrative Region).（曾有人将"不干预"译成"has refrained from intervening"，这是不妥的。因为，"refrain from"的确切含义是"克制自己不去干预"，那就无意中隐含了"想去干预"的意思。这与事实上中央政府从不干预、不愿干预的意思相悖。）

2. 中国特色词语的英译不能造成误解

具有中国特色的词语也是汉语政治文献的一大语言特点。新中国成立以来，特别是改革开放以来。我国各行各业都产生了不少新词汇、新提法，比如："五讲四美；四个现代化；三个面向；四自精神；三个代表；两手抓，两手都要硬"等。这些中国特定历史时期产生的特色词语在英语中没有（或者一时找不到）对应的词语或表达形式。如何准确翻译此类中国特色词语，使之能够为英语读者所理解而不造成误解，实际上关系到准确传达政治文献的精神实质的问题。翻译中，如果过于拘泥于原文的字句或表达形式，机械地从字面上"对号入座"，往往会造成译文生硬晦涩，使英美读者不知所云，从而影响到对外宣传的效果。考虑到英美读者的理解困难，这类词汇往往都需采用解释性的译法。下面就举例说说此类词语该如何翻译：

1) 必须始终不渝地坚持两手抓，两手都要硬的方针，加强精神文明建设。We must unswervingly give equal importance to economic development on one hand and to the development of socialist culture and ideology on the other hand.（如果将"两手抓，两手都要硬"直译成"grasp with both hands tightly"会让英语读者感到莫名其

妙。译文的处理方式语义明晰而准确。)

2) 各级财政要按照“一要吃饭、二要建设”的原则,保证机关事业单位工作人员工资和离退休费按时足额发放,逐步改善他们的工资待遇。Government financial departments at all levels need to ensure that the salaries of government employees and pensions for retirees are paid in full and on time and gradually increase salaries in accordance with the principle of “subsistence first and development second.”(若将“一要吃饭、二要建设”翻译成“feeding the people first, then building the country”,难免显得太直白、太片面。毕竟这里的“吃饭”也不单纯指“food ”或“feeding”。)
3) 四自精神 “four-self-” spirit (self-respect, self-love, self-supporting, self-strengthening)
4) 五讲四美 fives stresses and four points of beauty (stresses in decorum, manners, hygiene, discipline, and morality; beautification of the mind, language, behavior, and environment)
5) 三个面向 three directions to face (the direction of the world, future, and modernization)
6) 三个代表 Three Represents (The Party must always represent the development trend of China’s most advanced productive forces, represent the orientation of China’s most advanced culture, and represent the fundamental interests of the overwhelming majority of the Chinese people.)

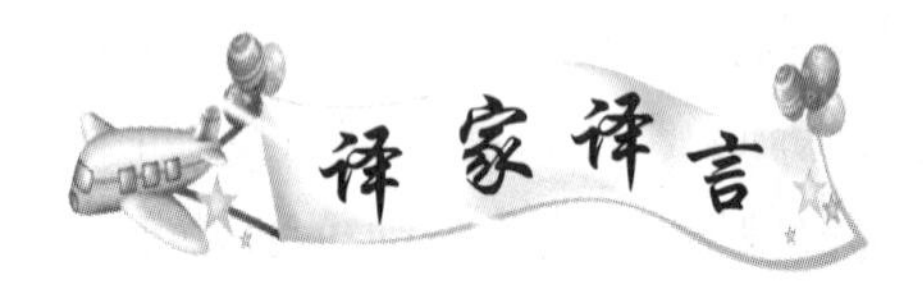

思　果

思果(1918—2004),本名蔡濯堂,江苏镇江人。他初一没念完就辍学,进入银行当实习生,却靠着“自修”成就了笔耕的志业。他常说:“天下没有不可以自修的事。”于是一面工作,一面学习写作,以至后来他唱戏、操琴、写书法、学英文,样样都是自修而成。他曾花多年时间译成狄更斯的《大卫·科波菲尔》,可以说是他翻译上最大的成就。

在《翻译研究》一书的引言中,思果写道:“谁也不能否认,目前的翻译已经成了另一种文字,虽然勉强可以懂,但绝对不是中文。译者照英文的字眼硬译,久而久之成了一体,已经注了册,好像一个人霸占别人的妻子,时间已久,反而成了‘本夫’,那个见不到妻子面的可怜本夫,却无权回家了……本书的态度,却是要翻译像中文。凡是中国已有的表达意思的方法、字眼、句法,尽量采用,没有的再想办法。”

尽管没有学院的训练,他投入每一项修习,都如同“做学问”一般地认真专注。研习英文,是听、说、读、写一起来,不但讲究咬字口音正确,而且字字查阅词典,熟读强记。他认为从事翻译工作一定要经常阅读百科全书,了解每个领域的专业,才能忠实传达原义。

思果曾写道:“译文不像翻译是很好的理想,不过也不能做得过分。英文译成中文,译文像中文原著当然好极,却不能过像。”他举例说:“把‘to follow established rules’译成‘萧规曹随’再像中文也没有了,也很贴切。可是读者会奇怪,这个写英文的人是中国人吗?不是的。他熟读中国历史吗?未必。他怎么知道萧何、曹参的呢?这种成语不可以用。译者不可以受这句成语的诱惑。”

练 习

一、请认真改进下列各句译文中存在的问题。

1. 这使美国留学生学汉语方块字时感到恼火。This makes the American students difficult to learn Chinese.
2. 你的手表不对。Your watch is not correct.
3. 她听了这个坏消息,吓得死去活来。Hearing this bad news, she was frightened to death.
4. 人生常被比作航海。Life is often compared with voyage.
5. 把改革开放提高到一个新的水平! Raise our reform and open policy to a new level!

二、请将下列政经类汉语短语翻译成英语,并请加强此类词汇的储备。

1. 按劳分配制度
2. 肮脏工业(污染环境的工业,赌傅业等)
3. 白条
4. 把企业推向市场
5. 把握正确的舆论导向
6. 把眼光放远一些
7. 百花齐放、百家争鸣
8. 百业待举
9. 摆脱思想上和体制上的禁锢
10. 摆脱债务问题
11. 拜金主义
12. 办事高效、运转协调、行为规范的行政管理体系
13. 包干
14. 保持发展后劲
15. 保持国民经济持续快速健康发展
16. 保持社会公正
17. 保护价

18. 保证重点物资的运输
19. 保重点,不撒胡椒面
20. 报请下届人大确认
21. 本位主义
22. 比较完善的社会主义市场经济体制
23. 变相提价
24. 不成文法
25. 不顾条件,一哄而起
26. 不良贷款
27. 不履行合同
28. 不正之风
29. 步子迈得更大一些
30. 财务报表
31. 裁减冗员
32. 参政议政
33. 差额选举
34. 产品结构
35. 产业结构重组和升级
36. 长期共存、互相监督、肝胆相照、荣辱与共
37. 常规裁军
38. 超前消费
39. 超越法律的特权
40. 公款吃喝

三、请在下列译文的空白处填上一个适当的单词,确保译文忠实通顺地传达原文的意思。

即使在最黑暗的海洋深处,数百种海洋生物仍能设法生存下来。这些深海居民的某些极其独特的器官经过演变、进化,可用来觅食和探测天敌。

由于海底的光线非常黯淡,一些海底动物的眼睛变得非常巨大,几乎像望远镜一般,跟猫头鹰的眼睛极为相似。而有些动物,尤其是生活在完全没有光线中的鱼类,眼睛全盲,但长着长长的触须,能使它们辨别、捕获在它们的触须所触及的半径范围之内的离群的零星食物。

Hundreds of species of ___1___ life ___2___ to survive even in the darkest depths of the ocean. These tenants of the deep have ___3___ some extremely ingenious devices for ___4___ their food and enemies.

Where the light is ___5___, some of these deepwater ___6___ have developed enormous eyes with almost ___7___ lenses, very much like ___8___ of owls. Others, especially the fish that survive ___9___ there is no light at ___10___, are quite ___11___ but have developed long ___12___ that enable them to ___13___ and collect ___14___ bits of food that come within a considerable ___15___ of them.

四、请将下列短文译成英语，注意灵活运用所学知识。

中国的投资环境和对外商直接投资的优惠政策

改革开放以来，中国一直致力于营造良好的外商投资环境，根据社会经济发展的具体情况，给外商来华投资提供了一系列优惠政策。

中国政府不断采取措施，扩大对外商投资的开放领域。最近，中国政府又决定在以下领域取消或进一步放宽外商投资限制：

一、取消外商投资金融领域的地域限制，外国金融机构可申请在全国任何省市设立金融机构；

二、将保险业地从目前的上海、广州两市，扩大到深圳、重庆、大连、天津等主要城市和贸易中心；

三、将外商投资零售商业企业试点地扩大到全国省会城市，直辖市和经济特区，同时开始在京、津、沪、渝等地进行商业批发业吸收外商投资的试点；

四、扩大跨国公司在华设立的投资公司的经营范围；

五、扩大外商投资会计师事务所、评估机构、监理公司、法律咨询公司等各类中介服务业的试点；

六、进一步增加航空运输业吸收外商投资的公司数量；

七、支持符合条件的国内公司与国际上有实力大公司，合资建立工程公司，鼓励其承接国内外大型工程项目；

八、继续有步骤地开放电信市场。

到目前为止，中国除了国家受保护野生动植物资源、电网建设和经营、放射性矿产采选及加工、新闻业等少数行业禁止外商投资以外，多数行业都鼓励和允许外商投资。

练习参考答案

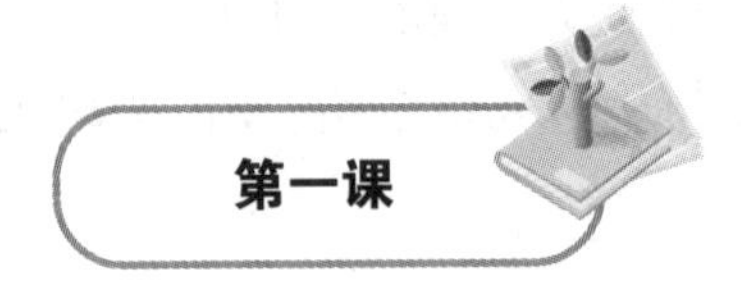

第一课

一、

1. the Mudan River
2. Mudanjiang City
3. Zhongshan City
4. Confucian Temple
5. Mausoleum of Yellow Emperor
6. Imperial Well
7. Wangfujing Pedestrian Street
8. the Bund of Shanghai
9. Shaoyun Town
10. Shanxian County

二、

1. imitate others and lose one's own individuality; in attempting to walk like a swan, the crow loses its own gait
2. covet Sichuan after capturing Gansu—have insatiable desires; The more one gets, the more he wants.
3. make a clear distinction between purity and impurity; clear separation of Jing and Wei rivers
4. Overwhelming popularity of a new work causes shortage of printing paper.
5. become too proud of oneself; ignorant boastfulness; Yelang people think their kingdom is bigger than China.
6. May your life last long like the South Mountain!
7. May your happiness be as boundless as the East Sea!
8. have much enjoyment and forget to go back home; indulge in pleasure and forget home and duty
9. relieve the besieged by besieging the base of the besiegers; rescue the Kingdom of Zhao by besieging the capital of the Kingdom of Wei
10. be weightier than Mount Tai; To lay down one's life for a noble cause is worthwhile.

三、

1. is
2. was introduced
3. has (since) become
4. serves
5. engage
6. is to seek
7. unite
8. fighting
9. cooperate to play
10. keep
11. is to transcend
12. winning

13. losing　　14. was

15. had

译文特征：

1. 译文语法要求严格(时态、语态、词形、成分等)。
2. 译文语言简洁、明快,切忌重复、啰嗦。
3. 译文表达更重逻辑,推理性较强。
4. 译文表达主次关系更为分明。
5. 译文表达语义明晰,不如汉语表达笼统、含混。
6. 译文句式、段落安排灵活,并非亦步亦趋地照应原文。

四、

The Three Gorges Museum of China

The Three Gorges are gems of China. The Three Gorges Museum of China is simply the cultural symbol of Chongqing.

June 18, 2005 witnessed the opening ceremony of the Three Gorges Museum, the largest specialized museum all over China. The museum collects and displays the history, the spirit and the dream of the city.

The main part of the Three Gorges Museum is of extreme grandeur and deep implication. The exterior is made up of an arc wall and a glass dome, which respectively stands for the Three Gorges Dam and the time-honored history of the Three Gorges. The main part faces the People's Square and the People's Great Hall. The layout of the other parts well respects and matches the terrain and blends harmoniously with the mound. Due to a good use of the rolling land and a fitting combination of closing and half-closing structures, the museum takes on the look of a hill-and-water-themed garden.

The total space of the exhibition halls is 23,225m^2. Among them, there are four main halls labeled as "The Beautiful Three Gorges," "The Ancient Ba Kingdom," "The Footprints of the City," and "The Era of the Anti-Japanese War," which respectively mirrors the history and human spirit of the Three Gorges, the historical origin of present Chongqing, the evolution of the city, and the wartime culture of Chongqing in the 1930s—40s. In addition, there are six specialized halls labeled as "Painting and Calligraphy of Different Periods," "Chinaware of Different Periods," "Money of Different Periods," "Sculpture of the Han Dynasty," and so on.

第二课

一、

1. itinerary, guidebook　　2. outbound tourism; outbound travel
3. backpacker　　4. circular tour
5. return journey; round trip　　6. outward journey

7. package tour; inclusive tour
8. independent traveler, individual traveler
9. excursion train
10. passport
11. visa
12. papers
13. alternate airfield
14. terminal
15. international terminal
16. business class
17. first class
18. economy class
19. customs service area
20. currency declaration
21. duty-free items
22. dutiable goods
23. checked baggage
24. carry-on baggage
25. boarding pass
26. departure lounge
27. domestic arrival
28. claim tag
29. motel
30. B & B
31. youth hostel
32. suite
33. check-in
34. check-out
35. local guide
36. national guide
37. low season, off season, off-peak season, season-low, slack season
38. on season, peak season, season-high, selling season
39. shoulder period/season
40. state-list famous historical and culture cities
41. folk crafts
42. China National Tourism Administration
43. travel agency /travel service
44. honeymoon tour/bridal tour
45. one-day sightseeing
46. licensed tourist guide
47. places of cultural and historical interest
48. tourist attractions /scenic spots
49. landscape /scenery with mountains and rivers
50. summer resort

二、

1. Liu Bei died of illness in 233 at White KingTown (at present-day Fengjie County, Chongqing Municipality) and was buried in Chengdu in May.
2. Wonders of nature—hills, sea and rocks —present a splendid sight.
3. Su Dongpo, a famous painter, calligrapher, and poet in the Northern Song Dynasty (960—1127), is said to have handled a court case in the cold spring for the owner of a fan shop.
4. Runan County is said to be the hometown of Liang Shanbo and Zhu Yingtai, two tragic lovers much like Remo and Juliet.
5. Yang Gui Fei (719—756), before she became an imperial consort, was Yang Yuhuan, a daughter of an official in Sichuan in the Tang Dynasty (618—907). She grew up to be a rare beauty.

三、

1. The Palace Museum
2. Summer Palace/Park of Natured Harmony
3. The Grand View Garden
4. The Lugou Bridge/The Marco Polo Bridge
5. The Ming Tombs
6. Dayan Pagoda
7. Emperor Qinshihuang's Terracotta Army Museum

8. Mausoleum of Yellow Emperor
9. Potala Palace
10. The Three Gorges of the Yangtze River
11. Dazu Rock Carvings
12. Simian Mountains
13. Yungang Grottoes
14. Wuhou (Martial Marquis) Memorial Temple
15. Thatched Cottage of Du Fu
16. The Dujiangyan Irrigation Project
17. Mt. Qingcheng
18. Leshan Giant Buddha
19. Temple, Mansion, and Cemetery of Confucius
20. Mount Tai
21. Yellow Crane Tower
22. Tengwang Pavilion
23. Yueyang Pavilion
24. Wuhan Dragon King Temple/Wuhan Longwang Temple
25. The Oriental Pearl TV Tower
26. The City God Temple of Shanghai
27. Stone Forest of Lunan
28. Mao Zedong's Former Residence
29. Jade Dragon Snow Mountain
30. Mount Qomolangma (The Everest)

四、

Notice to Visitors

Beihai Park is one of the Chinese time-honored classical imperial gardens as well as a key cultural relic under state protection. Visitors to the park are expected to obey the following regulations:

1. For the sake of your safety, you are not allowed to swim in the lake, climb on the rocks, and skate or walk beyond the open ice zone.
2. Take care not to damage the public equipment and the landscape. Do not jump over the railings, set foot on the lawn, leave carvings, or touch the exhibits. Unauthorized photography training, group photographing, filming or TV shooting is forbidden, so is pasting, drawing and inscribing on any tree or structure.
3. Help create and keep good public order. No activities should do damage to public facilities or pose threat to the safety of visitors. No uproar should be heard. Entrance with any kind of firearms, ammunition, weapons, explosives, pets and accident-prone balls is prohibited. Hunting, angling, letting off firecrackers, gambling, mobbing, and fighting are all forbidden in the park.
4. Nobody is allowed to peddle goods, hand out or paste up any publicity material. Assembly of any form is forbidden.
5. Be preventative against fires. No smoking in "No Smoking" areas or in inflammable places.
6. Be aware of the opening hours. Leave the park no later than the closing time. Do not leave or enter by jumping over the walls or breaking the gates.

一、

1. We should strive for the peaceful reunification of the motherland.
2. Laws form part of the superstructure.

3. This little boy always washes his hands before meals and then dries them with napkins.
4. The overseas Chinese usually say, "Our hearts are always attached to our motherland."
5. We should not take a subjective and lopsided view; instead, we should make an overall analysis of a problem.
6. While eating, take heed that you do not choke; while walking, take heed that you do not fall.
7. While the prospects are bright, the road has twists and turns.
8. It was so cold that the river froze.
9. Everyone knows that life on the Korean battlefield was rather hard.
10. Whatever happens, China will march on.
11. When Qian was just one year old, he was told by his parents to choose one thing among many others, he picked up a book of all things. Thereupon his father very gladly gave him the name: Zhongshu (meaning "book lover").
12. You have turned out to be a pewter spearhead that is like silver— though looking impressive, you are useless.
13. There will always be trouble until the trouble-maker is removed.
14. I was born in the Year of the Rooster. I never eat chicken.
15. If one man guards the pass, ten thousand men are unable to get through.

二、

1—5 CBCBC

三、

1. Lake	2. imperial
3. Dynasties	4. height
5. circumference	6. lake
7. as	8. engraved
9. said	10. inscription
11. views	12. where
13. which	14. manifestation
15. relic	

四、

Guilin

Both in 1985 and in 1991, Guilin, by virtue of its beautiful mountains and rivers, ranked second among the Forty Best Tourist Attractions in China and the Top Ten Places of Interest. In 1998, China National Tourism Administration declared Guilin one of the Top Tourist Cities in China.

During the process of developing tourist industry, Guilin attached great importance to constructing tourist attractions, maintaining the purity of the Li River, and increasing its reception capacity. Over the past 20 years, Guilin has made remarkable progress in the development of its tourist industry, shaping a multi-functional, multi-tier structure, and a comprehensive high-quality reception system. It has become a world-famous tourist attraction. In recent years, Guilin invariably stands among the top ten tourist destinations of China in terms of international arrivals. Despite the impact of the financial crisis in southeastern Asian countries, it still received 410,000 foreign tourists and 6 million Chinese visitors in 1998.

第四课

一、

1. I attend this class to improve my English.
2. They are close friends.
3. We must earnestly help them solve their problems of work and study.
4. He told his parents the whole story exactly as it had happened.
5. He didn't come to himself until 20 hours later.
6. Indeed, the beauty of that Miss World would put the flowers to shame.
7. Since graduation from college, she has been engaged in scientific research.
8. Let's wait till he is back to China.
9. Every river has its upper, middle and lower reaches.
10. These new cars are fast, efficient and handy.

二、

1. That church is open to all the people.
2. His interest ranges widely from chess to stamp collecting.
3. I criticized her, but it went in one ear and out of the other.
4. Mao Zedong Thought is an ideological treasure of the Party.
5. I don't care whether he likes it or not.

三、

1. urban
2. suburb
3. outskirts
4. slums
5. Chinese quarter
6. junk shop
7. newsstand
8. Commodity Exchange
9. Stock Exchange
10. zoological garden
11. fairground; fun fair
12. art museum
13. botanical garden
14. public lavatory
15. pedestrian crossing
16. landscape node
17. moat
18. urban fringes
19. traffic bottleneck
20. traffic island
21. marshalling station
22. urban redevelopment
23. urban fabric
24. megalopolis
25. urbanization
26. suburbanization
27. dismantle dangerous and old houses
28. integrated planning

29. satellite city
30. overpass
31. matched public installations
32. to set up housing accumulation funds
33. to collect funds for cooperative house-building
34. pivot project
35. substation
36. installed capacity
37. afforestation coverage in the city
38. hermetic garbage cans
39. waterworks
40. sewage treatment plant

四、

Academy of Classical Learning

During the decades from the late Tang Dynasty (618—907) to the Five Dynasties (907—960), Chinese official schools were in rapid decline due to the frequent succession of wars and rebellions nationwide. Many scholars had to seek peace and shelter in wooded mountains. Inspired by the preaching system of Buddhist temples, they established academies of classical learning in the woods and therefore initiated a unique form of educational organization in Chinese feudal society. The educational system of academy of classical learning was created in the Tang Dynasty, consummated in the Song Dynasty, and abolished in the Qing Dynasty. During its life of more than 1000 years, the system exerted great influence on the educational and cultural development of feudalist China.

The construction and operation of most academies of classical learning were self-funded and self-governed. In the academy, teaching is a combination of self-study, mutual lecturing, and teacher's guidance, of which self-study in the major form. In the academy, learning is not for the imperial examination or the pursuit of fame and rank, but for the accumulation of scholarship and the cultivation of virtues.

Book collection, saint commemoration, and lecturing are the three core businesses of an academy of classical learning. With an important task and a typical feature of book collection, an academy is also an important contributor to ancient China's book collection program. Academy book collection, official book collection, private book collection, and temple book collection are ancient China's four pillars of book collection. Generally speaking, the books of an academy of classical learning are mostly donations from emperors, government officials, and social individuals, as well as purchases and self-made products.

一、

1. The enemy rear is weakly defended.
2. In the period of English grammar, we were taught the usage of the articles and then did some exercises about them.
3. Xiao Wang, you are wanted on the phone!

4. He was lost in exhilaration.
5. The patient is being operated on.
6. Heat can be converted to energy and energy can be converted to heat.
7. The boy who was seriously injured was immediately admitted into the hospital.
8. I'm very sorry to say the visit to the museum has to be put off till tomorrow because of the heavy rain.
9. Passengers are requested to fill in "Customs Declaration Forms."
10. I was astounded that he was prepared to give me a job.
11. The lack of technical data must be overcome.
12. The propagation of such microwaves will be explained in terms of equations.
13. The direction of motion can be changed by the action of another force on a body.
14. The mechanical energy can be changed back into electrical energy by a generator.
15. Calories are known to be a measure of the heat energy of food given to the body.

二、

1. Smoking is forbidden at office.
2. This book has been translated into Chinese.
3. Many factories and schools had to be relocated for the implementation of this project.
4. He was respected by most of his students at school.
5. The boy playing in the street was injured by a motorcycle. /That boy was injured by a motorcycle while playing in the street.

三、

1. municipality directly under the central government
2. autonomous region
3. special administrative region
4. special economic zone
5. city listed independently in the state plan
6. sub-provincial city; vice provincial city
7. provincial capital
8. coastal city
9. inland city
10. central city, key city
11. first-tier city
12. international metropolis
13. county-level city
14. hinterland
15. frontier, border area, border land
16. plateau
17. plain
18. basin
19. the Yangtze River Delta
20. the Pearl River Delta

四、

Ice Sculpture Festival

Perhaps no other place equals or exceeds Harbin in terms of the bone-cutting cold in January. But it does not mean that people here have to be confined to their homes all day. On the contrary, every year when Harbin is enveloped in thick ice and heavy snow, many people from all over the world would come to celebrate the annual Ice Sculpture Festival lasting from January 5 to February 25. During the Festival, sculptors from worldwide would make a contest for the Finest Ice-and-Snow

Artwork Prize. Under the curtain of night, the illumination of thousands upon thousands of twinkling colored lights makes the colorful ice sculptures ever more charming.

第六课

一、

1. His ill intent is obvious to man in the street.
2. Sometimes it is quite necessary to offer oneself for a position.
3. "Do you need more?" "Yeah, the more, the better!"
4. Two heads are better than one./Three cobblers with their wits combined equal Zhuge Liang the master mind.
5. Xiang Zhuang performed the sword dance as a cover for his attempt on Liu Bang's life—to act with a hidden motive.
6. Confucius said, "Learning without thinking leads to confusion; thinking without learning ends in danger."
7. Mencius said, "The human body has its important parts and unimportant parts....One should not do harm to the important parts when protecting the unimportant parts."
8. Sun Shan is at the end of the name list, and your worthy son comes after Sun Shan.
9. get more run-down every year
10. ring one's own bell / Every potter praises his pot.

二、

1. *The Analects of Confucius*
2. *The Works of Mencius*
3. *The Great Learning*
4. *The Doctrine of the Mean*
5. *The Book of Songs; The Book of Odes*
6. *The Book of History*
7. *The Book of Rites*
8. *The Book of Changes*
9. *Spring and Autumn Annals*
10. *Intrigues of the Warring States*
11. *The Lament; Encountering Sorrow*
12. *Nine Odes*
13. *Tao Te Ching: The Tao and Its Characteristics*
14. *The Classic of Mountains and Rivers*
15. *Records of the Grand Historian; Historical Records*
16. *History of the Han Dynasty*
17. *History as a Mirror*
18. *The Art of War*
19. *Elegies of the State of Chu; Elegies of the South(许渊冲译)*
20. *The Romance of the Three Kingdoms*
21. *The Legend of Deification*
22. *A Dream of Red Mansions; The Story of the Stone*
23. *Outlaws of the Marsh*
24. *Pilgrimage to the West; Journey to the West*
25. *The Scholars*
26. *Strange Tales of a Lonely Studio*
27. *The Literary Mind and the Carving of Dragons*
28. *Analytical Dictionary of Characters*
29. *Romance of the Western Bower*
30. *Dream in Peony Pavilion*

31. *Love in Long–Life Hall*
32. *The Orphan of China; The Orphan of Zhao; Sacrifice*(意译，陈凯歌版的影片名)
33. *Thunderstorm*
34. *Camel Xiangzi*
35. *The Cowherd and the Girl Weaver*
36. *The True Story of Ah Q*
37. *A Surrounded City*; *A Town Besieged*
38. *The Golden Lotus*
39. *Essays and Criticism(Shi Shuo Hsin Yu)*
40. *Compendium of Materia Medica*

三、

1—5 CCBAB

四、

Xi'an

Xi'an as a city dates back to more than 3,000 years ago. It served intermittently as the capital of eleven dynasties for 1,100 years. As the starting point of the world famous "Silk Road," Xi'an became, from the Han Dynasty, the hub of economic and cultural interflow between China and the outside world.

Many tourists to Xi'an like to visit two spots: Bell Tower and Great Gander Pagoda.

Bell Tower was first built in 1384 and then moved to the very center of Xi'an in 1582. The whole structure, 36 meteres high, is built of brick and wood. There used to be a huge iron bell hung in the tower for reporting time every day. Hence the name Bell Tower.

Great Gander Pagoda stands in the grounds of Ci'en Temple (the Temple of Maternal Grace) about 4 kilometers south of Xi'an. The Pagoda was built at the suggestion of Xuanzang, the famous monk of the Tang Dynasty to safe-keep the Buddhist scriptures he brought back from India. The original pagoda, built in 652, had only five stories. The present one stands 64 meters tall with seven tiers, roughly in the shape of an elongated square pyramid.

第七课

一、

1. She is anything but a bright/quick-witted student.
2. Please withhold the document for the time being.
3. All sales are final.
4. Keep this passageway clear.
5. Keep off the lawn!
6. A wise man is superior to flattery.
7. He knows better than to lend you money.
8. No pains, no gains.
9. No visitors.
10. There is no rule but has exception.

11. Law is no respecter of persons/Law respects nobody.
12. The child can walk without any help now.
13. The meeting was marked by such an absence of lively discussions that at times it was almost on the point of breaking up.
14. His lack of consideration for the feelings of others angered everyone present.
15. The days passed quickly, but she worked as hard as ever.

二、

1. runs
2. easy
3. poor
4. denied
5. predatory
6. around
7. poor/weak
8. last
9. no
10. idler

三、

1. arable land; tilled land
2. dry soil
3. lean soil; poor soil
4. wasteland; barren land
5. to lie fallow
6. fallow
7. mechanization of farming
8. cattle farm
9. agronomist
10. cattle farmer
11. fruit grower
12. animal husbandry; animal breeding
13. horticulture
14. dairy produce; dairy products
15. livestock
16. shovel
17. spade
18. hoe
19. sickle
20. flail
21. seeder, broadcaster
22. combine (harvester)
23. sieve
24. "three highs" agriculture (high yield, high quality and high efficiency agriculture)
25. issues concerning agriculture, countryside and farmers
26. three-dimensional agriculture
27. former revolutionary base areas, areas inhabited by minority nationalities, remote and border areas and poverty-stricken areas
28. a program under which officials, doctors, scientist and college students go to the countryside to spread scientific and literacy knowledge and offer medical service to farmers
29. environmental-friendly agriculture
30. subsistence agriculture
31. convert the land for forestry and pasture; grain for green
32. profitable agriculture
33. a land of milk and honey
34. grass root industry (village and township enterprises which take root among farmers and grow

like wild grass)

35. agro-forestry
36. agricultural reclamation
37. rural residents become urban residents
38. acidification
39. desertification of land; desert encroachment
40. grain depot
41. excess reclamation
42. spread technological knowledge to farmers
43. closed fishing seasons
44. cash tree
45. crop failure

四、

Lugou Bridge

The Lugou Bridge started to be built in 1189 and was completed three years later. This 11-arch stone bridge is 266.5 meters long and 7.5 meters wide. The balustrades are adorned with carved lions of different sizes and postures. There is a saying in Beijing that "The lions on the Lugou Bridge are too numerous to count." In fact, there were 485 lions altogether according to a 1962 count. In 1979 one more was discovered in the river, bringing the total number to 486. These stone lions are of great artistic value. On one of the balusters at the southeast end of the bridge sits a lion with an ear pricked up, as if listening intently to the sounds of the water underneath and the conversation of the people passing by. On July7, 1937, the first shot of the War of Resistance Against Japan (1937—1945) rang out beside the Lugou Bridge.

第八课

一、

1. Population control, the conservation of resources and environmental protection should be put in an important place.
2. There was no horror to these matters.
3. She figured prominently in the last act.
4. The mastery of language is not easy and it requires painstaking efforts.
5. Our policy is to learn from all nations and all countries their strong points.
6. He is indiscriminate in reading./He is an indiscriminate reader.
7. My hatred for them grew more.
8. Most students behaved respectfully towards their teachers.
9. President Clinton realized that today's economy is global.
10. The people of the United States also have experienced the benefits of world trade.
11. He is a commander of a regiment.
12. He was between sheets by eleven.
13. The performance is on.
14. His sister is a great liar.

15. He has long been used to last-minute decisions.

二、

1. hesitation
2. pollution
3. tastes
4. ignorant
5. appreciative
6. oblivious
7. about
8. disapproval
9. enthusiasm
10. trembling

三、

1. Inner Mongolia Autonomous Region
2. Haidian District
3. Chongqing Liangjiang New Area
4. Hong Kong Special Administrative Region
5. Shenzhen Special Economic Zone
6. business section; a shopping center; commercial center
7. Central Business District (CBD)
8. residential zone/community/quarter
9. block; square
10. High-Tech Industrial Development Zone
11. Economic and Technological Development Zone
12. Industrial Park
13. Bonded Port Area
14. Bonded Area
15. Comprehensive Bonded Area
16. Free Trade Zone
17. GMT +8 Time Zone; the 8th time zone east to Greenwich
18. signal blind zone
19. depopulated zone
20. smoking area; smoking section; smoking lounge
21. scenic spot
22. deep end(游泳池); abyssal zone(海洋等)
23. light zone
24. the new campus
25. software park
26. administrative area
27. living quarter
28. school district
29. cotton belt

四、

Hongyadong Building Complex

Legged houses (Hillside or riverside houses with at least one side resting on wooden or bamboo poles) are the most distinctive traditional structures of Chongqing. Since 2006, Hongyadong Building Complex, whose main part is modeled after the traditional legged houses, is open to visitors from far and near. Lined along the Jialing River and tailored to the special topography (a narrow stretch of uneven land beside a huge cliff), the complex has become one of the most beautiful name cards of Chongqing.

Hongyadong Building Complex, officially known as "Hongyadong Folk Customs & Sight-Seeing Spot," is located right by the Jialing River. All together, there are 3 horizontal streets and 8 vertical ones. All the buildings and streets here assimilate many architectural elements typical of eastern Sichuan houses. The newly-built complex retains the style and features of the old block. It is a true and vivid reflection of old Chongqing.

The new block is divided into four main streets: the Bar Street close to the Jialing River, the Old Chongqing Street in the Tianchengxiang lane, the Delicacy Street and the exotic City Balcony. The four streets absorb almost all the elements of the latest fashion. Visitors to Hongyadong can feast their eyes on the legged houses, enjoy the waterfall dropping from the Hongyadong cave onto the greenery nearby or below, have a walk on the old-fashioned streets, appreciate Chongqing culture, take the famous Chongqing hotpot, see the confluence of the Jialing River and the Yangtze River in the distance, and have a taste of the delicacies and specialties of different origins.

第九课

一、

1. Benz
2. BMW
3. Safeguard
4. Lancome
5. Rejoice
6. Pepsi
7. Gillette
8. Nike
9. Adidas
10. Coca- Cola
11. Canon
12. Longines
13. Head & Shoulder
14. Porsche
15. Sharp
16. Ports
17. Colgate
18. Kodak
19. Ericsson
20. Nokia

二、

1. CCTV News
2. Topics in Focus
3. News Probe
4. News in 30 Minutes
5. Economic 30 Minutes
6. China Financial Report
7. China Business Guide
8. Business TV
9. Market Hotline
10. World Economic Report
11. Stock Market Analysis
12. Soccer Night
13. Health Club
14. Spring Festival Gala Evening
15. Half the Sky
16. Super Variety Show
17. Culture Express
18. Garden for Opera Fans
19. Big Pinwheel
20. Tangram
21. Twelve Studio
22. Chinese Ethnic Peoples
23. Science and Technology Review
24. Man and Nature
25. Zhengda Variety Show
26. Gallery of Calligraphy Painting
27. Time Together across the Strait
28. Across the Strait
29. China Kaleidoscope
30. China News
31. China Report
32. Travelogue

33. Around China
34. China Today
35. Sunday Topics
36. English News
37. Oriental Fashion
38. Chinese Cooking
39. Off the Shelf
40. Great Masters
41. Lecture Room
42. Top Talk
43. At Your Service
44. Outlook English
45. World Express
46. Fun across the Continents
47. World Screen
48. Overseas Theater
49. Legal Report
50. Traditional Chinese Medicine

三、

1. naturalness
2. which
3. trend
4. cumbersome
5. casual
6. releasing
7. behalf
8. industry
9. consecutive
10. introduced
11. nanotechnology
12. revolution
13. leading
14. functional
15. unremitting
16. enhancing
17. hands
18. Itochu
19. exploit
20. brands
21. access
22. markets
23. objective
24. Pride

四、

Zhouzhuang Ancient Town

Nurtured by its rich history of more than 1000 years and the profound culture of ancient Wu Kingdom, Zhouzhuang Ancient Town has become a gem of Oriental Culture by virtue of its delicately beautiful waterside landscape, distinctive places of historical figures and cultural heritage, and unaffected folk customs. As an outstanding representative of all keepers of Chinese fine traditional culture, Zhouzhuang is the storehouse of ancient Wu culture and a model of all waterfront towns or villages in Southern China.

Blessed with rich tourism resources exclusive to waterfront towns, Zhouzhuang Ancient Town has been vigorously developing its tourism industry under the guiding thought of "Give Equal Weight to Preservation and Development". Based on the distinctive tourism resources of the town itself, Zhouzhuang has reaped the tourism cultural brand of "The No. 1 Waterfront Town of China" by its more than ten years' effort to endlessly excavate its cultural connotations, consummate the construction of the scenic spot, enrich the contents of tourism, and intensify publicity and promotion. It is the initiator of ancient waterfront town tourism in Southern China and it is one of the first-batch state-approved AAAAA tourist attractions. Zhouzhuang Ancient Town is constantly committed to the excavation, propagation and inheritance of Chinese fine traditional culture, and it is in active exploration of cultural tourism, all-out for the well-reputed image of "Custom of Zhouzhuang, Life of Zhouzhuang, and Culture of Zhouzhuang". Zhouzhuang is increasingly becoming the showcase of Chinese culture and it is getting increasingly popular to both Chinese and foreign visitors. Every year, Zhouzhuang attracts more than 2.5 million sight-seers, leisure lovers and holiday makers from home and abroad, and wins a comprehensive tourism income of 800 million yuan.

第十课

一、

1. You're quite right, and you've hit the nail right on the head.
2. He is quite sociable and his courtyard is always thronged with visitors.
3. This man is a coward, a fence-sitter.
4. I'm a broken reed here, and have no say in such things.
5. What we've done will benefit the future generations.
6. Fame is as fatal to men as fattening to pigs.
7. You can't touch pitch without being defiled.
8. "Well, then, when are you going to get this battle finished off? Are you still going to be the old bullock pulling a broken cart, creeping slowly along?"
9. Each tries to justify himself.
10. A single misstep may become the source of eternal regret.

二、

1. calm　2. irresponsible　3. patriotism　4. pale　5. well-being
6. Flushed　7. smiles　8. Braving　9. sporting　10. recalling

三、

1. Warm welcome to all honored guests from home and abroad to attend the Trade Talks!
2. On our way home, we saw that traffic accident.
3. Why is she absent from the meeting? Because she is sick.
4. This is too good a chance to miss.
5. That is the end of the news.
6. Why should you be so upset?
7. Your team is unlikely to win. / It's impossible for your team to win.
8. They caught the thief and took him to the police station.
9. You may take that vacant seat over there.
10. The invaders robbed him of all his money.

四、

Lanzhou Hand–Pulled Noodle

Lanzhou Hand-Pulled Noodle, short for Lanzhou Hand-Pulled Noodle with Beef, is traditionally believed to have originated in the Tang Dynasty, but textual research about its origin is really hard to be carried out due to its long, long history.

Authentic Lanzhou Hand-Pulled Noodles must meet five standards: soup clear, radish white, caraway and garlic bolt green, hot pepper red, and noodle yellow-bright.

The making of Lanzhou Hand-Pulled Noodles involves five essential steps — selecting flour, kneading dough, leaving dough idle for a while, forming strips, and pulling. All these five steps make a clever use of the physical properties of the ingredients, to be more specific, a clever use of the extensibility and elasticity of gluten protein.

Noodle pulling is a unique technique, and watching the play of noodle pullers is as pleasant as appreciating the performance of acrobats. An experienced cook needs little time (usually only about ten seconds) to produce a satisfactory handful of noodles which are pliable and tough, long and soft, even in thickness, as fine as silk, and unbreakable. The noodles can be sieved up soon after being thrown into the boiling pot. Pliable but not sticky, the cooked noodles taste smooth, tough and chewy. As a doggerel goes, "Lanzhou Hand-Pulled Noodles, so much like a reel of threads while in hands, moments ago in the cauldron cheerfully swirling, seconds later in bowls chrysanthemum petals resembling."

Today, Lanzhou Hand-Pulled Noodles Restaurant can be found in every province of China and even in many places of foreign countries or regions. Lanzhou really deserves the reputation of "Home of Pulled Noodles with Beef."

第十一课

一、

1. The constant change of the course of the Yangtze River in history helped form a great many lakes in the areas around Wuhan.
2. The turn of the century has opened a new chapter in the development of human society.
3. The vitality of science and technology and the prosperity of economy must be based on education.
4. Nothing suggests that he will be equal to such a task.
5. Backwardness must be perceived before it can be changed.
6. He was, however, eccentric. He neither looked for an official post, nor had any friends, studying behind closed doors all day.
7. There was a lively debate among the workers.
8. Suggestions for improvement to this dictionary will be welcome.

9. Much publicity work should be done in the countryside on the necessity of family planning.
10. For its socialist construction, China needs an international environment of peace and a domestic situation of stability, unity and great order.

二、

1. In order to make a living, many housewives have to do a lot of heavy housework so that they finally break down.
2. When I come across a good essay in the newspaper, I am often inclined to cut and keep it.
3. It snowed heavily one winter night five years ago.
4. A picture without a frame does not limit the vision of the viewer.
5. Looking at a pile of old photos, I couldn't help recalling the voice and expression of my maternal grandmother.

三、

1—5 BBABC

四、

Many countries grow tea trees and produce tea leaves. But the local name for the product is either "tea" or "cha". "Tea" is actually a dialect pronunciation in southern Fujian Province of China. It's said that the tea exported by sea is still called "tea" overseas. "Cha" is a dialect word for "tea" in northern China. It's believed that the tea exported by land is known as "Cha" abroad. All these suggest that China is the hometown of tea and it is from China that tea was brought to other countries and regions. In ancient China, people made first use of wild tea to cure diseases like indigestion. Later, they found tea was also a wonderful drink. In as early as 200 B.C., the Chinese learnt to grow tea trees and make tea, and tea drinking became a popular practice.

第十二课

一、

1. Somehow our path took us toward the park, across the footbridge high above the rolling waters of the river.
2. Throughout the ages only honest laboring people see the truth that wealth is created through labor. Only they can free their minds of any fantastic ideas of getting rich. And only they create and accumulate wealth for both society and themselves through practical work.
3. In order to realize my childhood dream I chose chemistry without hesitation, and to my great satisfaction, I was admitted by Sichuan University, one of China's famous key universities with a history of nearly 100 years.
4. Nevertheless the problem was solved successfully, which showed that the computations were accurate.
5. The political awakening of the people is not easy. It requires much earnest effort on our part to rid

their minds of wrong ideas.

二、

1. so	2. and
3. but	4. unless
5. namely	6. if
7. apart from/in addition to	8. which
9. in terms of	10. Conversely/On the contrary/In contrast

三、

1. On no account will I miss the opportunity, which I've been waiting for all my life.
2. Our company compares unfavorably with our competitor in product packing, advertising and publicity.
3. I feel a strong aversion to him for speaking ill of others behind their back.
4. Whether you will have a successful career depends mainly on your ability to deal with others.
5. Judging by his recent performance, the boss is not likely to give him a pay rise.

四、

Possible Dangers in the Home

Home can be a possible dangerous place for elder people due to the inconvenience and difficulty in their movement. Timely care or rescue measures should be taken to deal with ordinary tumble-induced traumas or fractures and symptoms of sudden heart attack or shock. The suit on exhibition is designed for us to have a taste of the daily inconvenience of the aged people and to feel the potential dangers for them. It is to warn us to show more considerations for the old in our daily life and master some first-aid methods such as stanching, bandaging, bone-and-plate holding, cardio-pulmonary resuscitation (artificial breathing), etc.

Operation Directions:

1. Put on the special suit to play an eighty-year-old person and feel the possible dangers in the home.
2. Take the training of artificial breathing under the instructor's guidance.

第十四课

一、

1. I simply admire him from the bottom of my heart.
2. A fall into the pit, a gain in your wit.
3. Little did we expect that he would appear half way and try to poke his nose into the matter.
4. I have not received regular training for the job; I may not do it well.
5. We must get to the bottom of the matter.
6. He wetted his pants in terror./ It scared his pants off.
7. Don't poke your nose into other people's affairs.

8. I don't know what he has got up his sleeve.
9. Blood is thicker than water.
10. Scuffles and clashes became a matter of daily occurrence for these gangsters.
11. This figure has already been trimmed down to reflect the reality, but it is still an inflated figure.
12. He is a gentleman.
13. Your remarks are more inspiring /enlightening than what I have read in ten years.
14. They haven't given you the whole story about the negotiations, but only a few scanty lines about them. /What they told you about the negotiations is a simple briefing instead of a detailed account.
15. We can neither give up our national dignity nor betray our people.

二、

1. feeds	2. beyond	3. miss	4. feathers
5. Penny	6. Draw	7. band	8. subdues
9. dogs	10. path		

三、

1. implement	2. on	3. submit	4. administration
5. municipal	6. upon	7. said	8. obtain
9. conclusion	10. specify	11. term	12. hereafter
13. obligations	14. parties	15. penalty	16. needed
17. party	18. contribute	19. appraised	20. equivalent
21. payable	22. rate	23. shall	24. municipality
25. consideration	26. requisition	27. relocation	28. filed
29. Ministry	30. State		

四、

Public Notice of the People's Government Beijing Municipality

According to the decision of Beijing Municipal Government, a temporary plan for traffic regulation is to be implemented on all the roads within the municipal jurisdiction from 6 a.m. to 12 p.m., every day from August 17 to 20, 2007. Here follow the detailed measures:

1. Local motor vehicles with odd plate number (plate number ending in 1, 3, 5, 7, 9, similarly hereinafter) can hit the road only on odd dates, and those with even plate number (plate number ending in 2, 4, 6, 8, 0, similarly hereinafter) on even dates. The motor vehicles with plate number like "二00二" can only hit the road on even dates, too. Such restrictions are not applied to the following motor vehicles:
   1) Vehicles for special purpose (police wagon, fire engine, ambulance, rescue truck)
   2) buses, trolleys, and large-capacity passenger cars
   3) taxis and minibuses (excluding rented vehicles)
   4) mail cars
   5) motor vehicles under the name of foreign embassies, consulates, and China-based international organizations (vehicles with a Chinese character "使" on the plate)

6) motor vehicles with an identifier "2007好运北京" (Good Luck to Beijing, 2007)

7) motor vehicles (including those carrying dangerous cargoes) with a passport issued by the traffic management bureau for the sake of ensuring a normal order in life and production

2. Apart from complying with the above rules and regulations, trucks, motorcycles, tractors, tricycles, and low-speed wagons must continue to obey the old restrictions, namely, roads within and including the 4th Ring Road are not open to trucks from 6 a.m. to 11 p.m., roads within the 4th Ring Road (except its auxiliary road(s)) not open, all day long, to motorcycles with a plate number of "京 Bxxx," and roads within and including the 5th Ring Road not open, around the clock, to tractors, tricycles and low-speed wagons.

3. Dreg-carrying trucks are forbidden, day and night within this period, to run along any road within the municipal jurisdiction (except pass-holding trucks undertaking the transport of dregs produced in the Olympic construction sites).

第十四课

一、

1. Lend an ear to the blooming flowers; keep a watch on the growing trees.
2. Keep an open eye to every change of the times; pay attention to every matter of consequence in the world.
3. The significance of study only lies in trying to perfect oneself.
4. Image is a flower; virtue is its fragrance.
5. We are the creator of a poetic and picturesque youth.
6. Your civility is a walking view on campus.

二、

1—5 CCBDA　　6—10 DDDCC

三、

1. Close mouth catches no flies.
2. Poor people in the noisiest city have no one to darken their doors while rich people living in the remote deep mountains will have many friends afar.
3. He who has a mind to beat his dog will easily find his stick.
4. Caution is the parent of safety.
5. Adversity leads to prosperity.
6. A fair death honors the whole life.
7. A man is known by his company.
8. A young idler, an old beggar. / Laziness in youth spells regret in old age.
9. A hedge between keeps friendship green.
10. A burden is light on the shoulder of others.

四、

1. The only way to settle questions of an ideological nature or controversial issues among the people is by the democratic method, the method of discussion, of criticism, of persuasion and education, and not by the method of coercion or repression.
2. "Fewer and better troops and simpler administration." Talks, speeches, articles and resolutions should all be concise and to the point. Meetings should not go on too long, either.
3. The people, and the people alone, are the motive force in the making of world history.
4. All reactionaries are paper tigers. In appearance, the reactionaries are terrifying, but in reality they are not so powerful.
5. In class society everyone lives as a member of a particular class, and every kind of thinking, without exception, is stamped with the brand of a class.

第十五课

一、

1. best-selling goods
2. international brand
3. national recognition
4. brand potential
5. excellent quality
6. brisk business
7. specification
8. make an exception
9. after-sales service
10. lodge a claim
11. entertain the claim
12. be on the point of being sold out
13. specialty shops; exclusive shops
14. premium brand
15. unsaleable goods
16. consumer markets
17. sound and intact
18. distribution channel
19. management expertise
20. availability

二、

1—5 CBCAA　　6—10 BCCAC

三、

1. The shortage of fund, I think, is the biggest problem we are facing at the present stage.
2. Surrounding the earth is a layer of air of unknown thickness.
3. She is easy with movement and good with vision and hearing despite of her great age.
4. The young people went out, against the wind and through the rain, for a ride on horseback.
5. He is quoted in the newspaper as saying that the strike was evil.
6. Shallow water cannot support a boat.
7. There is no exception to this in modern or ancient times, in China or elsewhere.
8. It certainly seems so to me.
9. Excitement choked me then.

10. His name just escaped me at that moment.

四、

From Bleak to Brisk

An aquarium in a city in Northern China opened to the public, but few visitors came because the admission was as expensive as 50 yuan (RMB). The first year's business was so bleak that one could catch sparrows on its doorstep.

Eventually its owner, who was in dire need of money, had to sell it, though suffering a great loss, and returned miserably to the South. The new owner of the aquarium put up an ad conferring reward for advice that could save the business and lead it to boom.

One day a woman teacher came to say that she had a way to make it brisk. As a result of her advice a great change took place — the aquarium was always full of visitors, among whom one third were young children, ant the others were their parents. Three months later it began to yield profit. Her advice was very simple — send out a message through the media: the aquarium is now open to children free of charge.

一、

1. We wanted to take the food outside in order to save time, but the staff told us that they didn't provide disposable snack boxes.
2. China's social security undertakings and its transfer payments are obviously lagging behind the development of its national economy.
3. In my opinion, the crucial point lies in the "market worship" of certain experts and scholars.
4. Some franchise industries have reaped colossal profits.
5. Yet, an obvious fact is that China's social development is lagging behind that of its economy. This is manifested in the excessive gap between the poor and the rich.

二、

1. total　　2. injured　　3. seriously　　4. collided
5. morning　　6. restored　　7. after　　8. damaged
9. removed　　10. reported

三、

1—5 BBCAB

四、

Water is indispensable for the survival and development of mankind. However, it is not inexhaustible. As for China, the average annual total of water is approximately 2,700 billion cubic meters, ranking NO. 6 worldwide. But the amount per capita is less than 2,400 cubic meters, which is just one quarter of the global per-capita share. Water shortage is an obvious problem facing China. On the other hand, water is being terribly wasted and polluted in China. Only 30—40% of the water for agricultural irrigation is being effectively utilized. In the city, water consumption for every 10,000-yuan industrial output is times more than that of the developed countries. The polluted distance of the seven key river systems has run up to 30—70% of their respective length. All these aggravate the long-existent tension between supply and demand. They have also produced negative impacts upon China's social and economic development. Unless effective measures adopted, such impacts will become increasingly terrible along with the increase of population and the advancement of society and economy. Therefore, it is extremely important that everybody be made aware of water crisis and people of all walks of life endeavor to make best use of the limited water resource.

第十七课

一、

1. Eating is believing.
2. Keep your fine skin, use Dabao Face Cream then!
3. Slimming Pills.
4. "Golden Rooster" always crows on time.
5. Here you will see beautiful scenes, breathtaking wonders, first-class facilities and efficient service.

二、

1. property
2. interest
3. leaseback
4. cost of development
5. finance costs
6. sale proceeds
7. floor area
8. arena
9. amenities
10. land use certificate
11. commercial & residential complex
12. Grant Contract of Land Use Right
13. plot ratio
14. site coverage
15. land use term
16. project approval
17. planning approval
18. permit
19. public utilities
20. fiscal allotment
21. grant or transfer
22. the Municipal Land Administration Bureau
23. public bidding
24. land efficiency
25. location classification
26. projecting parameter
27. stamp duty
28. biding document
29. pre-requisitioned land
30. competent authorities
31. go through the formalities
32. mortgage loan

33. to buy a house on mortgage; to mortgage a house
34. mortgage lender
35. housing vacancy rate
36. Comfortable Housing Project
37. slab-type apartment building
38. a relocated unit or household
39. property tax; estate(or capital) duty
40. compensation for demolition
41. allowances for repairs and maintenance
42. depreciation allowances
43. urban housing provident fund
44. real estate evaluator
45. property ownership certificate
46. buy or exchange houses
47. real estate speculator
48. public rental housing
49. housing system reform
50. real estate market

三、

1. His unkind remark to the manager made it impossible for me to get my long-hoped-for pay rise.
2. His face darkened (turned grim) at the thought of the unpleasant occurrence the night before.
3. Before liberation, he had neither the right to live nor the right to work.
4. The child promised that he would never be so careless.
5. No one can withhold the trend of history.

四、

Despite a series of regulating and controlling measures adopted by the Chinese government in 2010, China's real estate market is still excessively hot and the housing price is still firm. The rising trend of property prices has not yet been obviously inhibited. Since 2011, various functional departments at all levels of Chinese government have gradually launched another round of integrated measures to deal a combination blow to property market.

The healthy development of property market is one of the important purposes of industrial restructuring and arrangement of China's national economy. The polices related to real estate development will be one of the biggest concerns in the Twelfth Five-year Plan and a significant wind indicator of national economy. They bear on people's livelihood, social stability and many other important aspects. Therefore, if the policy-oriented regulations and controls still fail to inhibit the increase speed of property prices, crack down on property speculations, and mitigate the tension of housing demand, some deeper and more extensive regulating and controlling measures are to be issued.

第十八课

一、

1. world	2. monkey	3. fire	4. rush
5. Whatever	6. innocent/dumb	7. Dutch	8. Break
9. so	10. Shameless	11. Crazy	12. need

13. joking	14. treat	15. hell	16. one-on-one
17. decency	18. mind	19. coffee	20. taste

二、

1. He did not take a rest until he had finished his work
2. He has been busy with his investigation since Monday.
3. His speech attracted a large audience.
4. Gradually the sound of footsteps died away.
5. Can you recommend me some newly-published novels?

三、

1. The monk may run away, but the temple can't run with him.
2. dish up the same old stuff
3. irresponsible and sarcastic remarks
4. put a label on sb
5. whisper in sb's ear
6. fan the winds of evil and spread the fires of turmoil
7. lick sb's boots
8. be a wet blanket
9. spout hot air/ talk big
10. beat about the bush
11. put on airs
12. lay it on thick
13. let the cat out of the bag
14. sing a different tune
15. put on rival show
16. rack one's brains
17. work hand in glove with
18. latch on to the rich and powerful
19. overcharge; fleece; soak
20. get in by the back door

四、

The Ex–husband Refuses to Pay the Monthly Allowance

According to Zhong himself, it was via one of his friends that he got to know Peng and the child was the result of their cohabitation. In those days, they occasionally fell out and had to live separately on and off. They didn't apply for the marital certificate at the local civil service until September, 2004. But three months later, they got divorced as they agreed to.

Just as Peng claimed, Zhong admitted that he had promised in the agreement to pay a monthly allowance of 300 yuan to the child. But they couldn't arrive on an agreement on how the promise should be fulfilled. "She cares nothing else but money, and even forbids me to see my child", explained Zhong. For all those reasons, Zhong felt rather displeased and refused to pay the allowance right after the New Year's Day.

"He is the father of my child. How should he refuse to pay the allowance? I'm a jobless mother. Who else except him should I turn to? " explained Peng in a complaining voice. "Since he is a man without credibility, certainly he should not find fault with my cruelty. "

第十九课

一、

1. A huge tree that fills one's arms grows from a tiny seedling; a nine-storied tower rises from a heap of earth; a thousand li journey starts with the first step.
2. In my school days, in response to the so-called "compulsory physical exercises", I went in for many sports at the expense of many pairs of sneakers and rackets, thus luckily building up a minimum of good physique.
3. Absorbed in painting, you know not old age is coming; indeed, to me wealth and rank are like clouds scudding.
4. Like other young lovers they used to quarrel quite often. But in the end within a week or so, it was always she who would come to him first for reconciliation. He had been quite confident that this argument would end the same way.
5. Some may be wicked, and some may be despicable. Only when I put myself in their position did I know they are more miserable than I. So forgive all that you have met, no matter what kind of persons they are.
6. Were they pitiful maidens deflowered by fickle men? Or were they unlucky young men fooled by frivolous women?
7. After this, there were so many things I wanted to talk about, they should have poured out like a string of beads ... But I was tongue-tied, unable to put all I was thinking into words.
8. He patted his chest to ease off his coughing and went on excitedly, "True, true...it's cold in the country, but when you get into somebody's straw stack, you are warm again at once...But this street, humph, what a terrible place! In the mountains, it's ever colder, but when they have a fire in the house with the whole family sitting around it, wow, it's heaven!"
9. It is most startling to hear a watch or clock clicking away the seconds, each click indicating the shortening of one's life by a little bit.
10. Time must not be wasted if you want to do your bit in your remaining years or acquire some useful knowledge to improve yourself and help others, so that your life many turn out to be significant and fruitful.

二、

1. His condition is much better.
2. Write to me often.
3. The challengers lost the game by nil to four to the champion.
4. In a historic vote, Beijing won the bid for the Olympics.
5. Have you ever read Fielding's classic novel *Tom Jones*?

三、

1. Gazing	2. really	3. replied	4. Pointing
5. one	6. tree	7. that	8. to
9. and	10. shape	11. its	12. help
13. faint	14. herbal	15. does	16. good
17. commented	18. come	19. never	20. fragrance

四、

A Year of Good Harvest

(Excerpted)

The owners of the old felt hats had come to the market today intending to buy many different imported products. They had run out of soap and must take back another ten bars or so, as well as a few packages of matches. Paraffin bought from the peddlers who came to the village cost ten coppers for a small ladle, if several households combined to buy a tin they would get much better value. Moreover it was said that the foreign prints displayed in the shop windows were only eighty-five cents a foot, and for months now the womenfolk had been dreaming of buying some. That was why they had insisted on coming today when the rice was to be sold, having worked out exactly how many feet they needed for themselves, how many for Big Treasure and Small Treasure. Some of the women's plans included one of those oval foreign mirrors, a snowy white square towel or a pretty knitted cap for the baby. Surely this year, when Heaven had been kind and each mu had yielded an extra three or four pecks, they were entitled to loosen the purse-strings usually held so tightly. For there ought to be something left over even after paying the rent, their debts and the guild. With this in mind, a few of them had even toyed with the idea of buying a thermos flask. Now that was an extraordinary thing! Without a fire, the hot water you'd poured in stayed just as hot hours later when you poured it out. The difference between heaven and earth could hardly be greater than between a thermos flask and the straw-lined box in which they kept the teapot warm.

第二十课

一、

1. The bookstore purchases books from various publishers, which offer discounts between 25 and 60 percent.
2. Achievements have a dual character and so have mistakes.
3. Shenzhen Special Economic Zone has achieved remarkable successes since it was established almost eight years ago.
4. She cut the cake in halves.
5. Atomic batteries can operate without being recharged for decades.
6. He has tried a thousand and one ways to be transferred to the Commodity Inspection Bureau but

failed.

7. Traffic lines here radiate in all directions.
8. You should not have said anything about the matter.
9. He regards different jobs as indication of rank and grade.
10. He talks shop all the while.

二、

1. A successful person differs from an unsuccessful one in that the former perseveres whereas the latter gives up halfway.
2. The night of the lantern festival always finds this street decorated with lanterns and festoons and bustling with noise and excitement.
3. When you know a thing, say that you know it; when you do not know a thing, say that you do not know it. That is true knowledge.
4. Only a miracle can save the company from going bankrupt.
5. In those days even the mention of her son's name brought tears to her eyes / brought her to the verge of tears.

三、

1. (actors, singers, etc.) perform for outside salary income without approval by the unit they belong to
2. wages online exposure
3. GSM mobile telephone
4. beep pager
5. profiteer; wheeler-dealer
6. go into business
7. get laid off
8. migrant worker
9. mortgage slave
10. mortgage
11. to speculate in the stock market
12. economical housing
13. non-staple food project
14. sound and fast development
15. a moderately prosperous society
16. circular economy
17. south-to-north water diversion project
18. low-rent housing
19. three-step development strategy
20. One Country, Two Systems
21. three direct links (shorthand for direct links in post, transportation and trade between the Chinese mainland and Taiwan)
22. three represents
23. scientific outlook on development
24. campaign to educate Party members to preserve their vanguard nature
25. Five Principles of Peaceful Coexistence
26. direct chartered flight across the Taiwan Straits
27. cyber manhunt
28. security staff, security guard
29. job-hopping
30. convert payment; (neutral)red paper containing money as a gift, (derogative) bribe, kickback

四、

Road Transformation

Any talk of my hometown highway would immediately remind me of the asphalt road during my childhood. In my memory, the asphalt road was always full of bumps and hollows. Though maintenance squads were constantly designated by the county's traffic bureau to repair the road, it seldom appeared flat all the year round. Even the section of the town center could hardly escape that fate, let alone the imaginable worseness of the other sections. During that time, I always supposed that the section before the squads' temporary residence should seldom be bumpy at all. On rainy days, the rough asphalt road was not in the least different from the muddy paths in the village. If any vehicle happened to be passing on rainy days, all the pedestrians along the roadsides would scurry faster than a hare. That was the only way for the town inhabitants to dodge the ruthless splashing dirty water. Otherwise, they would be soaked all over with the frantic splashes.

Last Spring Festival, I went back to my hometown after many years of departure to fulfill my parents' wish to have a family reunion. To my great surprise, everything, including the road running through the town, had totally changed. The former rough asphalt road had been transformed into a broad concrete thoroughfare running through the town center. The newly-built Baise-Guangyang secondary road linking the State Highway 322 runs directly past the gate of the town's government to another town of the neighboring county. An unprecedented superhighway only a few kilometers away from our town was under busy construction. On my way home, I happened to pass from below the under-construction expressway bridge. That bridge, with a length of hundreds of meters (actually, too long to challenge my estimation) looked very impressive and grand. As an artery road linking Hunan Province, Guangxi Zhuang Autonomous Region, Yunnan Province, and Guangdong Province, the superhighway was completed and open to traffic in October this year.

Traffic facilities are the life of development. As for the countryside, better traffic facilities are more urgently needed to bring about prosperity and wealth. Nowadays, the traffic lines in my hometown radiate in all directions and the living standards of the rural people are far better than ever before. But for the severe blizzard in this early spring, I might have felt the home journey more convenient and more refreshing.

第二十一课

一、

1. The lane, in the terms of the art of urban architecture, is like a piece of prose of gentle gracefulness or a painting of classic elegance and simplicity.
2. As the rain gradually ceased to patter, a glimmer of light began to filter into the room through the window curtain.

3. A scene of five year ago slowly unveiled before my mind's eye.
4. The reading of Chinese classics is a must for all Chinese.
5. Personally, I am also a fritter.

二、

1—5 BACAB

三、

1. least	2. much	3. recall	4. impression	5. describe
6. was	7. depressing	8. mood	9. with	10. clan
11. been	12. was	13. hands	14. family	15. working

四、

The White Hair

My long pent-up poetic emotion emerged again this morning at a hairdresser's.

O young lady, you young lady of the distant land! Excuse me for addressing you as "young lady", for your name is still unknown to me.

It was probably on a spring evening. You cut my hair, shaved my face, gave me a shampoo and applied some vanishing cream.

Finally, in the mirror I saw you plucking out a white hair from my head while parting my hair.

O young lady, you young lady of the distant land, I have been leading a wandering life for another three years since I saw you last, but it is your feeling heart that has been the cause of my sustained youth.

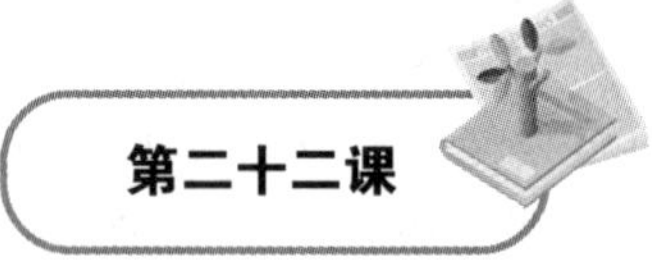

第二十二课

一、

1. This makes it difficult for American students to learn Chinese characters.
2. Your watch doesn't keep time.
3. After hearing this bad news, she was scared more dead than alive.
4. Life is often compared to voyage.
5. Scale new heights in the implementation of the reform and opening up policy.

二、

1. distribution according to one's work/performance
2. "sin" industry
3. an IOU
4. to expose enterprises to market; increase the responsiveness of enterprises to market forces
5. to properly guide the public opinion
6. to subordinate immediate interests to the long-term ones; to be farsighted; have a broad view
7. to let a hundred flowers blossom and a hundred schools of thought contend
8. Much remains to be done.

9. to shake off ideological and structural shackles
10. to extricate oneself from debt problems; to free oneself from debt problems
11. money worship
12. a highly efficient, well-coordinated and standardized administrative system
13. contract for; on a contract basis
14. to sustain development
15. to maintain a sustained, rapid and sound development of the national economy
16. to maintain social justice
17. the protective price
18. to ensure the timely transport of key goods and materials
19. Resources must be channeled to (or concentrated on) priority projects and not spread thinly (evenly) everywhere.
20. to refer to the next session of the National People's Congress for confirmation
21. departmentalism
22. a more or less mature socialist market economy/ a rather full-fledged socialist market economy
23. a disguised price raise
24. unwritten law; customary law; common law
25. to rush into action in disregard of objective conditions
26. non-performing loan (NPL)
27. breach of contract; fail to implement a contract
28. unhealthy practice (tendency)
29. to take a bolder approach
30. financial statement
31. to cut down on overstaffing
32. participation in and deliberation of state affairs; to participate in the policy making process
33. competitive election; multicandidate election
34. product mix
35. reorganization and upgrading of the industrial structure
36. long-term coexistence, mutual supervision, treating each other with all sincerity and sharing weal and woe
37. conventional disarmament
38. deficit (or excessive) spending; unduly high levels of spending; over-consumption
39. the privilege to overstep law/ extra-legal privileges
40. banquet at public expenses

三、

1. marine	2. manage	3. evolved	4. locating	5. dim
6. species	7. telescopic	8. those	9. where	10. all
11. blind	12. feelers	13. identify	14. stray	15. radius

四、

Investment Environment in China and Preferential Policies for FDI

China has been committed to the cultivation of a favorable investment environment since the reform and opening up and in accordance with the specifics of China' s social and economic development , provided foreign investors with a serious of preferential policies.

Chinese government has unceasingly adopted measures to expand the scope for FDI. Recently Chinese government decided to eliminate or further relax restrictions on foreign investment in the following areas:

1. Geographic restrictions on FDI in financial sectors will be abolished, foreign financial institutions may apply to set up branches in any provinces and municipalities all over China.
2. Open areas for insurance will be expanded from the current Shanghai and Guangzhou to Shenzhen, Chongqing, Dalian, Tianjin and other key cities and foreign trade centers.
3. Areas for pilot enterprises of foreign funded retail business will be extended to provincial capital cities, municipalities directly under the Central Government and special economic zones. At the same time, pilot wholesale business with foreign investment will begin in Beijing, Tianjin, Shanghai, Chongqing and other places.
4. The business scope for investment companies set up by transnational corporations will be enlarged.
5. The scope and number of foreign funded import and export enterprises pilots will be increased.
6. The pilot intermediary services such as foreign funded accounting firms, assessing institutions, surveillance companies and law consulting firms will be expanded.
7. Qualified domestic companies and powerful international companies will be supported in establishment of engineering corporations; they are also encouraged to undertake large-scale projects at home and abroad.
8. Telecommunication market will continue to be opened step by step.

To date, apart from wild animal and plant resources protected by the country, electricity network construction and operation, selection and processing of radioactive minerals, press and a few other industries where foreign investment are prohibited, FDI are allowed and encouraged in most industries.

附　录

1. 标点符号翻译大全

$+$ plus 加号;正号

$-$ minus 减号;负号

$\pm$ plus or minus 正负号

$\times$ is multiplied by 乘号

$\div$ is divided by 除号

$=$ is equal to 等于号

$\neq$ is not equal to 不等于号

$\equiv$ is equivalent to 全等于号

≌ is equal to or approximately equal to 等于或约等于号

$\approx$ is approximately equal to 约等于号

$<$ is less than 小于号

$>$ is more than 大于号

$\nless$ is not less than 不小于号

$\ngtr$ is not more than 不大于号

$\leqslant$ is less than or equal to 小于或等于号

$\geqslant$ is more than or equal to 大于或等于号

$\%$ per cent 百分之……

‰ per mill 千分之……

∞ infinity 无限大号

$\propto$ varies as 与……成比例

$\sqrt{}$ (square) root 平方根

$\because$ since; because 因为

$\therefore$ hence 所以

∷ equals, as (proportion) 等于,成比例

$\angle$ angle 角

⌒ semicircle 半圆

$\odot$ circle 圆

○ circumference 圆周

π pi 圆周率

$\triangle$ triangle 三角形

$\perp$ perpendicular to 垂直于

$\cup$ union of 并,合集

$\cap$ intersection of 交,通集

$\int$ the integral of ……的积分

$\sum$ (sigma) summation of 总和

$^\circ$ degree 度

$'$ minute 分

$''$ second 秒

℃ Celsius system 摄氏度

$\{$ open brace, open curly 左花括号

$\}$ close brace, close curly 右花括号

(open parenthesis, open paren 左圆括号

) close parenthesis, close paren 右圆括号

( ) brakets/ parentheses 括号

[open bracket 左方括号

] close bracket 右方括号

[ ] square brackets 方括号

. period, dot 句号,点

$|$ vertical bar, vertical virgule 竖线

$\&$ ampersand, and, reference, ref 和,引用

$*$ asterisk, multiply, star, pointer 星号,乘号,星,指针

/ slash, divide, oblique 斜线,斜杠,除号

// slash-slash, comment 双斜线,注释符

$\#$ pound 井号

$\backslash$ backslash, sometimes escape 反斜线转义符,有时表示转义符或续行符

~ tilde 波浪符
. full stop 句号
, comma 逗号
: colon 冒号
; semicolon 分号
? question mark 问号
! exclamation mark (英式英语) exclamation point (美式英语)
´ apostrophe 撇号
– hyphen 连字号
-- dash 破折号
... dots/ ellipsis 省略号
'' single quotation marks 单引号
"" double quotation marks 双引号
‖ parallel 双线号
& ampersand = and
~ swung dash 代字号
§ section; division 分节号
→ arrow 箭号;参见号

2. 结婚周年纪念的英语说法

婚姻是神圣的,两个人牵手的时间也会用一些代表永恒的实物来表达,一起来看看结婚周年的各种英语说法吧。

paper wedding——纸婚(1周年)
tin wedding——锡婚(2周年)
crystal wedding——水晶婚(15周年)
china wedding——搪瓷婚(20周年)
silver wedding——银婚(25周年)
pearl wedding——珍珠婚(30周年)
ruby wedding——红宝石婚(40周年)
sapphire wedding——蓝宝石婚(45周年)
golden wedding——金婚(50周年)
emerald wedding——翠玉婚(55周年)
diamond wedding——钻石婚(60—70周年)

3. 生肖或属相的英语表达法

——您是属什么的?
——Under what animal sign (or symbol) were you born?/What animal sign were you born under?
——我属猪。
—— Mine is Boar./I was born in the year of the Boar.
——明年是什么年?
——What is next year's animal sign?
——虎年
—— It's the Tiger.

十二生肖译名

鼠	牛	虎	兔	龙	蛇
Rat	Ox	Tiger	Hare	Dragon	Serpent/ Snake
马	羊	猴	鸡	狗	猪
Horse	Sheep	Monkey	Rooster	Dog	Boar

4. 二十四节气的英译法

二十四节气 The 24 Solar Terms:（节气：a day marking one of the 24 divisions of the solar year in the traditional Chinese calendar; solar terms）

立春 spring begins; beginning of spring
雨水 the rains
惊蛰 insects awaken/excited insects
春分 Vernal Equinox; the Spring Equinox; Day of Vernal Equinox
清明 clear and bright
谷雨 grain rain
立夏 summer begins; beginning of summer
小满 grain buds/grain fills
芒种 grain in ear
夏至 summer solstice; June solstice
小暑 slight heat
大暑 great heat
立秋 autumn begins; beginning of autumn
处暑 stopping the heat
白露 White Dew
秋分 Autumnal Equinox
寒露 cold dew
霜降 hoar frost falls/ hoar frost descends
立冬 winter begins; beginning of winter
小雪 light snow
大雪 heavy snow
冬至 winter solstice; midwinter
小寒 slight cold
大寒 great cold

5. 交通规则词汇

1. 交通规则 traffic regulation
2. 路标 guide post

3. 里程碑 milestone
4. 红绿灯 traffic light
5. 自动红绿灯 automatic traffic signal light
6. 红灯 red light
7. 绿灯 green light
8. 黄灯 amber light
9. 交通岗 traffic post
10. 岗亭 police box
11. 交通警 traffic police
12. 打手势 pantomime
13. 单行线 single line
14. 双白线 double white lines
15. 双程线 dual carriage-way
16. 斑马线 zebra stripes
17. 划路线机 traffic line marker
18. 交通干线 artery traffic
19. 车行道 carriage-way
20. 辅助车道 lane auxiliary
21. 双车道 two-way traffic
22. 自行车通行 cyclists only
23. 单行道 one way only
24. 窄道 narrow road
25. 潮湿路滑 slippery when wet
26. 陡坡 steep hill
27. 不平整路 rough road
28. 弯路 curve road; bend road
29. 连续弯路 winding road
30. 之字路 double bend road
31. 之字公路 switch back road
32. 下坡危险 dangerous down grade
33. 道路交叉点 road junction
34. 十字路 cross road
35. 左转 turn left
36. 靠右 keep right
37. 慢驶 slow
38. 速度 speed
39. 超速 excessive speed
40. 速度限制 speed limit
41. 恢复速度 resume speed
42. 禁止通行 no through traffic
43. 让车道 passing bay
44. 回路 loop
45. 安全岛 safety island
46. 停车处 parking place
47. 只停公用车 public car only
48. 禁止停车 restricted stop
49. 禁止滞留 restricted waiting
50. 临街停车 parking on-street
51. 街外停车 parking off-street
52. 街外卸车 loading off-street
53. 小心行人 caution pedestrian crossing
54. 小心牲畜 caution animals
55. 前面窄桥 narrow bridge ahead
56. 拱桥 hump bridge
57. 铁路道口 level crossing
58. 修路 road works
59. 寂静地带 silent zone
60. 非寂静地带 silent zone ends
61. 交通管理 traffic control
62. 人山人海 crowded conditions
63. 交通拥挤 traffic jam
64. 水泄不通 overwhelm
65. 让路 give way
66. 交通肇事 committing traffic offences
67. 执照被记违章 endorsed on driving license
68. 危险驾驶 dangerous driving
69. 粗心驾车 careless driving
70. 无证驾驶 driving without license
71. 未经车主同意 without the owner's consent
72. 轻微碰撞 slight impact
73. 相撞 collided
74. 连环撞 a chain collision
75. 撞车 crash
76. 肇事逃逸司机 hit-run driver
77. 此路不通 blocked
78. 禁止驶入 no entry

79. 禁止超越 keep in line; no overhead

80. 禁止掉头 no turns

6. 报纸英语词汇

1. daily 日报
2. morning edition 晨报
3. evening edition 晚报
4. quality paper 高级报纸
5. popular paper 大众报纸
6. evening paper 晚报
7. government organ 官报
8. Party organ 党报
9. trade paper 商界报纸
10. Chinese paper 中文报纸
11. English newspaper 英文报纸
12. vernacular paper 国文报纸
13. political news 政治报纸
14. Newspaper Week 新闻周刊
15. the front page 头版,第一版
16. bulldog edition 晨版
17. article 记事
18. headline 标题
19. banner headline 头号大标题
20. byline 标题下署名之行
21. dateline 日期、发稿地之行
22. big news 头条新闻
23. hot news 最新新闻
24. exclusive news 独家新闻
25. scoop 特讯
26. feature 特写,花絮
27. criticism 评论
28. editorial 社论
29. review, comment 时评
30. book review 书评
31. topicality 时事问题
32. city news 社会新闻
33. column 专栏
34. letters 读者投书栏
35. general news column 一般消息栏
36. cartoon, comics 漫画
37. cut 插图
38. weather forecast 天气预报
39. serial story 新闻小说
40. obituary notice 讣闻
41. public notice 公告
42. advertisement 广告
43. calssified ad 分类广告
44. flash-news 大新闻
45. extra 号外
46. the sports page 运动栏
47. literary criticism 文艺评论
48. Sunday features 周日特刊
49. newsbeat 记者采访地区
50. news blackout 新闻管制
51. press ban 禁止刊行
52. yellow sheet 低俗新闻
53. tabloid 图片版新闻
54. newspaper office 报社
55. publisher 发行人
56. proprieter 社长
57. bureau chief, copy chief 总编辑
58. editor-in-chief 总主笔
59. editor 编辑,主笔
60. newsman, newspaperman, journalist 新闻记者
61. cub reporter 初任记者
62. war correspondent, campaign badge 随军记者
63. columnist 专栏记者
64. star reporter 一流通讯员
65. correspondent 通讯员
66. special correspondent 特派员
67. contributor 投稿家
68. news source 新闻来源

69. informed sources 消息来源
70. newspaper campaign 新闻战
71. press box 记者席
72. news conference, press conference 记者招待会
73. International Press Association 国际新闻协会
74. distribution 发行
75. circulation 发行份数
76. newsstand, kiosk 报摊
77. newspaper agency 报纸代售处
78. newsboy 报童
79. subscription (rate) 报刊费
80. newsprint 新闻用纸

7. 汽车英语词汇

1. first gear 一档
2. second gear 二档
3. reverse 倒车档
4. two-stroke engine 二冲程发动机
5. diesel 柴油机
6. limousine 豪华轿车
7. drophead 活动车篷汽车 (美:convertible)
8. racing car 赛车
9. saloon 轿车 (美:sedan)
10. roadster 敞篷车
11. wecker, beat-up car, jalopy 老爷车
12. notchback 客货两用车
13. four-wheel drive 四轮驱动
14. front-wheel drive 前轮驱动
15. trailer 拖车
16. station wagon 小旅行车
17. truck 卡车
18. compact car 小型汽车
19. light-van 小型货车
20. garbage truck 垃圾车
21. automobile carrier 货运卡车
22. fire engine 消防车
23. tractor 牵引车
24. ambulance 救护车
25. taxi 出租车, 计程车
26. trailer truck 拖车
27. sports car 跑车
28. formula car 方程式赛车,方程式汽车
29. mail car 邮车
30. jeep 吉普车
31. bloodmobile 血浆车
32. bumper car 碰撞用汽车
33. camper 露营车
34. police car 警车
35. wrecker 清障车

8. 图书馆常用英语

1. library national 国家图书馆
2. library municipal 市图书馆
3. college library, university library, academic library 大学图书馆
4. children's library 儿童图书馆
5. acquisition department 采访部
6. accessioning, accession of books 图书验收与登录
7. accession number 登录号
8. library stamp 图书馆馆章
9. date slip 期限表
10. cataloguing department 编目部
11. description 著录
12. classifying 分类
13. cataloguing 编目
14. re-cataloguing 目录改编

15. cataloguer 编目员
16. card catalogue 卡片目录
17. ledger catalogue 书本式目录
18. loose-leaf catalogue 活页目录
19. catalogue card 目录卡片
20. classified card 分类卡
21. author card 作者卡
22. title card 书名卡
23. subject card 主题卡
24. guide card 指引卡
25. punched card 穿孔卡
26. microcard 缩微卡
27. microfilm 缩微胶卷
28. microfiche 缩微胶片
29. microprint 缩微印刷品
30. circulation department 流通阅览部
31. stack room 书库
32. shelving 排架
33. book reservation 典藏
34. circulation desk, delivery desk 出纳台
35. open shelves 开架式
36. closed shelves 闭架式
37. opening hours, hours of service, hours of loan service 开放时间
38. reader's card, admission car 借书证
39. call slip 索书单
40. call number 书号
41. in circulation, out 借出
42. not for circulation 不外借
43. overdue notice 催还通知
44. renewal 续借
45. catalogue room 目录室
46. card catalogue cabinet 卡片目录柜
47. classified catalogue 分类目录
48. title catalogue 书名目录
49. author catalogue 著者目录
50. subject catalogue 主题目录
51. book case 书橱
52. scroll rack 卷轴架
53. double-sided book shelves 双面书架
54. roller shelf 滑动书架
55. book carrier, book conveyor 运书车
56. book lift, book elevator 图书升降机
57. disinfection of books 图书消毒
58. annual circulation 图书流通率
59. turnover of books 图书周转
60. inter-library loan 馆际互借
61. international loan 国际互借
62. newspaper reading room 报纸阅览室
63. periodical reading room 期刊阅览室
64. newspaper file, newspaper rod 报纸夹
65. newspaper rack 报架
66. newspaper clipping 剪报
67. periodical record card 期刊登记卡
68. daily periodical card 报纸登记卡
69. periodica rack 杂志架
70. magazine binder 杂志夹
71. bound volume 合订本
72. exhibition room, exhibition hall 展览室
73. exhibit rack, display rack 展览架
74. display window 陈列窗
75. current issue 现期杂志
76. back issue, back number 过期杂志
77. missing issue 缺期期次
78. supplementary issue 增刊
79. index 索引
80. alphabetical index 字顺索引
81. author index 著者索引
82. classified index 分类索引
83. periodical index 期刊索引
84. subject index 主题索引
85. title index 书名索引
86. information material 情报资料
87. information media 情报载体(指书刊、电影、广播、电视、磁带等)
88. information retrieval 情报检索

89. information storage 情报贮存
90. non-book materials 非书资料(指手稿、乐谱、唱片、地图等)
91. non-print media 非印刷载体(指视听资料)
92. audio-visual book 视听图书(指附有录音带、唱片、幻灯片、录像带、电影等的图书)
93. audiovisual studio 视听室
94. projector, film projector 电影放映机
95. slide projector 幻灯机
96. copier, duplicator xeroxing machine 打印机
97. rare book 善本
98. unique copy 孤本
99. sample copy 样本
100. gift 赠本
101. front cover 封面
102. back cover 封底
103. fly page, flyleaf 扉页
104. title page 书名页
105. copyright page 版权页
106. briefs, synopsis 内容提要
107. contents 目录
108. MARC, machine-readable catalogue 机读目录
109. terminal user 终端设备用户
110. retrieval 检索
111. keyword 关键词
112. descriptor 主题词
113. thesaurus 主题词表
114. ISBN (International Standard Book Number) 国际标准图书编号
115. ISSN (International Standard Serial Number) 国际标准期刊编号
116. Universal Copyright Convention 国际版权公约
117. chief librarian, librarian 图书馆长
118. associate librarian, deputy librarian, sub-librarian副馆长
119. clerk管理员
120. librarian馆员

9. 有关个人品质的词汇

1. able 有才干的,能干的
2. active 主动的,活跃的
3. adaptable 适应性强的
4. adroit 灵巧的,机敏的
5. aggressive 有进取心的
6. alert 机灵的
7. ambitious 有雄心壮志的
8. amiable 和蔼可亲的
9. amicable 友好的
10. analytical 善于分析的
11. apprehensive 有理解力的
12. aspiring 有志气的,有抱负的
13. audacious 大胆的,有冒险精神的
14. capable 有能力的,有才能的
15. candid 正直的
16. charitable 宽厚的
17. competent 能胜任的
18. confident 有信心的
19. conscientious 认真的,自觉的
20. considerate 体贴的
21. constructive 建设性的
22. contemplative 好沉思的
23. cooperative 有合作精神的
24. creative 富创造力的
25. dashing 有一股子冲劲的,有拼搏精神的
26. dedicated 有奉献精神的
27. devoted 有献身精神的
28. dependable 可靠的
29. diplomatic 老练的,有策略的
30. disciplined 守纪律的

31. discreet（在行动，说话等方面）谨慎的
32. dutiful 尽职的
33. dynamic 精悍的
34. earnest 认真的
35. well-educated 受过良好教育的
36. efficient 有效率的
37. energetic 精力充沛的
38. enterprising 有事业心的，有进取心的，有创业精神的
39. enthusiastic 充满热情的
40. expressive 善于表达的
41. faithful 守信的，忠诚的
42. forceful（性格）坚强的
43. frank 直率的，真诚的
44. frugal 俭朴的
45. generous 宽宏大量的
46. genteel 有教养的
47. gentle 有礼貌的
48. hard-working 勤劳的
49. hearty 精神饱满的
50. hospitable 殷勤的
51. humble 恭顺的
52. humorous 幽默的
53. impartial 公正的
54. independent 有主见的
55. industrious 勤奋的
56. ingenious 有独创性的
57. have an inquiring mind 爱动脑筋
58. intellective 有智力的
59. intelligent 理解力强的
60. inventive 有发明才能的，有创造力的
61. just 正直的
62. kind-hearted 好心的
63. learned 精通某门学问的
64. liberal 心胸宽大的
65. logical 条理分明的
66. loyal 忠心耿耿的
67. methodical 有方法的
68. modest 谦虚的
69. motivated 目的明确的
70. objective 客观的
71. open-minded 虚心的
72. orderly 守纪律的
73. original 有独创性的
74. painstaking 辛勤的，苦干的，刻苦的
75. practical 实际的
76. precise 一丝不苟的
77. persevering 不屈不挠的
78. punctual 严守时刻的
79. purposeful 意志坚强的
80. qualified 合格的
81. rational 有理性的
82. realistic 实事求是的
83. reasonable 讲道理的
84. reliable 可信赖的
85. responsible 负责的
86. self-conscious 自觉的
87. selfless 无私的
88. sensible 明白事理的
89. sincere 真诚的
90. smart 精明的
91. spirited 生气勃勃的
92. sporting 光明正大的
93. steady 塌实的
94. straightforward 老实的
95. strict 严格的
96. systematic 有系统的
97. strong-willed 意志坚强的
98. sweet-tempered 性情温和的
99. temperate 稳健的
100. tireless 孜孜不倦的

10. 常用个人简历词汇

1. name 姓名
2. alias 别名
3. pen name 笔名
4. date of birth; birth date 出生日期
5. born 出生于
6. birth place 出生地点
7. native place 籍贯
8. province 省
9. city 市
10. autonomous region 自治区
11. prefecture 专区
12. county 县
13. nationality 民族，国籍
14. citizenship 国籍
15. address 地址
16. current address; present address 目前地址
17. permanent address 永久地址
18. postal code 邮政编码
19. home phone 住宅电话
20. office phone；business phone 办公电话
21. Tel.电话
22. sex 性别
23. height 身高
24. weight 体重
25. marital status 婚姻状况
26. family status 家庭状况
27. married 已婚
28. single/unmarried 未婚
29. divorced 离异
30. separated 分居
31. number of children 子女人数
32. none 无
33. street 街
34. lane 胡同，巷
35. road 路
36. district 区
37. house number 门牌
38. health; health condition 健康状况
39. blood type 血型
40. short-sighted 近视
41. far-sighted 远视
42. color-blind 色盲
43. ID card No.身份证号码
44. date of availability 可到职时间
45. available 可到职
46. membership 会员，资格
47. president 会长
48. vice-president 副会长
49. director 理事
50. standing director 常务理事
51. secretary general 秘书长
52. society 学会
53. association 协会
54. research society 研究会
55. education; educational history 学历
56. educational background 教育程度
57. curriculum 课程
58. major 主修
59. minor 副修
60. educational highlights 课程重点部分
61. curriculum included 课程包括
62. specialized courses 专门课程
63. courses taken 所学课程
64. courses completed 所学课程
65. special training 特别训练
66. social practice 社会实践
67. part-time jobs 业余工作
68. summer jobs 暑期工作
69. vacation jobs 假期工作
70. refresher course 进修课程
71. extracurricular activities 课外活动
72. physical activities 体育活动

73. recreational activities 娱乐活动
74. academic activities 学术活动
75. social activities 社会活动
76. rewards 奖励
77. scholarship 奖学金
78. "Three Goods" student 三好学生
79. excellent League member 优秀团员
80. excellent leader 优秀干部
81. student council; student union 学生会
82. off-job training 脱产培训
83. in-service training; on-the-job training; in-job training 在职培训
84. educational system 学制
85. academic year 学年
86. semester 学期(美);term 学期(英)
87. president 校长
88. vice-president 副校长
89. dean 院长
90. assistant dean 副院长
91. academic dean 教务长
92. department chairman 系主任
93. professor 教授
94. associate professor 副教授
95. guest professor 客座教授
96. lecturer 讲师
97. teaching assistant 助教
98. research fellow 研究员
99. research assistant 助理研究员
100. supervisor 论文导师
101. dean of studies 教务长
102. dean of students 教导主任
103. probation teacher 代课教师
104. tutor 家庭教师
105. governess 女家庭教师
106. monitor 班长
107. vice-monitor 副班长
108. commissary in charge of studies (entainment, sports, physical laobr) 学习(文娱、体育、劳动)委员
109. Party (League) branch secretary 党(团)支部书记
110. commissary in charge of organization (publicity) 组织(宣传)委员
111. degree 学位
112. post doctorate 博士后
113. doctor (Ph.D) 博士
114. master 硕士
115. bachelor 学士
116. graduate student 研究生
117. student recommended for admission 保送生
118. successive postgraduate and doctoral programs of study 硕博连读
119. abroad student 留学生
120. returned student 回国留学生
121. foreign student 外国学生
122. undergraduate 大学肄业生
123. senior 大学四年级学生
124. junior 大学三年级学生
125. sophomore 大学二年级学生
126. freshman 大学一年级学生
127. guest student(英),auditor(美)旁听生
128. government-supported student 公费生
129. commoner 自费生
130. extern;day-student 走读生
131. intern 实习生
132. prize fellow 奖学金生
133. boarder 寄宿生
134. graduate 毕业生
135. certificate of completion 结业证书
136. certificate of graduation 毕业证书
137. certificate of incompletion/attendance/study 肄业证书
138. college/institute of education 教育学院
139. normal school [upper secondary level] 师范学校
140. normal specialised postsecondary college 师范专科学校
141. normal university 师范大学

142. university of science and engineering 理工大学
143. conservatory of music, academy of music 音乐学院
144. postsecondary specialised college 专科学校
145. radio and television university 广播电视大学
146. secondary specialised school 中等专科学校
147. self-study examination 自学考试
148. skilled workers training school 技工学校
149. staff and workers university 职工大学
150. vocational university 职业大学

主要参考文献

1. Newmark, Peter. *A Textbook of Translation* [M]. Shanghai: Shanghai Foreign Language Education Press, 2001.
2. Pinkham, Joan. *The Translator's Guide to Chinglish* [M]. Beijing: Foreign Language Teaching and Research Press, 2000.
3. 蔡基刚. 英汉汉英段落翻译与实践[M]. 上海:复旦大学出版社,2001.
4. 常玉田. 商务汉英翻译(研究生)[M]. 北京:对外经济贸易大学出版社,2010.
5. 陈宏薇. 汉英翻译基础[M]. 上海:上海外语教育出版社,1998.
6. 陈新. 英汉文体翻译教程[M].北京:北京大学出版社,1999.
7. 丁林棚. 高级汉英翻译实务[M]. 北京:北京大学出版社,2011.
8. 冯庆华. 实用翻译教程[M]. 上海:上海外语教育出版社,2002.
9. 傅晓玲,尚媛媛,曾春莲. 英汉互译高级教程[M]. 广州:中山大学出版社,2004.
10. 黄粉保. 论小说人物语言个性的翻译[J]. 中国翻译,2000,(2).
11. 黄新渠. 汉译英基本技巧[M]. 成都:四川人民出版社,2002.
12. 居祖纯. 高级汉英语篇翻译[M]. 北京:清华大学出版社,2000.
13. 居祖纯. 新编汉英语篇翻译强化训练[M]. 北京:清华大学出版社,2002.
14. 柯平. 英汉与汉英翻译教程[M]. 北京:北京大学出版社,1993.
15. 李长栓. 非文学翻译理论与实践[M]. 北京:中国出版集团公司 中国对外翻译出版有限公司,2012.
16. 李长栓,施晓菁. 汉英翻译案例讲评[M]. 北京:外文出版社,2012.
17. 李青. 新编英汉汉英翻译教程:翻译技巧与误译评析[M]. 北京:北京大学出版社,2003.
18. 李延林,潘利锋,郭勇. 英语文化翻译学教程[M]. 长沙:中南大学出版社,2003.
19. 刘士聪. 汉英·英汉美文翻译与鉴赏(新编版)[M]. 南京:凤凰出版传媒集团,译林出版社,2007.
20. 吕瑞昌,喻云根. 汉译翻译教程[M]. 西安:陕西人民出版社,1983.
21. 毛荣贵. 新世纪大学汉英翻译教程[M]. 上海:上海交通大学出版社,2002.
22. 孟庆升. 新编实用汉英翻译教程[M]. 天津:天津大学出版社,2009.
23. 邵志洪. 汉英对比翻译导论[M]. 上海:华东理工大学出版社,2005.
24. 宋天锡. 英汉互译使用教程[M]. 北京:国防工业出版社,2003.
25. 唐义均. 汉英翻译技巧示例[M]. 北京:外文出版社,2011.

26. 王治奎. 大学汉译英翻译教程[M]. 济南:山东大学出版社,1999.
27. 吴钧陶. 汉英对照·唐诗三百首[M]. 长沙:湖南出版社,1997.
28. 许建平. 英汉互译实践与技巧[M]. 北京:清华大学出版社,2000.
29. 曾诚. 实用汉英翻译教程[M]. 北京:外语教学与研究出版社,2002.
30. 张传彪,缪敏. 汉英误译精解[M]. 上海:上海译文出版社,2011.
31. 张春柏. 英汉汉英翻译教程[M]. 北京:高等教育出版社,2003.
32. 张培基. 英译中国现代散文选[M]. 上海:上海外语教育出版社,1999.
33. 庄绎传. 英汉翻译教程[M]. 北京:外语教学与研究出版社,1999.